Informationsfunktion der Rechnungslegung und buchhalterischen Entflechtung
gemäß § 6b Energiewirtschaftsgesetz

KOMMUNALWIRTSCHAFTLICHE FORSCHUNG UND PRAXIS

Herausgegeben von Wolf Gottschalk

Band 24

PL ACADEMIC RESEARCH

Michael Poullie

Informationsfunktion der Rechnungslegung und buchhalterischen Entflechtung gemäß § 6b Energiewirtschaftsgesetz

PL ACADEMIC RESEARCH

Bibliografische Information der Deutschen Nationalbibliothek
Die Deutsche Nationalbibliothek verzeichnet diese Publikation in der DeutschenNationalbibliografie; detaillierte bibliografische Daten sind im Internet über http://dnb.d-nb.de abrufbar.

Zugl.: Hamburg, HSU HH, Diss., 2013

D 705
ISSN 1435-8468
ISBN 978-3-631-64781-3 (Print)
E-ISBN 978-3-653-03578-0 (E-Book)
DOI 10.3726/978-3-653-03578-0

PL Academic Research ist ein Imprint der Peter Lang GmbH.
Peter Lang – Frankfurt am Main · Bern · Bruxelles · New York · Oxford · Warszawa · Wien

www.peterlang.de

Geleitwort

Rechnungslegung dient seit ihren frühesten Anfängen nicht nur der Selbstinformation des Kaufmanns, sondern soll auch unternehmerische Zusammenhänge für Außenstehende transparent machen. Während dabei zunächst die Finanzbehörden Adressaten waren und sind, kamen im Laufe der Entwicklung immer weitere Interessensgruppen hinzu, denen die wirtschaftliche Lage eines Unternehmens über den Jahresabschluss vermittelt werden sollte. Zu bedenken ist freilich, dass die Abbildung von Unternehmen als sozioökonomische Gebilde nicht objektiv möglich ist. Vielmehr kann es nur zu einer objektivierten Abbildung innerhalb bestimmter Konventionen kommen. So zeigt die andauernde und in den letzten Jahren sich sogar beschleunigende Entwicklung der rechnungslegungsrelevanten Gesetzgebung oder auch der International Financial Reporting Standards, dass optimale Abbildungsregeln immer noch nicht gefunden sind. Letztlich geht es hier um die Relevanz und Glaubwürdigkeit von Unternehmensabbildungen. Dieses in der Praxis immer noch nicht zufriedenstellend gelöste Optimierungsproblem tritt umso schmerzlicher ins Bewusstsein, wenn auf dieser theoretisch unzureichenden Basis von Unternehmensabbildungen weitreichende Konsequenzen ausgehen sollen. Insbesondere in regulierten Märkten ist das Ziel der Transparenz von höchster Bedeutung, um die beeinträchtigten Marktfunktionen regulatorisch zu stimulieren.

In diesem konkreten Kontext setzt sich Michael Poullie kritisch mit dem für die Umsetzung und Sicherung der Informationsfunktion der Rechnungslegung und buchhalterischen Entflechtung im Energiewirtschaftsgesetz im Sinne der Energiebinnenmarktrichtlinie insbesondere in Form von Tätigkeitsabschlüssen geschaffenen Rechtsrahmen auseinander, diskutiert die ergänzenden Interpretationen der Praxis nach den Kriterien der Gesetz- und Ordnungsmäßigkeit und zeigt Verbesserungspotenziale auf. Dabei werden neben normativen Auseinandersetzungen auch empirische Resultate in die Argumentation einbezogen. Die Ausführungen münden in einem gut nachvollziehbaren Vorschlag für eine zielführendere Gesetzesformulierung. Herr Poullie legt mit diesem Werk eine überaus fundierte und sowohl Praktikern in Politik, Verwaltung und der Energiewirtschaft als auch Wissenschaftlern sowie Gesetzgebern ausdrücklich zu empfehlende Ausarbeitung vor. Ich wünsche der Arbeit eine hohe Resonanz und weite Verbreitung.

Hamburg, im Mai 2013
Univ.-Prof. Dr. Stefan Müller

Vorwort des Verfassers

Die vorliegende Arbeit wurde im März 2013 von der Fakultät für Wirtschafts- und Sozialwissenschaften der Helmut-Schmidt-Universität – Universität der Bundeswehr Hamburg als Dissertation angenommen. Das Manuskript wurde im Januar 2013 eingereicht. Gesetzgebung, Rechtsprechung und Literatur sind bis zum 31. Dezember 2012 berücksichtigt.

Mein besonderer Dank gilt meinem Doktorvater Herrn Univ.-Prof. Dr. Stefan Müller, der mich als Doktorand aufnahm und damit erst die Promotion ermöglichte. Er hat mein Vorhaben ausgesprochen angenehm und hilfreich betreut.

Für die Übernahme des Zweitgutachtens danke ich Frau Univ.-Prof. Dr. Christina Schaefer. Ihr schulde ich aber auch besonderen Dank dafür, dass Sie überhaupt erst einen Kontakt zu Herrn Univ.-Prof. Dr. Stefan Müller herstellte.

Danken möchte ich auch Herrn Dr. Heinz Bolsenkötter (†), der als einer der Ersten in Deutschland das „Unbundling" problematisierte und mich zu einer verstärkten Auseinandersetzung mit dieser Thematik animierte. Dank gebührt auch meinen Kollegen Herrn Dr. Jörg Meinen für den ein oder anderen fachlichen Austausch und Herrn Dr. Burkhard Biella sowie Frau Ute Leidig, die dafür sorgten, dass das Ganze auch in eine ansprechende äußere Form gebracht wurde.

Entschuldigen muss ich mich bei meiner Frau Renate, die mich vor zwei Jahren ausgerechnet im Urlaub „unter einer Glocke" erleben musste, als der Entschluss reifte, das Thema im Rahmen einer Dissertation zu bearbeiten – danken auch, aber nicht deswegen.

Düsseldorf, im Juni 2013
Michael Poullie

Inhaltsverzeichnis

Abbildungsverzeichnis

Abkürzungsverzeichnis

Abb.	Abbildung
ABl.	Amtsblatt
Abs.	Absatz
Abt.	Abteilung
abz.	abzüglich
ACER	Agency for the Cooperation of Energy Regulators, Ljubljana/Slowenien
ADS	Adler/Düring/Schmaltz, Rechnungslegung und Prüfung der Unternehmen, Handkommentar
a.F.	alte Fassung
AG	Aktiengesellschaft
AktG	Aktiengesetz vom 6. September 1965 (BGBl. I S. 1089), das zuletzt durch Art. 3 des Gesetzes vom 20. Dezember 2012 (BGBl. I S. 2751) geändert worden ist
Alt.	Alternative
Anm.	Anmerkung
ARegV	Verordnung über die Anreizregulierung der Energieversorgungsnetze (Anreizregulierungsverordnung – ARegV), vgl. Anlage A1 (S. 161)
Art.	Artikel
AusglMechAV	Verordnung zur Ausführung der Verordnung zur Weiterentwicklung des bundesweiten Ausgleichsmechanismus (Ausgleichsmechanismus-Ausführungsverordnung – AusglMechAV) vom 22. Februar 2010 (BGBl. I S. 134), die zuletzt durch Art. 3 des Gesetzes vom 17. August 2012 (BGBl. I S. 1754) geändert worden ist
AV	Anlagevermögen
BAFA	Bundesamt für Wirtschaft und Ausfuhrkontrolle, Eschborn
BDEW	Bundesverband der Energie- und Wasserwirtschaft e.V., Berlin
Beck Bil-Komm.	Beck´scher Bilanz-Kommentar
ber.	berichtigt
BerlKommEnR	Berliner Kommentar zum Energierecht

BGB	Bürgerliches Gesetzbuch in der Fassung der Bekanntmachung vom 2. Januar 2002 (BGBl. I S. 42, 2909; 2003 I S. 738), das zuletzt durch Art. 1 des Gesetzes vom 20. Dezember 2012 (BGBl. I S. 2749) geändert worden ist
BGBl.	Bundesgesetzblatt
BGW	Bundesverband der deutschen Gas- und Wasserwirtschaft e.V., Berlin
BilMoG	Gesetz zur Modernisierung des Bilanzrechts (Bilanzrechtsmodernisierungsgesetz – BilMoG) vom 25. Mai 2009 (BGBl. I S. 1102)
BilSt	Bilanzstichtag
BiRiLiG	Gesetz zur Durchführung der Vierten, Siebten und Achten Richtlinie des Rates der Europäischen Gemeinschaften zur Koordinierung des Gesellschaftsrechts (Bilanzrichtlinien-Gesetz – BiRiLiG) vom 19. Dezember 1985, (BGBl. I, S. 2355)
BR-Drs.	Drucksache des Deutschen Bundesrats
BT-Drs.	Drucksache des Deutschen Bundestags
Bundesanzeiger	Bundesanzeiger, Bundesministerium der Justiz (Hrsg.), Berlin
BVÖD	Bundesverband Öffentliche Dienstleistungen – Deutsche Sektion des CEEP e.V., Berlin
bzgl.	bezüglich
bzw.	beziehungsweise
CEEP	European Centre of Enterprises with Public Participation and of Enterprises of General Economic Interest, Brüssel/Belgien
CEER	Council of European Energy Regulators, Brüssel/Belgien
d.h.	das heißt
DIN	Deutsche Industrienorm, Deutsches Institut für Normung e.V., Berlin
Diss.	Dissertation
DMBilG	Gesetz über die Eröffnungsbilanz in Deutscher Mark und die Kapitalneufestsetzung (DMarkbilanzgesetz – DMBilG) in der Fassung der Bekanntmachung vom 28. Juli 1994 (BGBl. I S. 1842), das zuletzt durch Art. 12 Abs. 13 des Gesetzes vom 10. November 2006 (BGBl. I S. 2553) geändert worden ist
DRS	Deutscher Rechnungslegungs Standard

DRSC	Deutsches Rechnungslegungs Standards Committee e.V., Berlin
Ebd.	Ebenda
ED	Exposure Draft
EEG	Gesetz für den Vorrang Erneuerbarer Energien (Erneuerbare-Energien-Gesetz – EEG) vom 25. Oktober 2008 (BGBl. I S. 2074), das zuletzt durch Art. 5 des Gesetzes vom 20. Dezember 2012 (BGBl. I S. 2730) geändert worden ist
EG	Europäische Gemeinschaft
EK	Eigenkapital
ElWOG 2010	Bundesgesetz, mit dem die Organisation auf dem Gebiet der Elektrizitätswirtschaft neu geregelt wird (Elektrizitätswirtschafts- und -organisationsgesetz 2010 – ElWOG 2010), verkündet als Art. 1 des Bundesgesetzes, mit dem das Elektrizitätswirtschafts- und -organisationsgesetz 2010 und das Energie-Control-Gesetz erlassen werden (BGBl. für die Republik Österreich, Teil I, Nr. 110/2010 vom 23. Dezember 2010)
EN	Europäische Norm
EnWG	Gesetz über die Elektrizitäts- und Gasversorgung (Energiewirtschaftsgesetz – EnWG), vgl. Anlage A1 (S. 161)
EnWG-RE 2011	Gesetz über die Elektrizitäts- und Gasversorgung (Energiewirtschaftsgesetz – EnWG) i.d.F. des Referentenentwurfs des Gesetzes zur Änderung des Energiewirtschaftsgesetzes (EnWGÄndG) vom 3. Mai 2011 (nicht veröffentlicht)
EPS	Entwurf eines Prüfungsstandards
ERS	Entwurf einer Stellungnahme zur Rechnungslegung
EStG	Einkommensteuergesetz in der Fassung der Bekanntmachung vom 8. Oktober 2009 (BGBl. I S. 3366, 3862), das zuletzt durch Art. 3 des Gesetzes vom 8. Mai 2012 (BGBl. I S. 1030) geändert worden ist
EU	Europäische Union
e.V.	eingetragener Verein
EVU	Energieversorgungsunternehmen
EWR	Europäischer Wirtschaftsraum
ff.	fortfolgende
FK	Fremdkapital

GasNEV	Verordnung über die Entgelte für den Zugang zu Gasversorgungsnetzen (Gasnetzentgeltverordnung – GasNEV), vgl. Anlage A1 (S. 161)
gem.	gemäß
GG	Grundgesetz für die Bundesrepublik Deutschland in der im BGBl. III, Gliederungsnummer 100-1, veröffentlichten bereinigten Fassung, das zuletzt durch Art. 1 des Gesetzes vom 11. Juli 2012 (BGBl. I S. 1478) geändert worden ist
ggf.	gegebenenfalls
GmbH	Gesellschaft mit beschränkter Haftung
GmbHG	Gesetz betreffend die Gesellschaften mit beschränkter Haftung in der im BGBl. III, Gliederungsnummer 4123-1, veröffentlichten bereinigten Fassung, das zuletzt durch Art. 2 Abs. 51 des Gesetzes vom 22. Dezember 2011 (BGBl. I S. 3044) geändert worden ist
GoB	Grundsätze ordnungsmäßiger Buchführung
GuV	Gewinn- und Verlustrechnung
GuV-Rechnung	Gewinn- und Verlustrechnung
GWB	Gesetz gegen Wettbewerbsbeschränkungen in der Fassung der Bekanntmachung vom 15. Juli 2005 (BGBl. I S. 2114; 2009 I S. 3850), das zuletzt durch Art. 4 des Gesetzes vom 5. Dezember 2012 (BGBl. I S. 2403) geändert worden ist
Halbs.	Halbsatz
HdJ	Handbuch des Jahresabschlusses in Einzeldarstellungen
HdR	Handbuch der Rechnungslegung
HFA	Hauptfachausschuss
HGB	Handelsgesetzbuch in der im Bundesgesetzblatt Teil III, Gliederungsnummer 4100-1, veröffentlichten bereinigten Fassung, das zuletzt durch Art. 1 des Gesetzes vom 20. Dezember 2012 (BGBl. I S. 2751) geändert worden ist
h.M.	herrschende Meinung
Hrsg.	Herausgeber
IAS	International Accounting Standards
i.d.F.	in der Fassung
IDW	Institut der Wirtschaftsprüfer in Deutschland e.V., Düsseldorf
i.d.R.	in der Regel

IFRS	International Financial Reporting Standards
i.S.d.	im Sinne der/des
i.V.m.	in Verbindung mit
Kap.	Kapitel
ISO	International Organization for Standardization, Genf/ Schweiz
KG	Kommanditgesellschaft
KVP	Kapitalverrechnungsposten
kW	Kilowatt
KWK-G	Gesetz für die Erhaltung, die Modernisierung und den Ausbau der Kraft-Wärme-Kopplung (Kraft-Wärme-Kopplungsgesetz) vom 19. März 2002 (BGBl. I S. 1092), das zuletzt durch Art. 1 des Gesetzes vom 12. Juli 2012 (BGBl. I S. 1494) geändert worden ist
LNG	Liquefied Natural Gas
LRegB	Landesregulierungsbehörde
MünchKomm AktG	Münchener Kommentar zum Aktiengesetz
MünchKomm HGB	Münchener Kommentar zum Handelsgesetzbuch
m.w.N.	mit weiteren Nachweisen
n.F.	neue Fassung
NordREG	Nordic Energy Regulators, Helsinki/Finnland
Nr.	Nummer
o.a.	oben angegeben
ÖFA	Fachausschuss für öffentliche Unternehmen und Verwaltungen
PH	Prüfungshinweis
PS	Prüfungsstandard
PwC	PricewaterhouseCoopers AG WPG, Frankfurt am Main
RAP	Rechnungsabgrenzungsposten
RGBl.	Reichsgesetzblatt
Richtlinie 96/92/EG	Richtlinie 96/92/EG des Europäischen Parlaments und des Rates vom 19. Dezember 1996 betreffend gemeinsame Vorschriften für den Elektrizitätsbinnenmarkt (ABl. L 27 S. 20)
Richtlinie 98/30/EG	Richtlinie 98/30/EG des Europäischen Parlaments und des Rates vom 22. Juni 1998 betreffend gemeinsame Vorschriften für den Erdgasbinnenmarkt (ABl. L 204 S. 1)
Richtlinic 2003/54/EG	Richtlinie 2003/54/EG des Europäischen Parlaments und des Rates vom 26. Juni 2003 über gemeinsame Vor-

	schriften für den Elektrizitätsbinnenmarkt und zur Aufhebung der Richtlinie 96/92/EG (ABl. L 176 S. 13)
Richtlinie 2003/55/EG	Richtlinie 2003/55/EG des Europäischen Parlaments und des Rates vom 26. Juni 2003 über gemeinsame Vorschriften für den Erdgasbinnenmarkt und zur Aufhebung der Richtlinie 98/30/EG (ABl. L 176 S. 57, ber. L 2/2004 S. 55 und L 16/2004 S. 74)
Richtlinie 2009/72/EG	Richtlinie 2009/72/EG des Europäischen Parlaments und des Rates vom 13. Juli 2009 über gemeinsame Vorschriften für den Elektrizitätsbinnenmarkt und zur Aufhebung der Richtlinie 2003/54/EG (ABl. L 211 S. 55)
Richtlinie 2009/73/EG	Richtlinie 2009/73/EG des Europäischen Parlaments und des Rates vom 13. Juli 2009 über gemeinsame Vorschriften für den Erdgasbinnenmarkt und zur Aufhebung der Richtlinie 2003/55/EG (ABl. L 211 S. 94)
RS	Stellungnahme zur Rechnungslegung
RückAbzinsV	Verordnung über die Ermittlung und Bekanntgabe der Sätze zur Abzinsung von Rückstellungen (Rückstellungsabzinsungsverordnung – RückAbzinsV) vom 18. November 2009 (BGBl. I S. 3790)
s.	siehe
S.	Satz, Seite
SABI	Sonderausschuss Bilanzrichtlinien-Gesetz
sog.	sogenannt
Sp.	Spalte
StromNEV	Verordnung über die Entgelte für den Zugang zu Elektrizitätsversorgungsnetzen (Stromnetzentgeltverordnung – StromNEV), vgl. Anlage A1 (S. 161)
TNG	TransnetBW GmbH (vormals: EnBW Transportnetze AG), Stuttgart
Tz.	Textziffer
u.a.	und andere/unter anderem
UmwG	Umwandlungsgesetz vom 28. Oktober 1994 (BGBl. I S. 3210; 1995 I S. 428), das zuletzt durch Art. 2 Abs. 48 des Gesetzes vom 22. Dezember 2011 (BGBl. I S. 3044) geändert worden ist
UGB	Bundesgesetz über besondere zivilrechtliche Vorschriften für Unternehmen (Unternehmensgesetzbuch – UGB), RGBl. S. 219/1897, zuletzt geändert durch Art. 6 des 2. Stabilitätsgesetzes 2012 (BGBl. für die Republik Österreich, Teil I, Nr. 35/2012 vom 24. April 2012)

usw.	und so weiter
u.U.	unter Umständen
UV	Umlaufvermögen
VDEW	Verband der Elektrizitätswirtschaft e.V., Berlin
VED	Veröffentlichungsdatum
Verf.	Verfasser
VfEW	Verband für Energie- und Wasserwirtschaft Baden-Württemberg e.V., Stuttgart
VG	Vermögensgegenstand
vgl.	vergleiche
VKU	Verband kommunaler Unternehmen e.V., Berlin
VO PR Nr. 30/53	Verordnung PR Nr. 30/53 über die Preise bei öffentlichen Aufträgen vom 21. November 1953 (BAnz. Nr. 244), die zuletzt durch Art. 70 des Gesetzes vom 8. Dezember 2010 (BGBl. I S. 1864) geändert worden ist
WP	Wirtschaftsprüfer
WPG	Wirtschaftsprüfungsgesellschaft
WPO	Gesetz über eine Berufsordnung der Wirtschaftsprüfer (Wirtschaftsprüferordnung) i.d.F. der Bekanntmachung vom 5. November 1975 (BGBl. I S. 2803), das zuletzt durch Art. 21 des Gesetzes vom 6. Dezember 2011 (BGBl. I S. 2515) geändert worden ist
z.B.	zum Beispiel
z.T.	zum Teil

1 Einleitung

1.1 Problemstellung und Zielsetzung

Der Elektrizitäts- und Gasmarkt war bis zum Jahr 1998 unter ordnungspolitischen Gesichtspunkten ein Ausnahmebereich des Wirtschaftsgeschehens, da für die Versorgungsgebiete der auf diesem Markt agierenden Energieversorgungsunternehmen über Ausschließlichkeitsverträge ein Angebotsmonopol bestand. Die Elektrizitätsübertragungsnetze, Gasfernleitungen und örtlichen Verteilernetze stellten Monopole dar, deren Betreiber sich typischer monopolistischer Verhaltensweisen insbesondere bei der Preisfindung bedienen konnten. Konkurrierenden Energieanbietern war der Zugang zu diesen monopolistisch gebundenen Netzen verwehrt. Hinderlich für einen funktionierenden Wettbewerb war auch die vertikale Integration der Energieversorgungsunternehmen, also die für diese Unternehmen typische Organisation, dass der Netzbetreiber zugleich auf den Wertschöpfungsstufen Erzeugung von Elektrizität oder Gewinnung von Gas sowie im Handel mit dieser Energie und in ihrem Vertrieb tätig war.

Die Freiheiten, die die Europäische Union ihren Bürgern garantiert (freier Waren- und Dienstleistungsverkehr sowie Niederlassungsfreiheit), benötigen jedoch einen funktionierenden Markt. Nur in einem solchen Markt können die Verbraucher ihre Lieferanten frei wählen und die Lieferanten ihre Kunden ohne Behinderungen beliefern. Die aus der monopolistischen Struktur resultierenden Haupthindernisse für einen funktionsfähigen und wettbewerbsorientierten Elektrizitäts- und Gasmarkt ergaben sich nach dem Verständnis des Europäischen Parlaments u.a. aus der Behinderung beim Netzzugang und einer nicht marktwirtschaftlichen Preisfestsetzung. Ein funktionierender Energiemarkt setzt voraus, dass sich das Marktgeschehen nichtdiskriminierend und transparent entwickelt und sich dadurch auch marktkonforme Preise bilden können.

Die Strategie des Europäischen Parlaments zur Beseitigung der Mängel auf dem Energiemarkt, umgesetzt durch die verschiedenen Energiebinnenmarktrichtlinien, sollte daher zur weitgehenden Liberalisierung der Märkte für Energieerzeugung, -beschaffung und -vertrieb beitragen; der monopolistische Netzbetrieb war dafür durch verschiedene sich ergänzende Entflechtungsmaßnahmen zu regulieren. Diese Entflechtungsmaßnahmen differenzierten sich in die (eigentums)rechtliche, die operationelle, die informatorische und die buchhalterische Entflechtung.

Die Energiebinnenmarktrichtlinien wurden durch das Energiewirtschaftsgesetz (EnWG) in nationales Recht umgesetzt; überwachende und ausführende Organe der Entflechtung wurden die Regulierungsbehörden (Bundesnetzagentur). Notwendige Voraussetzung für die ordnungsmäßige Aufgabenerfüllung der Regulierungsbehörden ist deren umfassende Kenntnis der für die Regulierung bedeutsamen energiewirtschaftlichen Sachverhalte. Diese Informationen sollen sie u.a. auch durch die im EnWG geregelte Ergänzung der handelsrechtlichen Rechnungslegung und die buchhalterische Entflechtung mit der Aufstellung der Tätigkeitsabschlüsse erhalten. Die Regulierung durch das EnWG sollte aber auch die Information unternehmensexterner Gruppen, also insbesondere der interessierten Öffentlichkeit, verbessern.

Die Ergänzung der handelsrechtlichen Rechnungslegung um die buchhalterische Entflechtung war etwas völlig Neues. Bemerkenswerterweise formulierten aber weder das Europäische Parlament in den Energiebinnenmarktrichtlinien noch der deutsche Gesetzgeber in den Gesetzesbegründungen zum EnWG signifikante theoretische Grundlagen für die buchhalterische Entflechtung. Auch Institutionen auf europäischer Ebene wie die Agency for the Cooperation of Energy Regulators (ACER) sowie das Council of European Energy Regulators (CEER) oder die Bundesnetzagentur trugen nichts Nennenswertes zu einem theoretischen Gerüst bei. Die Energiebinnenmarktrichtlinien, das EnWG und die Anreizregulierungsverordnung (ARegV) ließen noch nicht einmal erkennen, ob mit ihnen ein geschlossenes Informationssystem – bestehend aus Jahresabschluss, Netzentgeltregulierung und Tätigkeitsabschluss – installiert werden sollte, das aber unverzichtbar ist, wenn die Regulierungsvorschriften tatsächlich der Informationsverbesserung dienen sollen.

Mangels theoretischer Grundlagen entwickelten die zur buchhalterischen Entflechtung verpflichteten Unternehmen sowie meinungsbildende Verbände ein rudimentäres System von Grundsätzen ordnungsmäßiger Buchführung für Tätigkeitsabschlüsse. Aufgrund der Praxisorientierung stand hier die Buchhaltungstechnik der buchhalterischen Entflechtung der Tätigkeitsabschlüsse im Vordergrund. Auffallend war, dass die Differenzen bei der Bilanzpostenzuordnung in den Tätigkeitsbilanzen entweder überwiegend als sog. Ausgleichsposten bilanziert oder aber im Eigenkapital saldiert wurden – vor dem Hintergrund der Geltung der handelsrechtlichen Rechnungslegungsvorschriften für den Tätigkeitsabschluss konnte jedoch nur ein Verfahren der Bilanzpostenzuordnung gesetzeskonform sein und ein den tatsächlichen Verhältnissen entsprechendes Bild der Vermögens-, Finanz- und Ertragslage des Energieversorgungsunternehmens vermitteln.

Bisher wurde weder in der energiewirtschaftlichen oder handelsrechtlichen Fachliteratur noch in empirischen Analysen untersucht, ob der Gesetzgeber seiner ordnungspolitischen Pflicht nachgekommen ist und einen sicheren Rechtsrahmen für die Umsetzung und Sicherung der Informationsfunktion der Rechnungslegung und buchhalterischen Entflechtung im EnWG i.S.d. Energiebinnenmarktrichtlinien geschaffen hat und ob die ergänzenden Interpretationen der Praxis nach den Kriterien der Gesetz- und Ordnungsmäßigkeit akzeptiert werden können. Diese Untersuchung ist Gegenstand der vorliegenden Arbeit, ausgehend von der Hypothese, dass die gesetzlichen Regelungen sowie deren Anwendung und Auslegung in der Praxis der Informationsfunktion der Rechnungslegung und buchhalterischen Entflechtung im Wesentlichen nicht gerecht werden. Diese Hypothese wird sowohl hermeneutisch anhand von Gesetzestexten als auch empirisch-analytisch überprüft, wobei die Untersuchung im Entwurf einer alternativen, die Ergebnisse der Arbeit berücksichtigenden Gesetzesformulierung mündet.

1.2 Gang der Untersuchung

Das **zweite Kapitel** (S. 7) geht zunächst auf die europarechtlichen Rahmenbedingungen für die Informationsfunktion der Rechnungslegung und der buchhalterischen Entflechtung von Energieversorgungsunternehmen im Elektrizitäts- und Gasbinnenmarkt und deren Umsetzung in nationales Recht ein; hierbei wird der Stand der Gesetzgebung bis zum 31. Dezember 2012 berücksichtigt. Ein wesentliches Ziel der Änderungen des europarechtlichen Rechtsrahmens war u.a. auch die Verbesserung der Information von unternehmensexternen Adressaten.

Um sein Ziel der Energiemarktregulierung und der Verbesserung der Informationsfunktion der Rechnungslegung zu erreichen, ergänzte der Gesetzgeber mit dem EnWG 1998 die im HGB geregelte Rechnungslegung von Energieversorgungsunternehmen und schuf mit der buchhalterischen Entflechtung eine völlig neue Methode der Informationsermittlung sowie mit den Tätigkeitsabschlüssen eine bisher unbekannte Art der Informationsvermittlung. Mit der rechtlichen Umsetzung im EnWG 1998 hatte der Gesetzgeber die **originäre Informationsfunktion** der Rechnungslegung und buchhalterischen Entflechtung geschaffen. Schon bei dieser Grundsatzentscheidung offenbarten sich jedoch konzeptionelle Schwächen der Gesetzgebung, die die Pflicht zur Veröffentlichung der Tätigkeitsabschlüsse bereits mit dem EnWG 1998 für den Strombereich einführte, dann mit dem EnWG 2005 wieder abschaffte und mit dem EnWG 2011 erneut einführte.

Die originäre Informationsfunktion benutzt drei **primäre** Informationsinstrumente (vgl. S. 14), die durch das EnWG 2011 um drei **sekundäre Informationsinstrumente** (vgl. S. 15) ergänzt wurden. Für alle Informationsinstrumente ist zu untersuchen, inwieweit sie überhaupt einen Beitrag zur Informationsvermittlung leisten. Dabei stehen natürlich die primären Informationsinstrumente im Vordergrund – allen voran die buchhalterische Entflechtung.

Mit der Fiktion des rechtlich selbstständigen Unternehmens, der buchhalterischen Entflechtung und den Tätigkeitsabschlüssen betrat der Gesetzgeber regulatorisches Neuland, denn mit der buchhalterischen Entflechtung wurde erstmals ein geschlossenes Buchungs- und Bilanzierungssystem – bestehend aus der Bilanz und der GuV-Rechnung eines Energieversorgungsunternehmens – in mehrere Bilanzen und GuV-Rechnungen für mehrere Tätigkeitsbereiche des Energieversorgungsunternehmens aufgeteilt (Tätigkeitsabschlüsse).

In diesem Zusammenhang ist zu zeigen, dass der für die buchhalterische Entflechtung in der Literatur häufig verwendete Begriff der Entkonsolidierung einen falschen theoretischen Ansatz für diese Entflechtungsvariante zugrunde legt. Für die Umsetzung der buchhalterischen Entflechtung und die Lösung der dabei entstehenden Probleme sind in der Praxis (u.a. von mehreren Verbänden) ergänzend Verfahrensweisen und Grundsätze entwickelt worden, die vor dem Hintergrund der handelsrechtlichen Rechnungslegungsvorschriften und der Grundsätze ordnungsmäßiger Buchführung auf ihre Gesetz- und Ordnungsmäßigkeit zu prüfen sind.

Das **dritte Kapitel** (S. 81) dient der Verklammerung der **originären** und der **derivativen** (s. viertes Kapitel, S. 111) **Informationsfunktion** der Rechnungslegung sowie der buchhalterischen Entflechtung gemäß EnWG und geht auf die Bedeutung der Tätigkeitsabschlüsse für die Regulierung des Energiemarktes und die Bestimmung der Netzentgelte ein, denn die im Rahmen der buchhalterischen Entflechtung aufgestellten Tätigkeitsabschlüsse werden von den Regulierungsbehörden im Rahmen der Netzentgeltregulierung „weiterverarbeitet" – auch hierdurch wird die besondere Bedeutung der buchhalterischen Entflechtung für die Energieversorgungsunternehmen erkennbar.

Dazu ist zunächst auf die Entwicklung und den Rechtsrahmen der Regulierungsmethoden und auf die Rolle der Bundesnetzagentur sowie der anderen Regulierungsbehörden einzugehen. Wesentliches Instrument für die Netzentgeltregulierung durch die Regulierungsbehörden ist neben dem EnWG die Anreizregulierungsverordnung (ARegV), die die gesetzlichen Möglichkeiten der Regulierungsbehörden zur Sicherung ihrer Informationen durch zusätzliche Möglichkeiten der Beschaffung von Daten bei den betroffenen Energieversorgungsunternehmen deutlich erweiterte. Hierbei ist auch die Rolle des Abschlussprüfers zu untersuchen.

In diesem Kapitel ist insbesondere zu analysieren, inwieweit sich die Erkenntnisse des zweiten Kapitels bezüglich der Gesetz- und Ordnungsmäßigkeit der Tätigkeitsabschlüsse bei der Netzentgeltregulierung und im Saldo des bei den Regulierungsbehörden geführten Regulierungskontos niederschlagen.

Das **vierte Kapitel** (S. 111) widmet sich der **derivativen Informationsfunktion** der Rechnungslegung und buchhalterischen Entflechtung gemäß EnWG; sie wirkt sich gegenwärtig, ohne dass dies der Gesetzgeber erkannte, durch die Netzentgeltregulierung und über die Bilanzierung des Regulierungskontosaldos quasi rückwirkend – jedoch nur teilweise und damit nicht in einem geschlossenen Informationssystem – im Jahresabschluss des Energieversorgungsunternehmens und in den Tätigkeitsabschlüssen aus.

Von zentraler Bedeutung ist hier auch die Frage, wie mit Tätigkeitsabschlüssen zu verfahren ist, die den im zweiten Kapitel gewonnenen Erkenntnissen für ihre Gesetz- und Ordnungsmäßigkeit widersprechen, und ob die derivative Informationsfunktion bei der Bilanzierung des Regulierungskontosaldos ausreichend beachtet wurde und ein geschlossenes Informationssystem – bestehend aus Jahresabschluss, Netzentgeltregulierung und Tätigkeitsabschluss – existiert.

Das **fünfte Kapitel** (S. 155) schließt die Arbeit mit der Zusammenfassung und mit Lösungsvorschlägen an die Adresse des Gesetzgebers, aber auch an die einschlägigen – die Grundsätze ordnungsmäßiger Buchführung für Tätigkeitsabschlüsse mitprägenden – Verbände ab.

2 Originäre Informationsfunktion der Rechnungslegung und buchhalterischen Entflechtung gemäß Energiewirtschaftsgesetz

2.1 Rechtliche Rahmenbedingungen der originären Informationsfunktion im Energiewirtschaftsgesetz

2.1.1 Zielsetzung der Energiebinnenmarktrichtlinien über gemeinsame Vorschriften für den Elektrizitäts- und Gasbinnenmarkt

Das Ziel der Richtlinien 96/92/EG und 98/30/EG, der Richtlinien 2003/54/EG und 2003/55/EG sowie der Richtlinien 2009/72/EG und 2009/73/EG war ein funktionierender Elektrizitäts- bzw. Erdgasbinnenmarkt.[1] Ein solcher Elektrizitäts- bzw. Gasbinnenmarkt ist nach den Vorstellungen des Europäischen Parlaments und des Rates dadurch gekennzeichnet, dass ein funktionierender Wettbewerb einen nichtdiskriminierenden und transparenten Netzzugang zu angemessenen Preisen gewährleistet. Zur Vollendung des Elektrizitäts- bzw. Gasbinnenmarkts ist daher ein nichtdiskriminierender Zugang zum Netz des Übertragungs- bzw. Fernleitungs- oder des Verteilernetzbetreibers von größter Bedeutung.[2]

Ohne eine wirksame Entflechtung des Netzbetriebs von der Elektrizitätserzeugung, der Gasgewinnung und vom Handel und Vertrieb besteht zwangsläufig „die Gefahr einer Diskriminierung nicht nur in der Ausübung des Netzgeschäfts, sondern auch in Bezug auf die Schaffung von Anreizen für vertikal integrierte Unternehmen, ausreichend in ihre Netze zu investieren".[3]

In der Fortentwicklung der Richtlinien werden die Bedeutung, der besondere Schutz und die Verbesserung der Informationsmöglichkeiten der Verbraucher immer deutlicher betont. Die Bürger der Europäischen Union, die von den wirtschaftlichen Vorteilen des Binnenmarktes profitieren, sollen „aus Gründen der Gerechtigkeit und der Wettbewerbsfähigkeit und indirekt zur Schaffung von Arbeitsplätzen auch ein hohes Verbraucherschutzniveau genießen können".[4]

1 Der deutsche Gesetzgebungsprozess führte für diese Richtlinien auch die Bezeichnungen Strom- und Erdgasbinnenmarktrichtlinien oder übergreifend (Energie-)Binnenmarktrichtlinien ein (vgl. etwa BT-Drs. 17/6072, S. 54).

2 Vgl. jeweils die Erwägungsgründe und Art. 1 der Richtlinien 96/92/EG, 98/30/EG, 2003/54/EG, 2003/55/EG, 2009/72/EG und 2009/73/EG.

3 Richtlinie 2009/72/EG, Erwägungsgrund (8); Richtlinie 2009/73/EG, Erwägungsgrund (6).

4 Richtlinie 2009/72/EG, Erwägungsgrund (42).

Die Verbraucherrechte müssen daher „gestärkt und abgesichert werden und sollten auch auf mehr Transparenz ausgerichtet sein“.[5] Der Verbraucherschutz soll sicherstellen, „dass allen Kunden im größeren Kontext der Gemeinschaft die Vorzüge eines Wettbewerbsmarktes zugute kommen“.[6] Im Mittelpunkt der Richtlinien 2009/72/EG und 2009/73/EG sollten daher „die Belange der Verbraucher stehen, und die Gewährleistung der Dienstleistungsqualität sollte zentraler Bestandteil der Aufgaben von Elektrizitätsunternehmen sein“.[7]

Ein funktionierender Energiebinnenmarkt soll nach den Vorstellungen des Europäischen Parlaments und der Europäischen Kommission durch die Disaggregation der vertikal integrierten Wertschöpfungsstufen gemäß den Energiebinnenmarktrichtlinien geschaffen werden, weshalb die von den Regulierungsvorschriften betroffenen Unternehmen zu verschiedenen Entflechtungsmaßnahmen („Unbundling“) verpflichtet werden. Die umfassende Information der Bürger der EU durch einen transparenten Energiemarkt kann jedoch nur erreicht werden, wenn die Folgen der Regulierung auch in den Informationsinstrumenten Jahresabschluss und Tätigkeitsabschluss erfasst werden, wenn also ein geschlossenes Informationssystem – bestehend aus Jahresabschluss, Netzentgeltregulierung und Tätigkeitsabschluss – installiert wird.

2.1.2 Umsetzung der Energiebinnenmarktrichtlinien in nationales Recht

Die Richtlinie 96/92/EG wurde für den Elektrizitätsbinnenmarkt mit dem EnWG 1998 in nationales Recht umgesetzt.[8] Zweck des Gesetzes war gem. § 1 EnWG 1998 „eine möglichst sichere, preisgünstige und umweltverträgliche leitungsgebundene Versorgung mit Elektrizität und Gas im Interesse der Allgemeinheit“.

Der „Entwurf zu einem Gesetz zur Neuregelung des Energiewirtschaftsrechts“ vom 23. März 1997 sah allerdings zunächst keine Regelung zur buchhalterischen Entflechtung vor.[9] Erst mit der Beschlussempfehlung zum Gesetzentwurf wurde vor dem Hintergrund der Richtlinie 96/92/EG § 9 EnWG 1998 (vgl. Anlage A2,

5 Richtlinie 2009/72/EG, Erwägungsgrund (51); Richtlinie 2009/73/EG, Erwägungsgrund (48).

6 Richtlinie 2009/72/EG, Erwägungsgrund (51); Richtlinie 2009/73/EG, Erwägungsgrund (48).

7 Richtlinie 2009/72/EG, Erwägungsgrund (51); Richtlinie 2009/73/EG, Erwägungsgrund (48).

8 Das EnWG führte bis zu diesem Zeitpunkt eher ein Schattendasein (vgl. Anlage A1, S. 161). Bis zur Verabschiedung des EnWG 1998 wurde das EnWG 1935 in über 60 Jahren lediglich sechsmal geändert; seit der Verabschiedung des EnWG 1998 wurde das Gesetz mehr als zwanzigmal geändert oder neugefasst. Für einen Überblick über die Entwicklung und die Rechtsquellen des Energierechts vgl. Germer/Dorß/Huse/Koopmann (2007), S. 47-117.

9 Vgl. BT-Drs. 13/7274.

S. 164) zur buchhalterischen Entflechtung in das EnWG 1998 aufgenommen und damit begründet, dass die Europäische Kommission nochmals bekräftigt habe, „daß diese Veröffentlichungspflicht nicht nur nach der deutschen Fassung der Elektrizitätsbinnenmarktrichtlinie besteht, sondern daß die Richtlinie auch in den anderen Gemeinschaftssprachen in diesem Sinne auszulegen ist“.[10]

Die Richtlinie 98/30/EG wurde für den Gasbinnenmarkt mit dem EnWG 2003 in nationales Recht umgesetzt. Der Zweck des Gesetzes blieb in § 1 EnWG unverändert. Abweichend von der buchhalterischen Entflechtung von Elektrizitätsversorgungsunternehmen wurde die buchhalterische Entflechtung von Gasversorgungsunternehmen in § 9a EnWG 2003 (vgl. Anlage A3, S. 165) aber dergestalt geregelt, dass die Zuordnungsregeln sowie die „Sparten- und Bereichsbilanzen bzw. die Gewinn- und Verlustrechnungen integrierter Unternehmen nicht zu veröffentlichen“[11] waren.

Zeitgleich durch das EnWG 2005 wurden die Richtlinien 2003/54/EG (für den Elektrizitätsbinnenmarkt) und 2003/55/EG (für den Gasbinnenmarkt) in nationales Recht umgesetzt; die buchhalterische Entflechtung für Energieversorgungsunternehmen wurde in § 10 EnWG 2005 (vgl. Anlage A4, S. 166) geregelt. Das EnWG 2005 sollte „durch Entflechtung und Regulierung des Netzes die Voraussetzungen für funktionierenden Wettbewerb auf den vor- und nachgelagerten Märkten bei Elektrizität und Gas (...) schaffen“.[12]

Der Zweck des Gesetzes wurde in § 1 EnWG durch die Absätze 2 und 3 dahingehend erweitert, dass die Regulierung der Elektrizitäts- und Gasversorgungsnetze „den Zielen der Sicherstellung eines wirksamen und unverfälschten Wettbewerbs bei der Versorgung mit Elektrizität und Gas und der Sicherung eines langfristig angelegten leistungsfähigen und zuverlässigen Betriebs von Energieversorgungsnetzen“ und ferner das Gesetz der „Umsetzung und Durchführung des Europäischen Gemeinschaftsrechts auf dem Gebiet der leitungsgebundenen Energieversorgung“ dient.

Nach der Gesetzesbegründung verfolgen die Entflechtungsbestimmungen den Zweck, außer zu höherer Transparenz „dazu beizutragen, dass Ausgestaltung und Abwicklung des Netzbetriebs in diskriminierungsfreier Weise geschehen und sie keine Grundlage für mögliche verdeckte Quersubventionen zwischen den Tätigkeiten des Netzbetriebsbereichs und denen der anderen Geschäftsbereiche des vertikal integrierten Unternehmens bieten“.[13] Die Entflechtung sollte rechtlich, operationell, informatorisch sowie buchhalterisch vollzogen werden.

---

10 BT-Drs. 13/9211, S. 25; die Entwicklung des Verständnisses des Gesetzgebers mutet eher etwas zufällig an.

11 BT-Drs. 15/197, S. 9.

12 BT-Drs. 15/3917, S. 47.

13 Ebd., S. 51.

Die Richtlinien 2009/72/EG (für den Elektrizitätsbinnenmarkt) und 2009/73/EG (für den Gasbinnenmarkt) wurden schließlich durch das EnWG 2011 in nationales Recht umgesetzt; die buchhalterische Entflechtung für Energieversorgungsunternehmen wurde in § 6b EnWG (vgl. Anlage A5, S. 168) geregelt. Der Zweck des Gesetzes in § 1 EnWG blieb unverändert.

Nach der Gesetzesbegründung soll das Gesetz „durch eine stärkere Entflechtung und Regulierung insbesondere des Transportnetzes die Voraussetzungen für funktionierenden Wettbewerb auf den vor- und nachgelagerten Märkten im Strom- und Gasbereich (...) verbessern".[14] Voraussetzung hierfür ist die effektive Trennung der grundsätzlich dem Wettbewerb zugänglichen Bereiche der Elektrizitätserzeugung bzw. der Gasgewinnung und des Elektrizitäts- bzw. Gasvertriebs vom Transportnetz.

Die Entflechtungsbestimmungen in Teil 2 „Entflechtung" des Gesetzes sollen außer zu höherer Transparenz dazu beitragen, „dass Ausgestaltung und Abwicklung des Netzbetriebs in diskriminierungsfreier Weise geschehen und sie keine Grundlage für mögliche verdeckte Quersubventionen zwischen den Tätigkeiten des Netzbetriebsbereichs und denen der anderen Geschäftsbereiche des vertikal integrierten Unternehmens bieten".[15] Teil 2 widmet sich in Abschnitt 1 (Gemeinsame Vorschriften für Verteilernetzbetreiber und Transportnetzbetreiber)[16] der buchhalterischen und informatorischen, in Abschnitt 2 (Entflechtung von Verteilernetzbetreibern und Betreibern von Speicheranlagen) der rechtlichen und operationellen und in Abschnitt 3 (Besondere Entflechtungsvorgaben für Transportnetzbetreiber) der eigentumsrechtlichen Entflechtung von Transportnetzbetreibern.[17]

2.1.3 Umsetzung der Energiebinnenmarktrichtlinien in den anderen Mitgliedsstaaten der Europäischen Union

Am 27. Februar 2012 gab die Europäische Kommission in einer Pressemitteilung bekannt, dass Bulgarien, Luxemburg, die Niederlande, Rumänien, die Slowakei, Spanien und Zypern der Kommission keine Maßnahmen zur Umsetzung der bis zum 2. März 2011 in nationales Recht zu transformierenden Energiebinnen-

14 BT-Drs. 17/6072, S. 48.

15 Ebd., S. 54.

16 Wie die Ausführungen in Abschnitt 2.2.3.2 (S. 21) noch zeigen werden, kann aus der Überschrift im HGB für Abschnitt 1 aber nicht abgeleitet werden, dass etwa Erzeugungs- der Vertriebsgesellschaften von den Vorschriften nicht erfasst werden.

17 Vgl. BT-Drs. 17/6072, S. 58.

marktrichtlinien mitgeteilt hätten; Estland habe keine Umsetzungsmaßnahmen der Richtlinie 2009/73/EG für den Gasbinnenmarkt übermittelt.[18]

Die Europäische Kommission richtete daher noch am selben Tage 15 sogenannte „mit Gründen versehene Stellungnahmen“ an jene acht Mitgliedsstaaten, in denen sie dringlich dazu aufgefordert werden, ihrer rechtlichen Verpflichtung zur Umsetzung nachzukommen.

Die einzelstaatlichen Durchführungsmaßnahmen werden für die Elektrizitätsbinnenmarktrichtlinie 2009/72/EG[19] und für die Gasbinnenmarktrichtlinie 2009/73/EG[20] im Internet dokumentiert.

2.2 Instrumente zur Sicherung der originären Informationsfunktion in der Rechnungslegung und buchhalterischen Entflechtung im Energiewirtschaftsgesetz

Zentrale Vorschrift zur Umsetzung der Informationsfunktion in der Rechnungslegung und buchhalterischen Entflechtung von Energieversorgungsunternehmen ist § 6b EnWG,[21] der die Regelungen des § 10 EnWG 2005 weitgehend übernommen hat (vgl. die integrierte Synopse in Anlage A6, S. 170). Obwohl der europäische Richtliniengeber die Bedeutung der Informationsfunktion der Entflechtungsmaßnahmen verschiedentlich betonte (vgl. Abschnitt 2.1.1, S. 7), sah sich der deutsche Gesetzgeber nicht veranlasst, diese wesentliche Funktion der Rechnungslegung und buchhalterischen Entflechtung gemäß EnWG weiter zu thematisieren und zu spezifizieren. Für die Bewertung der Informationsfunktion muss daher auf allgemeine handelsrechtliche Ansätze zur Sicherung der Informationsfunktion in der Rechnungslegung von Kapitalgesellschaften zurückgegriffen werden.

Die allgemeine handelsrechtliche Norm für die Sicherung der Informationsfunktion in der **Rechnungslegung** der Kapitalgesellschaften ist die Generalnorm des § 264 Abs. 2 S. 1 HGB. Der Jahresabschluss von Kapitalgesellschaften hat

---

18 Vgl. EU-Kommission (2012), S. 1.

19 Vgl. Link: http://eur-lex.europa.eu/LexUriServ/LexUriServ.do?uri=CELEX:72009L0072:DE:NOT

20 Vgl. Link: http://eur-lex.europa.eu/LexUriServ/LexUriServ.do?uri=CELEX:72009L0073:DE:NOT

21 Im Folgenden bezieht sich die Abkürzung EnWG ohne Angabe einer Jahreszahl auf das EnWG 2011 vom 26. Juli 2011 bis zur geänderten Fassung vom 5. Dezember 2012 (vgl. Anlage A1, S. 161).

danach unter Beachtung der Grundsätze ordnungsmäßiger Buchführung[22] ein den tatsächlichen Verhältnissen entsprechendes Bild der Vermögens-, Finanz- und Ertragslage zu vermitteln. Die hieraus abgeleiteten Funktionen des Jahresabschlusses werden allgemein in die Rechenschafts-, die Gewinnermittlungs-, die Ausschüttungsbemessungs-, die Gläubigerschutz- und die Informationsfunktion unterschieden; durch das BilMoG hat insbesondere die Informationsfunktion deutlich an Bedeutung gewonnen.[23]

Die Verlässlichkeit der im Jahresabschluss und im Lagebericht enthaltenen Informationen soll durch die Jahresabschlussprüfung gesichert und erhöht werden.[24] Mit der Erteilung des Bestätigungsvermerks bzw. dessen Einschränkung oder Versagung übernimmt die Abschlussprüfung eine Beglaubigungsfunktion gegenüber den externen Adressaten der handelsrechtlichen Rechnungslegungsinstrumente.[25] Neben dieser Sicherung der allgemeinen Informationsfunktion erbringt die Abschlussprüfung gegenüber den gesetzlichen Vertretern, den Aufsichtsorganen und den Anteilseignern des Unternehmens primär durch den Prüfungsbericht gem. § 321 HGB eine ergänzende Informationsfunktion.[26]

Die Informationsfunktion der Rechnungslegung und buchhalterischen Entflechtung gemäß dem EnWG wird also nur dann erfüllt, wenn deren Informationsinstrumente den gesetzlichen Vorschriften entsprechend angewendet werden; ihre Qualität muss sich daran messen lassen, inwieweit sie entscheidungsrelevante Informationen liefern kann. Die Untersuchungen dieses zweiten Kapitels sollen die im ersten Kapitel formulierte Hypothese (S. 3) verifizieren, dass die gesetzliche Umsetzung der originären Informationsfunktion der Rechnungslegung und buchhalterischen Entflechtung im EnWG und ihre Auslegung

22 Die Grundsätze ordnungsmäßiger Buchführung umfassen ein ganzes System von Regeln und Konventionen, das die gesamte Rechnungslegung umfasst. Entsprechend der herkömmlichen Praxis und der Literatur unterscheidet auch das HGB die Grundsätze ordnungsmäßiger Buchführung (im engeren Sinn), die Grundsätze ordnungsmäßiger Inventur und die Grundsätze ordnungsmäßiger Bilanzierung (vgl. Förschle/Usinger in: Beck Bil-Komm. (2012), § 243 HGB, Tz. 1; ähnlich Baetge/Kirsch/Thiele in: HdR (2012), Kap. 4, Tz. 1-7; Baetge/Fey/Fey/Klönne in: HdR (2012), § 243 HGB, Tz. 1-4). Im Folgenden wird nur der Begriff „Grundsätze ordnungsmäßiger Buchführung" verwendet und umfassend verstanden.

23 Vgl. BT-Drs. 16/10067, S. 35 und S. 59; ähnlich Küting/Lauer (2011), S. 1989, mit Ausführungen zur unterschiedlichen Gewichtung der Jahresabschlusszwecke durch HGB und IFRS; Winkeljohann/ Schellhorn in: Beck Bil-Komm. (2012), § 264 HGB, Tz. 35; Ballwieser (2009), Tz. 73-74; Pfitzer/Oser/ Lauer in: HdR (2012), Kap. 2, Tz. 2. Eine Unterscheidung zwischen der Rechenschaft gegenüber Außenstehenden und der Information Außenstehender erscheint wegen der Vergangenheitsorientierung des Jahresabschlusses und des Tätigkeitsabschlusses nicht erforderlich.

24 Vgl. IDW PS 200, Tz. 8, (in: IDW (2012e)).

25 Vgl. ADS (1995), § 316 HGB, Tz. 16; Ebke in: MünchKomm HGB (2008), § 246 HGB, Tz. 24-29.

26 Vgl. WP Handbuch (2012), R 1.

durch die meinungsbildenden Verbände sowie die Anwendung in der Praxis der Zielsetzung der Informationsfunktion nicht gerecht werden.

Ohne dass der Gesetzgeber dies thematisiert hätte, wurde mit der Ergänzung der handelsrechtlichen Rechnungslegung und der buchhalterischen Entflechtung im EnWG 1998 und den folgenden EnWG-Novellierung die auch von den Energiebinnenmarktrichtlinien angestrebte **originäre Informationsfunktion**[27] umgesetzt, wie jetzt aktuell durch § 6b EnWG (vgl. dieses Kapitel). Daneben besteht freilich noch eine **derivative Informationsfunktion**, die der Gesetzgeber aber nicht erkannte und daher auch nicht weiter problematisierte. Sie ergibt sich aus den Folgewirkungen der buchhalterischen Entflechtung für die Netzentgeltregulierung (vgl. das dritte Kapitel, S. 81) und schlägt sich rekursiv – jedoch nur teilweise – in der handelsrechtlichen Bilanzierung und damit im Jahresabschluss, aber auch im Tätigkeitsabschluss nieder (vgl. das vierte Kapitel, S. 111).

Der Gesetzgeber stellt in seiner Gesetzesbegründung fest, dass § 6b EnWG der Umsetzung von Art. 31 der Richtlinie 2009/72/EG und der Richtlinie 2009/73/EG dient und grundsätzlich § 10 EnWG 2005 entspricht. „Um jedoch Bedürfnissen Rechnung zu tragen, die sich aus der Regulierungspraxis der letzten Jahre ergeben haben, wurden in Absatz 1, 3 und 4 (neu) Ergänzungen aufgenommen, die Klarstellungen und Verbesserungen dessen enthalten, was bereits nach Sinn und Zweck des § 10 Absatz 3 EnWG a.F. gewollt und notwendig gewesen wäre".[28] Wie die folgenden Ausführungen zeigen werden, irrt der Gesetzgeber hier, denn § 6b EnWG trägt in seiner Interpretation und Anwendung zu einer noch größeren Verunsicherung bei als die Vorgängervorschrift des § 10 EnWG 2005.

Die Überschrift von § 6b EnWG macht aber immerhin die doppelte Ausrichtung der Informationsfunktion deutlich: „Rechnungslegung und Buchführung" – die Informationsfunktion soll also zum einen in der primär externen handelsrechtlichen **Rechnungslegung**, zum anderen in der primär internen **Buchführung** und ihrer buchhalterischen Entflechtung sowie der Veröffentlichung von hieraus abgeleiteten Tätigkeitsabschlüssen verankert werden.

Bereits die Richtlinie 96/92/EG und die Richtlinie 98/30/EG und deren Umsetzung in deutsches Recht (EnWG 1998 und EnWG 2003) führten erstmals eine vollständige buchhalterische Entflechtung **der Bilanz und der GuV-Rechnung** ein, d.h. eine in sich geschlossene Abbildung der buchhalterisch entflochtenen Tätigkeiten durch mehrere Tätigkeitsbilanzen und mehrere Tätigkeits-GuV-Rechnungen.[29] Damit betrat der Gesetzgeber buchhalterisches Neuland und stell-

---

27 Wenn nicht besonders erwähnt, versteht sich die Informationsfunktion in diesem Kapitel immer als originäre Informationsfunktion.

28 BT-Drs. 17/6072, S. 56.

29 Andere – unvollständige – Anlässe für eine buchhalterische Entflechtung sind z.B. die Verpflichtung zur Aufgliederung der Umsatzerlöse nach Tätigkeitsbereichen gem. § 285 Nr. 4

te die Praktiker und Theoretiker des Rechnungswesens – wie noch gezeigt wird – vor nicht unerhebliche Umsetzungsprobleme.

Die Umsetzung der Informationsfunktion in der Rechnungslegung und der buchhalterischen Entflechtung gem. § 6b EnWG – ähnlich auch die Vorgängervorschriften – verwendet drei **primäre Informationsinstrumente**:[30]

- Verpflichtung zur Rechnungslegung, Prüfung und Offenlegung des Jahresabschlusses (vgl. Abschnitt 2.2.1, S. 16)
  Nach § 6b Abs. 1 EnWG sind für Energieversorgungsunternehmen[31] bei der Aufstellung, Prüfung und Offenlegung des Jahresabschlusses die für Kapitalgesellschaften geltenden Vorschriften des HGB maßgeblich. Dies soll der Transparenz und besseren Vergleichbarkeit dienen.[32]
- Ergänzende Anhangangaben zu Geschäften größeren Umfangs (vgl. Abschnitt 2.2.2, S. 18)
  Ebenfalls im Interesse der Transparenz sollen gem. § 6b Abs. 2 EnWG die Geschäfte größeren Umfangs mit verbundenen oder assoziierten Unternehmen im Anhang zum Jahresabschluss gesondert ausgewiesen werden.
- Verpflichtung zur Führung getrennter Konten und zur Aufstellung von Tätigkeitsabschlüssen (vgl. Abschnitt 2.2.3, S. 21)
  § 6b Abs. 3 S. 1 bis 4 EnWG verpflichtet Unternehmen, die i.S.v. § 3 Nr. 38 EnWG zu einem vertikal integrierten Energieversorgungsunternehmen verbunden sind, zur Führung getrennter Konten und gem. § 6b Abs. 3 S. 6 EnWG zur Aufstellung von Tätigkeitsabschlüssen.

HGB oder die Segmentberichterstattung gem. § 297 Abs. 1 S. 2 HGB (vgl. dazu im Einzelnen Bolsenkötter/Poullie (2004), S. 218-219); zu grundsätzlichen Unterschieden der Entflechtungskonzepte in verschiedenen Wirtschaftszweigen (vgl. Dannischewski (2002), S, 120-154). § 5 AusglMechAV verlangt von den Übertragungsnetzbetreibern eine gesonderte Buchführung und Rechnungslegung sowie die Führung gesonderter Bankkonten; § 4 Abs. 5 KWK-G verlangt von Netzbetreibern die Führung getrennter Konten für Zuschlagszahlungen.

30 Auf die ergänzend für die Regulierungsbehörden bestehenden Informationsinstrumente geht das dritte Kapitel (S. 81) ein.

31 Energieversorgungsunternehmen sind gem. § 3 Nr. 18 EnWG natürliche oder juristische Personen, die Energie an andere liefern, ein Energieversorgungsnetz betreiben oder an einem Energieversorgungsnetz als Eigentümer Verfügungsbefugnis besitzen; der Betrieb einer Kundenanlage oder einer Kundenanlage zur betrieblichen Eigenversorgung macht den Betreiber nicht zum Energieversorgungsunternehmen. Eine Ausnahme gilt gem. § 117a EnWG auch für Betreiber von Anlagen i.S.d. § 3 Nr. 1 EEG mit einer elektrischen Leistung von bis zu 500 kW oder von Anlagen i.S.d. § 3 Abs. 2 KWK-G mit einer elektrischen Leistung von bis zu 500 kW, die nur deswegen als Energieversorgungsunternehmen gelten, weil sie Elektrizität nach den Vorschriften des EEG oder des KWK-G in ein Netz einspeisen oder gem. § 33a EEG direkt vermarkten.

32 Vgl. BT-Drs. 15/3917, S. 55.

Durch das EnWG 2011 wurden folgende ergänzende und eher **sekundäre**[33] **Informationsinstrumente** eingeführt:

- Veröffentlichung der Tätigkeitsabschlüsse (vgl. Abschnitt 2.2.4, S. 68)
  Gemäß § 6b Abs. 4 S. 1 und 2 EnWG ist der Tätigkeitsabschluss unverzüglich, jedoch spätestens vor Ablauf des zwölften Monats des dem Abschlussstichtag nachfolgenden Geschäftsjahres, gemeinsam mit dem offenzulegenden Jahresabschluss beim Betreiber des Bundesanzeigers elektronisch einzureichen und unverzüglich im Bundesanzeiger bekannt machen zu lassen.[34]
- „Eingehen" auf Tätigkeiten im Lagebericht (vgl. Abschnitt 2.2.5, S. 71)
  § 6b Abs. 7 S. 4 EnWG verlangt, dass der Lagebericht auf die Tätigkeiten nach § 6b Abs. 3 EnWG eingehen muss.
- Veröffentlichung der Geschäftsberichte auf den Internetseiten (vgl. Abschnitt 2.2.6, S. 73)
  Gemäß § 6b Abs. 7 S. 6 EnWG haben die Unternehmen die Geschäftsberichte zu den in § 6b Abs. 3 S. 1 EnWG aufgeführten Tätigkeitsbereichen auf ihren Internetseiten zu veröffentlichen.

Der Gesetzgeber stellt in seiner Gesetzesbegründung zu § 6b EnWG lediglich fest, dass diese Vorschrift auch das klarstellen und verbessern sollte, was bereits nach Sinn und Zweck gem. § 10 Abs. 3 EnWG 2005 notwendig gewesen wäre.[35] Wie schon jetzt ersichtlich wurde, ist in der Fortschreibung der Rechnungslegung und buchhalterischen Entflechtung vom EnWG 1998 und EnWG 2003 über das EnWG 2005 zum EnWG 2011 aber keine stringente Vorstellung des Gesetzgebers von der Informationsfunktion des Jahresabschlusses und des Tätigkeitsabschlusses von Energieversorgungsunternehmens erkennbar.

Das EnWG 2005 berücksichtigte in erster Linie die Informationsinteressen der Regulierungsbehörden; nur § 10 Abs. 2 EnWG 2005 sah durch die geforderten ergänzenden Anhangangaben zu Geschäften größeren Umfangs (vgl. Abschnitt 2.2.2, S. 18) auch eine Information der unternehmensexternen Adressaten vor. Das EnWG 2011 führte dann – sicherlich auch als Folge der gestiegenen Bedeutung der Informationsfunktion in den Energiebinnenmarktrichtlinien – durch die

33 Sekundär auch deswegen, weil weder Art. 31 der Richtlinie 2009/72/EG noch Art. 31 der Richtlinie 2009/73/EG, die § 6b EnWG zugrunde lagen, vergleichbare Vorschriften enthalten; die sekundären Informationsinstrumente sind also eine Entwicklung des deutschen Gesetzgebers. Bemerkenswerterweise verlangt auch nur die Richtlinie 2009/73/EG in Art. 31 Abs. 6 eine vergleichbare Anhangangabe wie § 6b Abs. 2 EnWG.

34 Wie schon erwähnt, wurde bereits mit § 9 Abs. 2 S. 2 EnWG 1998 (vgl. Anlage A2, S. 164) eine Pflicht zur Veröffentlichung der Tätigkeitsabschlüsse im Anhang von Elektrizitätsversorgungsunternehmen eingeführt; vgl. hierzu die empirischen Ergebnisse in Abschnitt 2.2.3.8.3.2 (S. 54).

35 Vgl. BT-Drs. 17/6072, S. 56.

generelle Pflicht zur Veröffentlichung der Tätigkeitsabschlüsse scheinbar zusätzlich eine umfassende Information unternehmensexterner Adressaten[36] ein. Wie noch gezeigt wird, kann der Tätigkeitsabschluss diese Informationsfunktion – entgegen dem Ansinnen der Gesetzesbegründung – aber nur sehr eingeschränkt gewährleisten.

2.2.1 Verpflichtung zur Rechnungslegung, Prüfung und Offenlegung des Jahresabschlusses

§ 6b Abs. 1 EnWG[37] verlangt für **Energieversorgungsunternehmen** eine rechtsform- und trägerunabhängige Rechnungslegungs-, Prüfungs- und Offenlegungspflicht „nach den für Kapitalgesellschaften geltenden Vorschriften des Ersten, Dritten und Vierten Unterabschnitts des Zweiten Abschnitts des Dritten Buchs des Handelsgesetzbuchs“. Der Anwendungsbereich umfasst demzufolge neben Kapitalgesellschaften auch z.B. Eigenbetriebe, Kommunalunternehmen (rechtsfähige Anstalten des öffentlichen Rechts), Regiebetriebe, Zweckverbände, Stiftungen sowie Personenhandelsgesellschaften; die Energieversorgung muss nicht Hauptzweck des Unternehmens sein.[38] Das gem. § 6b EnWG verpflichtete Energieversorgungsunternehmen kann nicht die Offenlegungserleichterung des § 325 Abs. 2a HGB anwenden, wonach an Stelle des Jahresabschlusses ein Einzelabschluss veröffentlicht werden kann, der nach den in § 315a Abs. 1 HGB bezeichneten internationalen Rechnungslegungsstandards aufgestellt wurde; zumindest ist neben dem Einzelabschluss zusätzlich auch ein Jahresabschluss zu veröffentlichen.

Die praktische Bedeutung des § 6b Abs. 1 EnWG sollte nicht überschätzt werden. Da die Energieversorgungsunternehmen schon bisher überwiegend als Ka-

---

36 Es fühlten sich nur wenige nichtenergiewirtschaftlich orientierte Interessenverbände dazu berufen, auf den Gesetzgebungsprozess zum EnWG einzuwirken. Der Bundesverband Öffentliche Dienstleistungen e.V. formulierte keine Eingabe zum EnWG. Die Verbraucherzentrale Bundesverband e.V. (Eingabe vom 16. Mai 2011), der Deutsche Gewerkschaftsbund (Eingabe vom 22. Mai 2011), die Arbeitsgemeinschaft Deutscher Verkehrsflughäfen (ADV) e.V. (Eingabe vom 22. Juni 2011) und der Naturschutzbund Deutschland (NABU) e.V. (Eingabe ohne Datum) gingen in ihren Eingaben nicht auf die Rechnungslegung oder buchhalterische Entflechtung gem. § 6b EnWG ein. Eingaben zur buchhalterischen Entflechtung formulierten lediglich der VKU (Eingabe vom 24. Juni 2011), der BDEW (Eingabe vom 23. Juni 2011), und das IDW (Eingabe vom 21. April 2011). In den nachfolgenden Ausführungen werden daher auch nur die Eingaben der drei letztgenannten Verbände angesprochen ((VKU (2011), BDEW (2011b) und IDW (2011)).

37 Ähnlich auch die Vorgängervorschriften.

38 Zu Einzelheiten vgl. PwC (2012), Abschnitt 2.1.1, S. 16.

pitalgesellschaft, Personengesellschaft gem. § 264a HGB oder als Eigenbetrieb betrieben wurden, waren sie bereits vor § 6b Abs. 1 EnWG zu einer Rechnungslegung nach den Vorschriften für große Kapitalgesellschaften verpflichtet.[39]

Wichtig ist in diesem Zusammenhang, dass das IDW den Verweis des § 10 EnWG 2005 auf die handelsrechtlichen Rechnungslegungsvorschriften nicht als Rechtsgrundverweis, sondern als einen Rechtsfolgenverweis versteht, d.h. dass der Jahresabschluss unabhängig von der Rechtsform oder den Eigentumsverhältnissen des Energieversorgungsunternehmens aufzustellen, zu prüfen und offenzulegen ist, „und wie (nicht ob) dies zu geschehen hat, richtet sich nach den Regeln des HGB“.[40] Folglich sind die Befreiungsmöglichkeiten des § 264 Abs. 3 HGB und des § 264b HGB für Energieversorgungsunternehmen nicht anwendbar, wohl aber die größenabhängigen Befreiungsmöglichkeiten, die Teil der für „Kapitalgesellschaften geltenden Vorschriften“ gem. § 6b Abs. 1 EnWG sind und weder an die Rechtsform noch an die Eigentumsverhältnisse anknüpfen.

Auch die eigenbetriebsrechtlichen Vorschriften der Bundesländer schreiben den Eigenbetrieben grundsätzlich die sinngemäße Anwendung der handelsrechtlichen Rechnungslegungsvorschriften für große Kapitalgesellschaften vor. Da die eigenbetriebsrechtlichen Vorgaben für die Rechnungslegung im Regelfall nicht hinter denen des HGB für große Kapitalgesellschaften zurückbleiben, sondern z.T. sogar nicht unwesentlich darüber hinausgehen, ergeben sich hieraus keine neuen Anforderungen.[41] Erfüllen jedoch die eigenbetriebsrechtlichen Spezialregelungen die Anforderungen für Kapitalgesellschaften nicht, schreibt § 6b EnWG zwingend die Anwendung der Vorschriften für große Kapitalgesellschaften vor. Entsprechendes gilt für die generelle Prüfungs- und Offenlegungspflicht; Eigenbetriebe müssen ihren Jahresabschluss nach den handelsrechtlichen Vorschriften offenlegen.[42]

Überflüssig ist die Ergänzung von § 6b Abs. 1 EnWG um S. 2: „Handelt es sich bei dem Energieversorgungsunternehmen um eine Personenhandelsgesellschaft

---

39 Ähnlich Büdenbender/Rosin (2005), S. 183, 186.

40 Ellerich (2006), S. 638; vgl. auch IDW ERS ÖFA 2 n.F. vom 14. November 2011, Tz. 4, (in: IDW (2012e)); die Regulierungsbehörden übernahmen diese Sichtweise des IDW, vgl. Bundesnetzagentur (2008), S. 29. Anderer Ansicht ist Reinke (2011), S. 1289-1290, der zu dem Ergebnis kommt, dass auch Energieversorgungsunternehmen, die der Regelung des § 10 Abs. 1 EnWG 2005 unterliegen, die Privilegierung des § 264 Abs. 3 HGB nutzen können. Das IDW verabschiedete den ERS ÖFA 2 n.F. am 14. November 2011 und – als Folge des EnWG 2012 (vgl. Anlage A1, S. 161, und Anlage A7, S. 173) – eine geringfügig überarbeitete Fassung am 19. November 2012; Verweise auf Tz. des IDW ERS ÖFA 2 n.F. ohne Datumsangabe beziehen sich auf die letztgenannte Fassung.

41 Vgl. zu dieser Einschätzung IDW ERS ÖFA 2 n.F., Tz. 13, (in: IDW (2012e)); im Einzelnen Bolsenkötter/Dau/Zuschlag (2004), S. 347-349 und S. 560-561.

42 So auch IDW ERS ÖFA 2 n.F., Tz. 14, (in: IDW (2012e)); vgl. im Übrigen Bolsenkötter/Dau/Zuschlag (2004), S. 198.

oder das Unternehmen eines Einzelkaufmanns, dürfen das sonstige Vermögen der Gesellschafter oder des Einzelkaufmanns (Privatvermögen) nicht in die Bilanz und die auf das Privatvermögen entfallenden Aufwendungen und Erträge nicht in die Gewinn- und Verlustrechnung aufgenommen werden". Diese Ergänzung kann nicht als Klarstellung oder Verbesserung[43] gelten, denn die Trennung von Betriebs- und Privatvermögen ist ein fundamentaler Grundsatz ordnungsmäßiger Buchführung und als solcher sogar in § 242 Abs. 1 S. 1 HGB normiert; dieser Grundsatz gilt damit für alle Kaufleute. Nur Vermögensgegenstände und Schulden, die sachlich dem unternehmerischen Bereich zuzurechnen sind, dürfen bilanziert werden. Da sich auch die Buchführungspflicht gem. § 238 Abs. 1 S. 1 HGB nur auf „Handelsgeschäfte" erstreckt, kann der Umfang der Rechenschaftslegung im Jahresabschluss nicht umfassender sein. Vermögensgegenstände und Schulden sowie die daraus entstehenden Aufwendungen und Erträge, die der Privatsphäre zuzurechnen sind, können und dürfen daher schon aus diesem Grund nicht in den Jahresabschluss aufgenommen werden.[44]

2.2.2 Ergänzende Anhangangaben zu Geschäften größeren Umfangs

§ 6b Abs. 2 EnWG[45] verlangt, dass im Anhang zum Jahresabschluss „die Geschäfte größeren Umfangs mit verbundenen oder assoziierten Unternehmen im Sinne von § 271 Abs. 2 oder § 311 HGB gesondert auszuweisen" sind. Nach übereinstimmender Kommentarmeinung steht „auszuweisen" für die „Nennung des gefragten Sachverhaltes, i.d.R. quantitativ".[46] „Ein Geschäft größeren Umfangs ist dann anzunehmen, wenn es aus dem Rahmen der gewöhnlichen Energieversorgungstätigkeit herausfällt und für die Beurteilung der Vermögens- und Ertragslage des Unternehmens nicht nur von untergeordneter Bedeutung ist".[47] Folgerichtig spricht sich das IDW auch dafür aus, dass für jedes angabepflichtige Rechtsgeschäft die Leistung und die Gegenleistung angegeben werden sollten, ggf. zusammengefasst für gleichartige Geschäfte, wenn hierdurch der Aussagegehalt nicht beeinträchtigt

43 Vgl. BT-Drs. 17/6072, S. 56.

44 Vgl. ADS (1995), § 246 HGB, Tz. 426; vgl. auch Förschle/Usinger in: Beck Bil-Komm. (2012), § 243 HGB, Tz. 31, und Förschle/Kroner in: Beck Bil-Komm. (2012), § 246 HGB, Tz. 55-57 und Tz. 70; Lutz/Schlag (2010) in: HdJ, Abt. I/4, Tz 97; Kußmaul in: HdR (2012), Kap. 6, Tz. 16.

45 Ähnlich auch die Vorgängervorschriften.

46 ADS (1995), § 284 HGB, Tz. 24; vgl. auch Kupsch (2004) in: HdJ, Abt. IV/4, Tz. 31; Ellrott in: Beck Bil-Komm. (2012), § 284 HGB, Tz. 36.

47 BT-Drs. 15/3917, S. 55.

wird.[48] Die Literaturmeinungen sind ansonsten uneinheitlich: Ohne Angaben zu Leistung und Gegenleistung blieben die Angaben unverständlich; sogar Informationen über den Vertragspartner und den Zeitraum der Vertragsbeziehungen seien zweckmäßig.[49] Die Angabe einer relativen Größenordnung entspräche zumindest dem Sinn der Vorschrift.[50] Mangels ausdrücklicher Verpflichtung genüge aber auch eine identifizierbare Kenntlichmachung des Geschäfts, ohne dass quantitative Angaben (Menge und Preis) angegeben werden müssten.[51]

Die Anhangangabe soll Geschäfte offenlegen, die „aufgrund ihres Geschäftsvolumens geeignet sein könnten, Diskriminierungen, Quersubventionen oder Wettbewerbsverzerrungen zu Gunsten des Energieversorgungsunternehmens zu ermöglichen“[52], und „dient insbesondere der transparenten Darstellung geschäftlicher Vernetzungen innerhalb der Energiebranche“.[53] Anzugeben sind also letztlich Geschäfte, die die Höhe des Netznutzungsentgelts beeinflussen können; insofern ist es verwunderlich, dass ausgerechnet die Finanzlage in der Gesetzesbegründung nicht angesprochen wird. Angabepflichtige Geschäfte sind z.B. Geschäfte des Netzbereichs über die Anmietung von Büroflächen, die Inanspruchnahme von Buchhaltungs- oder IT-Dienstleistungen oder über Personalgestellung.[54] Dazu gehören auch Geschäfte, die Pacht- oder Betriebsführungsentgelte zum Gegenstand haben.

Geschäfte im Zusammenhang mit dem Energiebezug vom Vorlieferanten finden dagegen unzweifelhaft im Rahmen der gewöhnlichen Energieversorgungstätigkeit statt und brauchen trotz der mengen- und wertmäßigen Bedeutung für die Vermögens-, Finanz- und Ertragslage nicht im Anhang angegeben zu werden. Auch die Belieferung von Sondervertragskunden, die Straßenbeleuchtung oder der Betrieb von Erdgastankstellen gehören zur gewöhnlichen Energieversorgungstätigkeit.[55]

---

48 Vgl. IDW ERS ÖFA 2 n.F., Tz. 22, (in: IDW (2012e)); ausführlich Büdenbender/Rosin, Band 1, S. 188 f. Es überrascht daher, dass der Berufsstand der Wirtschaftsprüfer es dann doch teilweise nicht beanstandet hat, wenn im Zusammenhang mit der Berichterstattung gem. § 10 Abs. 2 EnWG 2005 keine quantitativen Angaben oder zumindest keine umfassenden und verständlichen Angaben im Anhang gemacht wurden. Vgl. im Bundesanzeiger etwa die Angaben in den Anhängen der E.ON Bayern AG, E.ON Avacon AG, E.ON Ruhrgas AG, RWE Innogy GmbH, RWE Innogy Cogen GmbH, RWE Service GmbH und Stadtwerke München GmbH für die Jahresabschlüsse der vergangenen Jahre. Das mag an der unklaren gesetzlichen Vorgabe und den widersprüchlichen Kommentarmeinungen liegen, steht aber zumindest im Widerspruch zu den eigenen Standards.

49 Vgl. Energierecht (2006), § 10 EnWG, Tz. 25

50 Vgl. Busse von Colbe in: BerlKommEnR, § 10 EnWG, Tz. 26.

51 Vgl. Salje (2006), § 10 EnWG, Tz. 70; Büdenbender/Rosin (2005), S. 189.

52 Bundesnetzagentur (2008), S. 30.

53 Ebd., S. 29.

54 Vgl. IDW (2006), S. 3.

55 Vgl. PwC (2012), Abschnitt 6.1.1, S. 225-226; und zu diesem Widerspruch auch Beisheim/Edelmann (2006), S. 188.

Erst das IDW machte auf die Bedeutung der Erweiterung der Angabepflichten im Anhang für sogenannte atypische Energieversorgungsunternehmen aufmerksam und bat den Gesetzgeber mehrfach um Klarstellung;[56] denn auch Versicherungsunternehmen, Banken und andere Industrieunternehmen können Versorgungsunternehmen sein, wenn sie etwa eine andere natürliche oder juristische Person mit Energie beliefern. Ein Industrieunternehmen, das an Fremdfirmen auf dem Firmengelände Energie liefert und dessen Hauptgeschäft in der Produktion, in Dienstleistungen oder im Handel liegt, müsste z.B. über sämtliche Geschäfte größeren Umfangs mit verbundenen Unternehmen wie über Lieferverträge für die Produktionstätigkeit oder Kreditbeziehungen im Konzern im Anhang berichten.[57] Atypisch sind diese Energieversorgungsunternehmen, weil sie zwar die Voraussetzungen für ein Energieversorgungsunternehmen gem. § 3 Nr. 18 EnWG erfüllen, ihre typische Unternehmenstätigkeit aber außerhalb der Energieversorgungstätigkeit liegt.

Da diese atypischen Geschäfte sich nicht auf die Höhe der Netznutzungsentgelte oder des Strompreises auswirken, kann der Gesetzgeber kaum beabsichtigt haben, dass zu diesen Geschäften im Anhang Angaben gemacht werden müssen. Das IDW ist daher richtigerweise der Auffassung, dass „unter die Angabepflicht des § 6b Abs. 2 E-EnWG lediglich ungewöhnliche Geschäfte im Bereich der Energieversorgungstätigkeit fallen, die für die Beurteilung der Vermögens- und Ertragslage des gesamten Unternehmens nicht lediglich von untergeordneter Bedeutung sind".[58]

Da für die atypischen Energieversorgungsunternehmen aber gerade die Energieversorgungstätigkeiten von untergeordneter Bedeutung für ihre Vermögens-, Finanz- und Ertragslage sind und nur einen sehr geringen Teil ihrer eigentlichen Geschäftstätigkeit ausmachen, sind hier i.d.R. keine Anhangangaben nach § 6b Abs. 2 EnWG notwendig.[59]

Im Rahmen der Novellierung des EnWG fragte das IDW den Gesetzgeber auch vergeblich, ob die Einführung der Anhangangabe nach § 285 Nr. 21 HGB zu Geschäften mit nahestehenden Unternehmen und Personen durch das BilMoG zusätzliche Angaben nach § 6b Abs. 2 EnWG nicht entbehrlich mache.[60] Denn gem. § 285 Nr. 21 HGB sind zumindest die **nicht zu marktüblichen Bedingungen** zustande gekommenen Geschäfte, soweit sie wesentlich sind, mit nahestehenden Unternehmen und Personen einschließlich der Art der Beziehung, des Werts der

56 Vgl. IDW (2006), S. 3; IDW (2011), S. 3.

57 Vgl. IDW (2006), S. 3; IDW (2011), S. 4.

58 IDW (2011), S. 4; bis auf den Gesetzesbezug gleichlautend bereits auch in IDW (2006), S. 3.

59 Vgl. IDW (2006), S. 3.

60 Vgl. IDW (2011), S. 4; vgl. zu diesen Angaben allgemein Rimmelspacher/Fey (2010), S. 180-182, und Poullie (2010b), S. 1058-1060, zu Besonderheiten bei Unternehmen der öffentlichen Hand.

Geschäfte sowie der weiteren für die Beurteilung der Finanzlage notwendigen Hinweise im Anhang anzugeben.

Es wäre vor dem Hintergrund, dass § 6b EnWG nach der Gesetzesbegründung insbesondere den Bedürfnissen Rechnung tragen will, die sich aus der Regulierungspraxis der letzten Jahre ergeben haben, wünschenswert gewesen, wenn der Gesetzgeber zur Klarstellung inhaltlich die Sichtweise des IDW bestätigt hätte. Die notwendigen Ergänzungen, Klarstellungen und Verbesserungen waren nach der Auffassung des Gesetzgebers ausweislich seiner Gesetzbegründung jedoch nur im Hinblick auf den Sinn und Zweck des § 10 Abs. 3 EnWG 2005 erforderlich[61] – nicht aber hinsichtlich des § 10 Abs. 2 EnWG 2005, jetzt § 6b Abs. 2 EnWG.

2.2.3 Verpflichtung zur Führung getrennter Konten und zur Aufstellung von Tätigkeitsabschlüssen

2.2.3.1 Grundlagen

Die Verpflichtung zur **Aufstellung von Tätigkeitsabschlüssen** gem. § 6b Abs. 3 S. 6 EnWG[62] ist die bedeutendste Regelung innerhalb der Vorschriften zur buchhalterischen Entflechtung; ihr ist daher auch die größte Bedeutung für die Erfüllung der Informationsfunktion der buchhalterischen Entflechtung beizumessen.

Von der Verpflichtung zur Aufstellung von Tätigkeitsabschlüssen ist die **Führung getrennter Konten** zu unterscheiden. Hierzu sind gem. § 6b Abs. 3 S. 1 EnWG zunächst nur Unternehmen verpflichtet, „die im Sinne von § 3 Nr. 38 zu einem vertikal integrierten Energieversorgungsunternehmen verbunden sind“. Nach § 3 Nr. 38 EnWG ist ein vertikal integriertes Energieversorgungsunternehmen „ein im Elektrizitäts- oder Gasbereich tätiges Unternehmen oder eine im Elektrizitäts- oder Gasbereich tätige Gruppe von Unternehmen, die im Sinne des Art. 3 Abs. 2 der Verordnung (EG) Nr. 139/2004 des Rates vom 20. Januar 2004 über die Kontrolle von Unternehmenszusammenschlüssen (ABl. L 24 vom 29.1.2004, S. 1) miteinander verbunden sind, wobei das betreffende Unternehmen oder die betreffende Gruppe im Elektrizitätsbereich mindestens eine der Funktionen Übertragung oder Verteilung und mindestens eine der Funktionen Erzeugung oder Vertrieb von Elektrizität oder im Erdgasbereich mindestens eine der Funktionen Fernleitung, Verteilung, Speicherung oder Betrieb einer LNG-Anlage und gleichzeitig eine der Funktionen Gewinnung oder Vertrieb von Erdgas wahrnimmt“.

---

61 Vgl. BT-Drs. 17/6072, S. 56.

62 Ähnlich auch die Vorgängervorschriften.

§ 6b Abs. 3 EnWG fordert die vollständige buchhalterische Trennung von Tätigkeiten für den Elektrizitäts- und für den Gassektor nach vorgegebenen Kriterien. Die buchhalterisch zu entflechtenden Tätigkeitsbereiche sind die zum Netzbetrieb gehörende Elektrizitätsübertragung, Elektrizitätsverteilung, Gasfernleitung, Gasverteilung, Gasspeicherung und der Betrieb von LNG-Anlagen (§ 6b Abs. 3 S. 1 und 2 EnWG), ferner die nicht zum Netzbetrieb gehörenden sonstigen Tätigkeiten jeweils innerhalb des Elektrizitäts- und Gassektors (§ 6b Abs. 3 S. 3 EnWG) sowie die Tätigkeiten außerhalb des Elektrizitäts- und Gassektors (§ 6b Abs. 3 S. 4 EnWG).[63] Damit können maximal neun zu entflechtende Tätigkeiten bestehen.[64]

Die buchhalterische Entflechtung ist gem. § 6b Abs. 3 S. 1 EnWG unter der Fiktion durchzuführen, dass diese Tätigkeiten von einem rechtlich selbstständigen Unternehmen ausgeführt werden; damit wird deutlich, dass es sich bei der buchhalterischen Entflechtung um einen Auffangtatbestand zur rechtlichen Entflechtung handelt. Diese Fiktion führt aber auch dazu, dass i.d.R. Leistungsbeziehungen zwischen den fiktiv rechtlich selbstständigen Tätigkeiten, die im Jahresabschluss nicht erfasst werden dürfen, für Zwecke der buchhalterischen Entflechtung zu erfassen sind (vgl. Abschnitt 2.2.3.5.2, S. 33).[65]

2.2.3.2 Abgrenzungsprobleme bei den zur buchhalterischen Entflechtung verpflichteten Unternehmen

Die Regelung des § 6b Abs. 3 S. 4 EnWG[66] führt nach der Auffassung des IDW dazu, dass auch ein nicht im Elektrizitäts- oder Gassektor tätiges Unternehmen – z.B. ein Wasserversorgungsunternehmen oder eine Holdinggesellschaft –, das aber gem. § 6b Abs. 1 S. 1, § 3 Nr. 38 EnWG zu einem vertikal integrierten Energieversorgungsunternehmen verbunden ist, in den Anwendungsbereich des § 6b

63 Zu der Abgrenzung der Tätigkeiten vgl. PwC (2012), Abschnitt 6.2.2, S. 231-238; Salje (2005), § 10 EnWG, Tz. 87-98; und Kriete/Werner (2004), S. 177-181.

64 Zu diesem Ergebnis kommen auch Salje (2006), § 10 EnWG, Tz. 87, und Beisheim/Edelmann (2006), S. 179. Ellerich (2006), S. 638, bestätigt dies auch als Auffassung des IDW. Büdenbender/Rosin (2005), S. 191, nennen zehn Tätigkeiten, da nach ihrer Auffassung die Tätigkeit gem. § 10 Abs. 3 S. 2 EnWG 2005 (bzw. § 6b Abs. 3 S. 2 EnWG) gesondert gezeigt werden muss und nicht den Tätigkeiten gem. § 10 Abs. 3 S. 1 EnWG 2005 (bzw. § 6b Abs. 3 S. 1 EnWG) zugeordnet werden kann.

65 Ähnlich PwC (2012), Abschnitt 6.2.2, S. 231.

66 § 6b Abs. 3 S. 1 EnWG verpflichtet nicht wie § 6b Abs. 1 S. 1 EnWG nur „Energieversorgungsunternehmen“, sondern alle „Unternehmen“. Es erscheint jedoch fraglich, ob der Gesetzgeber tatsächlich den Anwendungsbereich des § 6b Abs. 3 EnWG weiter als den Anwendungsbereich des § 6b Abs. 1 EnWG definieren wollte.

Abs. 3 EnWG fällt und „eigene Konten zu führen" hat.[67] Da diese Unternehmen jedoch keine Tätigkeit im Energiebereich, sondern ausschließlich sonstige Tätigkeiten außerhalb des Elektrizitäts- und Gassektors ausüben, gelten für diese Unternehmen nach Auffassung des IDW die Pflichten zur getrennten Kontenführung nach § 6b Abs. 3 EnWG nicht.[68] Da ein solches Unternehmen auch kein Energieversorgungsunternehmen i.S.v. § 3 Nr. 18 EnWG ist, fällt es auch nicht unter den Anwendungsbereich des § 6b Abs. 1 S. 1 EnWG.[69] Anderes gilt jedoch, wenn die Holdinggesellschaft auch noch Eigentümer eines Energieversorgungsnetzes ist oder ein Energieversorgungsnetz betreibt. In diesem Fall fällt die Holdinggesellschaft unter den Anwendungsbereich des § 6b Abs. 1 S. 1 EnWG, da sie ein Energieversorgungsunternehmen gem. § 3 Nr. 18 EnWG ist, und unter § 6b Abs. 3 S. 1 EnWG, da sie ihr Eigentumsrecht i.S.v. § 6b Abs. 3 S. 1 oder S. 2 EnWG ausübt.[70]

Die Verpflichtung zur buchhalterischen Entflechtung besteht nach Auffassung des IDW damit unabhängig davon, ob ein Energieversorgungsunternehmen gegeben ist, ob also auch die Voraussetzungen des § 6b Abs. 1 EnWG erfüllt sind. Abb. 1 verdeutlicht die Auffassung des IDW bezüglich der Zusammenhänge zwischen § 6b Abs. 1 und § 6b Abs. 3 EnWG.[71] Zu der Änderung durch das EnWG 2012 vgl. Abschnitt 4.4 (S. 162).

Zu dem gleichen Ergebnis kommt man, wenn berücksichtigt wird, dass nur die Prüfung des Jahresabschlusses eines **Energieversorgungsunternehmens** gem. § 6b Abs. 5 S. 1 EnWG „auch die Einhaltung der Pflichten zur Rechnungslegung nach Absatz 3" umfasst.

Angesichts dieser Abgrenzungsprobleme und einer unter Berücksichtigung der Ziele des EnWG nicht zielführenden buchhalterischen Entflechtung der außerhalb des Netzbereichs liegenden Tätigkeiten baten der BDEW und das IDW den Gesetzgeber klarzustellen, dass nur rechtliche Einheiten zur buchhalteri-

---

67 Vgl. IDW ERS ÖFA 2 n.F. vom 14. November 2011, Tz. 25, (in: IDW (2012e)).

68 Eine andere Sichtweise würde dazu führen, dass ansonsten alle Unternehmen, die eine Tätigkeit außerhalb des Elektrizitäts- und Gassektors ausüben, zur Kontentrennung verpflichtet wären, z.B. auch das Friedhofsamt, das über die Gemeinde zu einem vertikal integrierten Energieversorgungsunternehmen verbunden ist.

69 Vgl. hierzu auch IDW ERS ÖFA 2 n.F. vom 14. November 2011, Tz. 25, (in: IDW (2012e)). Nach Auffassung des IDW ist jedoch zu beachten, dass auch aufgrund der Beteiligung einer Gebietskörperschaft an verschiedenen Unternehmen des Energiesektors nach der Definition des § 3 Nr. 38 EnWG ein vertikal integriertes Energieversorgungsunternehmen bestehen kann, auch wenn zwischen diesen Unternehmen keine Beteiligungen i.S.v. § 271 Abs. 2 HGB vorliegen (IDW ERS ÖFA 2 n.F., Tz. 5, (in: IDW (2012e)); vgl. jedoch für die Pflichtangaben im Anhang Tz. 50).

70 Vgl. IDW ERS ÖFA 2 n.F. vom 14. November 2011, Tz. 25, (in: IDW (2012e)); PwC (2012), Abschnitt 6.2.1, S. 230.

71 Das IDW hat mit IDW (2012b) ebenfalls einen Versuch unternommen, anhand von Fallkonstellationen einen Überblick über den Anwendungsbereich von § 6b EnWG zu geben.

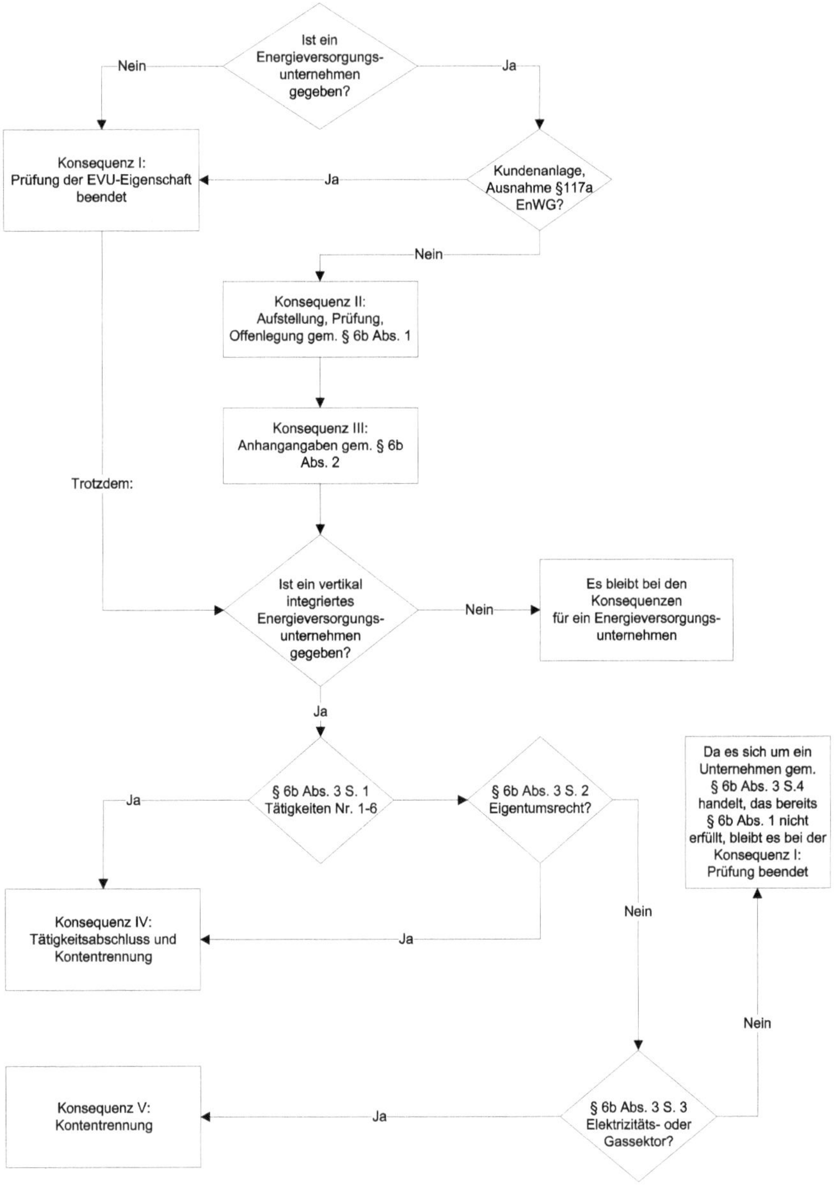

Abb. 1: Überblick über das Zusammenspiel von § 6b Abs. 1 und Abs. 3 EnWG

schen Entflechtung verpflichtet seien, bei denen mindestens eine der in § 6b Abs. 3 S. 1 Nr. 1 bis 6 EnWG genannten Tätigkeiten vorliege; dies entspräche dem Gesetzeszweck (Schaffung von Transparenz im regulierten Bereich) und helfe, unnötigen administrativen Aufwand bei Unternehmen und Behörden zu vermeiden.[72] Dieser vom BDEW und IDW angesprochene administrative Aufwand für die zur buchhalterischen Entflechtung verpflichteten Unternehmen darf vor dem Hintergrund der generellen Pflicht zur Veröffentlichung der Tätigkeitsabschlüsse gem. § 6b Abs. 4 EnWG nicht unterschätzt werden.[73]

Das IDW machte ferner darauf aufmerksam, dass sich die Vorschrift des § 6b Abs. 3 EnWG zur buchhalterischen Entflechtung nach dem Gesetzeswortlaut zunächst nur auf Unternehmen beziehe, die i.S.v. § 3 Nr. 38 EnWG zu einem vertikal integrierten Energieversorgungsunternehmen verbunden seien. Ein vertikal integriertes Energieversorgungsunternehmen i.S.v. § 3 Nr. 38 EnWG könne entweder ein einzelnes Unternehmen oder eine Unternehmensgruppe sein. Die Vorschrift des § 6b Abs. 3 EnWG ließe sich daher dahingehend missverstehen, dass nur Unternehmen einer Unternehmensgruppe eine buchhalterische Entflechtung für den Netzbereich vorzunehmen haben. Ein einzelnes Unternehmen, das ein vertikal integriertes Energieversorgungsunternehmen darstelle (also z.B. ein entsprechend strukturiertes Stadtwerk), hätte danach keine getrennten Konten für den Netzbereich zu führen.[74]

Eine Klarstellung durch den Gesetzgeber gab es nicht.

2.2.3.3 Abgrenzungsprobleme bei den zur buchhalterischen Entflechtung verpflichteten Tätigkeiten

Wie bereits bei § 10 Abs. 3 EnWG 2005 ist auch bei § 6b Abs. 3 EnWG unverändert diskussionswürdig, für welche Tätigkeiten im Rahmen der buchhalterischen Entflechtung jeweils Tätigkeitsabschlüsse aufzustellen sind.

Die in § 6b Abs. 3 S. 1 und 2 EnWG genannten Tätigkeiten müssen „getrennte Konten“ führen. Ebenfalls sind für die anderen Tätigkeiten innerhalb des Elektrizitätssektors oder innerhalb des Gassektors gem. § 6b Abs. 3 S. 3 EnWG „Konten“ zu führen, die innerhalb des jeweiligen Sektors zusammengefasst werden können. Auch für Tätigkeiten außerhalb des Elektrizitäts- und Gassektors sind gem. § 6b Abs. 3 S. 4 EnWG „eigene Konten“ zu führen, die zusammengefasst werden können.

---

72 Vgl. BDEW (2011b), S. 20, sowie IDW (2011), S. 5.

73 Der VKU sprach sich deutlich gegen diese Verschärfung gegenüber den Energiebinnenmarktrichtlinien aus und befürchtete, dass insbesondere Stadtwerke gezwungen seien, interne Geschäftsgeheimnisse allen Wettbewerbern offenzulegen, was zu einer Schwächung der Wettbewerbsposition der Stadtwerke führe; vgl. VKU (2011), S. 5.

74 Vgl. IDW (2011), S. 5.

Gemäß § 6b Abs. 3 S. 6 EnWG ist mit dem Jahresabschluss für jeden „der genannten Tätigkeitsbereiche" jeweils eine Tätigkeitsbilanz und eine Tätigkeits-GuV-Rechnung (Tätigkeitsabschluss) aufzustellen. Fraglich ist, ob mit dem Ausdruck „der genannten Tätigkeitsbereiche" ausschließlich die explizit in § 6b Abs. 3 S. 1 Nr. 1 bis 6 und S. 2 EnWG genannten Tätigkeiten gemeint sind oder auch die anderen Tätigkeiten innerhalb und außerhalb des Elektrizitäts- und Gassektors.[75] Folgt man dem Wortlaut des Gesetzes, sind nur für den Netzbereich (§ 6b Abs. 3 S. 1 Nr. 1 bis 6 und S. 2 EnWG) Tätigkeitsabschlüsse aufzustellen, da der Gesetzgeber nur in § 6b Abs. 3 S. 1 EnWG den Begriff „Bereich" verwendet. Nach diesem Verständnis sind für die anderen Tätigkeiten innerhalb des Elektrizitäts- und Gassektors (z.B. für den Elektrizitäts- oder Gasvertrieb) sowie für die Tätigkeiten außerhalb dieser Sektoren keine Tätigkeitsabschlüsse aufzustellen. Für diese Sichtweise spricht auch, dass es sich hier nicht um regulierte Tätigkeiten handelt.[76]

BUSSE VON COLBE weist jedoch darauf hin, dass die nationale Vorschrift des § 10 EnWG 2005 europarechtlich auszulegen sei, da es in Art. 19 Abs. 3 S. 6 der Richtlinie 2003/54/EG und Art. 17 Abs. 3 S. 6 der Richtlinie 2003/55/EG heiße, dass die interne Rechnungslegung „für jede Tätigkeit eine Bilanz sowie eine Gewinn- und Verlustrechnung" einschließe.[77] Auch das IDW unterstellte zunächst, dass für alle „Tätigkeitsbereiche" und „Bereiche" jeweils Tätigkeitsabschlüsse aufzustellen seien,[78] rückte dann aber von seiner Einschätzung wieder ab, bat zur Vermeidung von Auslegungsfragen um Klarstellung[79] und wies sogar darauf hin, dass diese Frage bereits seit 2005 diskutiert werde.[80]

Eine eindeutige Aussage des Gesetzgebers, dass für alle Tätigkeitsbereiche und Tätigkeiten des § 6b Abs. 3 EnWG jeweils Tätigkeitsabschlüsse aufzustellen seien, wäre ausgesprochen wichtig gewesen, denn die wechselseitigen Beziehungen aus der Bilanzierung von Ausgleichsposten (vgl. Abschnitt 2.2.3.8, S. 45, und die empirischen Beispiele in Anlage A8, S. 176) sind bei einer nur teilweisen Veröffentlichung von Tätigkeitsabschlüssen für die Tätigkeitsbereiche gem. § 6b Abs. 3

---

75 Vgl. IDW (2005), S. 127; IDW (2011), S. 5; IDW ERS ÖFA 2 n.F., Tz. 21, (in: IDW (2012e)); BDEW (2008), S. 18; BGW (2005), S. 18; Ellerich (2006), S. 437.

76 Hierfür sprechen auch die Ausführungen der BT-Drs. 15/3917, S. 55, die nur Abschlüsse für den Netzbereich erwähnt – dies sind aber nur die Tätigkeitsbereiche gem. § 10 Abs. 3 S. 1 EnWG 2005 bzw. § 6b Abs. 3 S. 1 EnWG.

77 Vgl. Busse von Colbe in: BerlKommEnR, § 10 EnWG, Tz. 68; kritischer hierzu, aber mit anderer Begründung zu demselben Ergebnis kommend Ellerich (2006), S. 437. Art. 31 Abs. 3 S. 6 der Richtlinie 2009/72/EG und Art. 31 Abs. 4 S. 6 der Richtlinie 2009/73/EG enthalten unverändert dieselbe Aussage.

78 Vgl. IDW (2004), S. 6.

79 Vgl. IDW (2005), S. 127.

80 Vgl. IDW (2011), S. 5.

S. 1 Nr. 1 bis 6 und S. 2 EnWG nicht nachzuvollziehen. Die empirischen Beispiele zeigen deutlich, dass die überwiegende Zahl der zur buchhalterischen Entflechtung verpflichteten Unternehmen lediglich Tätigkeitsabschlüsse für die „Katalog"-Tätigkeiten gem. § 6b Abs. 3 S. 1 Nr. 1 bis 6 und S. 2 EnWG aufstellt. Im Gegensatz zu seiner Bekundung hat der Gesetzgeber in § 6b Abs. 3 EnWG keine Ergänzungen vorgenommen, um „Klarstellungen und Verbesserungen" zu erreichen.[81]

2.2.3.4 Fiktive rechtliche Entflechtung als Voraussetzung für Tätigkeitsabschlüsse

Der Gesetzgeber verlangt von den gem. § 6b Abs. 3 S. 1 EnWG zur buchhalterischen Entflechtung verpflichteten Unternehmen die buchhalterische Entflechtung unter der **Fiktion**, als „wenn diese Tätigkeiten von rechtlich selbstständigen Unternehmen ausgeführt würden". Um die buchhalterische Entflechtung umsetzen zu können, muss das real existierende Unternehmen daher zunächst in fiktiv rechtlich selbstständige Unternehmen entflochten werden. Interessanterweise haben aber weder der Gesetzgeber noch das IDW oder die einschlägigen Kommentare übergeordnete Regularien für diese fiktive rechtliche Entflechtung und die damit zu berücksichtigenden eigenkapitalmäßigen Verbindungen zwischen den buchhalterisch entflochtenen Tätigkeiten entwickelt.

Der im Zusammenhang mit der fiktiven rechtlichen Entflechtung und der buchhalterischen Entflechtung häufig verwendete Begriff der **Entkonsolidierung**[82] und der sich dahinter verbergende Denkansatz gehen jedenfalls in die falsche Richtung, denn aus einem Konzernabschluss können nicht durch eine Entkonsolidierung bzw. Rückrechnung die zugrunde liegenden Jahresabschlüsse oder – übertragen auf die buchhalterische Entflechtung – die Tätigkeitsabschlüsse gewonnen werden. Es ist zwar möglich, aus mehreren Jahresabschlüssen im Wege der Konsolidierung unter Verwendung gesetzlich definierter Konsolidierungsmethoden einen bestimmten Konzernabschluss aufzustellen; es ist aber – auch bei Kenntnis der (Ent-)Konsolidierungsmethoden – nicht möglich, im Wege

81 Vgl. BT-Drs. 17/6072, S. 56. Im Folgenden wird nur noch der Begriff „Tätigkeit" und nicht mehr der Begriff „Tätigkeitsbereich" verwendet.

82 Vgl. z.B. BDEW (2011c): „Aus dem Blickwinkel der buchhalterischen Entflechtung und unter Beachtung der Vorschriften des § 6b EnWG ist der zugrunde liegende Jahresabschluss wie ein Konzernabschluss zu betrachten, in dem die Leistungsbeziehungen zwischen den Tätigkeiten bereits „konsolidiert" sind. Entsprechend ist es Aufgabe der Entkonsolidierung, bei der Ableitung der Bilanzen und GuV-Rechnungen für die einzelnen Tätigkeiten aus dem Jahresabschluss den Konsolidierungsvorgang rückgängig zu machen, also zu entkonsolidieren". So fast gleichlautend auch bereits BDEW (2008), S. 21; BGW (2005), S. 20; BGW (2003), S. 19; zustimmend Busse von Colbe in: BerlKommEnR (2010), § 10 EnWG, Tz. 52.

der „Entkonsolidierung“ aus einem Konzernabschluss die ihm zugrunde liegenden konsolidierten Jahresabschlüsse abzuleiten.

Da die buchhalterische Entflechtung als fiktive rechtliche Entflechtung angesehen werden kann, sind mangels anderer Regelungen die für die Spaltung bestehenden Regelungen gem. § 1 Abs. 1 Nr. 2 i.V.m. § 123 UmwG[83] sinngemäß zu übertragen; die anderen in § 1 Abs. 1 UmwG aufgeführten Arten der Umwandlung (Verschmelzung, Vermögensübertragung und Formwechsel) erscheinen vor dem Hintergrund der Zielsetzung der buchhalterischen Entflechtung nicht zielführend:[84]

- Bei der **Aufspaltung** gem. § 123 Abs. 1 UmwG wird die Stadtwerke-GmbH in die Gasverteilung, die Tätigkeiten innerhalb des Gassektors und die Tätigkeiten außerhalb des Gassektors aufgespalten. Fiktiver Anteilseigner der drei Tätigkeiten wird die Stadt; die Stadtwerke-GmbH wird fiktiv aufgelöst. Da die Stadt alleiniger Anteilseigner geblieben ist, bestehen zwischen den drei Tätigkeiten keine kapitalmäßigen Verflechtungen.
- Bei der **Abspaltung** gem. § 123 Abs. 2 UmwG werden von der Stadtwerke-GmbH die Gasverteilung und die Tätigkeiten innerhalb des Gassektors abgespalten. Die Stadtwerke-GmbH übt nur noch Tätigkeiten außerhalb des Gassektors aus. Anteilseigner der Gasverteilung und der Tätigkeiten innerhalb des Gassektors wird die Stadt, die auch die Anteile an den Tätigkeiten außerhalb des Gassektors (= ehemalige Stadtwerke-GmbH) hält. Da auch hier die Stadt alleiniger Anteilseigner geblieben ist, bestehen zwischen den drei Tätigkeiten keine kapitalmäßigen Verflechtungen.
- Auch bei der **Ausgliederung** gem. § 123 Abs. 3 UmwG werden von der Stadtwerke-GmbH die Gasverteilung und die Tätigkeiten innerhalb des Gassektors abgespalten. Hier übt die Stadtwerke-GmbH gleichfalls nur noch Tätigkeiten außerhalb des Gassektors aus. Anteilseigner der Gasverteilung und der Tätigkeiten innerhalb des Gassektors wird jetzt aber die Tätigkeit außerhalb des Gassektors (= ehemalige Stadtwerke-GmbH), die damit auch eine Holding-Funktion übernimmt. Nur bei der Ausgliederung bestehen zwischen den Tätigkeiten auch kapitalmäßige Verflechtungen: Die Stadt ist im Verhältnis zur Stadtwerke-GmbH alleiniger Anteilseigner geblieben; die Stadtwerke-GmbH

83 Die Spaltung wird als Grundmodell für die rechtliche Entflechtung auch in Bundesnetzagentur (2006a), S. 12-13, und Beisheim/Edelmann (2006), S. 46-47, angesprochen – nicht aber für die buchhalterische Entflechtung. Vgl. im Übrigen IDW RS HFA 43, Tz. 10-23, (in: IDW (2012e)) und Klingberg in: Sonderbilanzen (2008), I. Spaltungsbilanzen, Tz. 10-13.

84 In den drei folgenden Beispielen ist die Stadt Alleingesellschafter der Stadtwerke-GmbH, die buchhalterisch in die Tätigkeiten Gasverteilung, Tätigkeiten innerhalb des Gassektors und Tätigkeiten außerhalb des Gassektors zu entflechten ist.

ist im Verhältnis zur Gasverteilung und zu den Tätigkeiten innerhalb des Gassektors alleiniger Anteilseigner geworden.

Unter Geltung der Ceteris-Paribus-Bedingung unterscheidet sich die Eigenkapitalausstattung der Gasverteilung, der Tätigkeiten innerhalb des Gassektors und der Tätigkeiten außerhalb des Gassektors bei der Aufspaltung und der Abspaltung nicht; sie unterscheidet sich auch nicht von der Eigenkapitalausstattung der Gasverteilung und der Tätigkeiten innerhalb des Gassektors bei der Ausgliederung. Bei der Ausgliederung weicht aber die Eigenkapitalausstattung der Tätigkeiten außerhalb des Gassektors ab; diese ist identisch mit der realen Eigenkapitalausstattung der Stadtwerke-GmbH. Auch wenn die rechtliche Herleitung der Aufspaltung und der Abspaltung unterschiedlich ist, führen beide doch zu demselben Ergebnis in der buchhalterischen Entflechtung.

Erst durch eine fiktive Spaltung nach den Regeln des Umwandlungsgesetzes werden eindeutige – jetzt aber auch begründbare – Beteiligungsverhältnisse zwischen den fiktiv rechtlich selbstständigen Unternehmen geschaffen, die letztlich auch für die Zuordnung des Zahlenmaterials im Rahmen der buchhalterischen Entflechtung entscheidend sind (vgl. Abschnitt 2.2.3.8.2, S. 46).

2.2.3.5 Zuordnungsmethoden als verfahrenstechnische Einflussgrößen auf die Tätigkeitsabschlüsse

Der **gesamte Komplex der buchhalterischen Entflechtung** setzt sich aus zwei in § 6b Abs. 3 EnWG geregelten Zuordnungsmethoden zusammen, die sich als verfahrenstechnische Einflussgrößen auf die Aufstellung der Tätigkeitsabschlüsse auswirken. Die Anwendung dieser Zuordnungsmethoden ist unabdingbare Voraussetzung, um die Fiktion des rechtlich selbstständigen Unternehmens gem. § 6b Abs. 1 S. 1 EnWG erfüllen zu können. Bei diesen **Zuordnungsmethoden** handelt es sich um die

- in § 6b Abs. 3 S. 5 EnWG geregelte **direkte und**[85] **indirekte** (geschlüsselte) **Zuordnung** der Bilanz- und GuV-Posten des Energieversorgungsunternehmens (vgl. Abschnitt 2.2.3.5.1, S. 31) sowie um
- die sich aus § 6b Abs. 3 S. 1 EnWG aufgrund der Fiktion des rechtlich selbstständigen Unternehmens ergebende **Leistungsverrechnung** zwischen den Tätigkeiten (vgl. Abschnitt 2.2.3.5.2, S. 33).[86]

85 Das Wort „und“ bezieht sich auf den Tätigkeitsabschluss als Ganzes und ist nicht im logischen Sinne zu verstehen, da der einzelne Bilanzposten auch direkt oder indirekt im logischen Sinne zugeordnet werden kann.

86 Praxis und Literatur versehen die Leistungsverrechnung regelmäßig mit dem Attribut „innerbetrieblich“ oder „intern“; vgl. BGW (2003); BGW (2005); BDEW (2008); BDEW (2011c); PwC (2012), Abschnitt 6.3.3, S. 242. Dies ist aber irreführend, da eben keine interne, sondern

Während die direkte und die indirekte Zuordnung ausschließlich die im Rechnungswesen des real existierenden Energieversorgungsunternehmens bereits erfassten und damit in der Bilanz und GuV-Rechnung abgebildeten Geschäftsvorfälle[87] auf die zu entflechtenden Tätigkeiten verteilen, bildet die Leistungsverrechnung die aufgrund der Fiktion des rechtlich selbstständigen Unternehmens zusätzlich in den Tätigkeitsabschlüssen zu erfassenden Geschäftsvorfälle ab. Damit verbinden die beiden Methoden der direkten und indirekten Zuordnung sowie der Leistungsverrechnung die in der Literatur zur Segmentberichterstattung unterschiedenen Ansätze des **Disaggregation Approach** und des **Autonomous Entity Approach**.[88]

Der Disaggregation Approach ist dadurch gekennzeichnet, dass er die Segmente bzw. Tätigkeiten eng an den der Segmentierung bzw. buchhalterischen Entflechtung zugrunde liegenden Jahresabschluss bindet und die aggregierten Daten des Jahresabschlusses disaggregiert. Eine vom Jahresabschluss abweichende Darstellung der Vermögens-, Finanz- und Ertragslage ist nicht erlaubt. Synergieeffekte sind nach diesem Ansatz sogar auf die jeweiligen Segmente zu schlüsseln, und interne Verrechnungen sind auf kostenbasierten, internen Verrechnungspreisen vorzunehmen.[89]

Der Autonomous Entity Approach betont dagegen die fiktive wirtschaftliche und rechtliche Unabhängigkeit eines Segments bzw. einer Tätigkeit.[90] Entsprechend verlangt dieser Ansatz, dass interne Beziehungen zwischen den Segmenten bzw. Tätigkeiten wie mit Dritten zu Marktpreisen abzubilden sind und dass – in letzter Konsequenz – über die Segmente hinweg bestehende Synergien zu eliminieren sind.[91]

Auch wenn der IFRS 8 mit seinem Management Approach primär auf dem Disaggregation Approach beruht, enthält er auch Elemente des Autonomous Entity Approach, wenn er Abweichungen bei den Angaben auf Unternehmensebene zu den integrierten Daten des Jahresabschlusses ausdrücklich erlaubt. Der Management Approach ermöglicht somit die Ausnutzung der vollen Bandbreite beider Ansätze.[92]

---

eine (fiktive) externe Leistungsverrechnung durchzuführen ist.

87 Zum Begriff „Geschäftsvorfall" vgl. Eisele/Knobloch (2011), S. 78 und S. 85.

88 Vgl. Haller/Park (1994), S. 511-513; Köhle (2006), S. 116-122; Ulbrich (2006), S. 17-23.

89 Vgl. Haller/Park (1994), S. 511-512, die diesen Effekt an Standortkosten verdeutlichen (z.B. kommunale Gebühren oder Energiekosten), die bei gemeinschaftlicher Nutzung des gesamten Grundstücks geringer ausfallen. Beim Disaggregation Approach wird dieser Kostenvorteil an die Segmente bzw. Tätigkeitsbereiche weitergegeben, beim Autonomous Entity Approach wird dieser Synergievorteil negiert; vgl. auch Köhle (2006), S. 119.

90 Vgl. Haller/Park (1994), S. 511 m.w.N.; Köhle (2006), S. 116.

91 Vgl. Ulbrich (2006), S. 20, demzufolge dies theoretisch dazu führen könnte, dass gemeinschaftlich genutzte Vermögenswerte fiktiv mehrfach geführt werden müssten, um entsprechende Synergien zu neutralisieren.

92 Vgl. Ulbrich (2006), S. 22-23.

Ähnlich verhält es sich bei den Zuordnungsmethoden des § 6b Abs. 3 EnWG: Die direkte und indirekte Zuordnung der Bilanz- und GuV-Posten entspricht eher dem Disaggregation Approach und die Leistungsverrechnung eher dem Autonomous Entity Approach.

2.2.3.5.1 Direkte und indirekte Zuordnung

§ 6b Abs. 3 S. 5 EnWG gewährt ein Wahlrecht zwischen der direkten und indirekten Zuordnung: „Soweit eine direkte Zuordnung zu den einzelnen Tätigkeiten nicht möglich ist oder mit unvertretbarem Aufwand verbunden wäre, hat die Zuordnung durch Schlüsselung der Konten, die sachgerecht und für Dritte nachvollziehbar sein muss, zu erfolgen". Die Forderung des Gesetzgebers, die Zuordnung „sachgerecht" vorzunehmen, muss unter Berücksichtigung der Fiktion des rechtlich selbstständigen Unternehmens so verstanden werden, dass für die Zuordnung der Beträge der Bilanz und GuV-Rechnung zu den getrennten Konten nur das Prinzip der Kostenverursachung (Kausalitäts- und Proportionalitätsprinzip) gilt und das Kostentragfähigkeitsprinzip nur ausnahmsweise zur Anwendung kommen kann.[93] Die indirekte Zuordnung soll daher auch nur subsidiär angewendet werden, wenn nämlich die direkte Zuordnung zu den einzelnen Tätigkeiten nicht möglich ist oder mit unvertretbarem Aufwand verbunden wäre. Die Bewertung eines deutlichen Missverhältnisses zwischen dem zusätzlichen Aufwand bei direkter Zuordnung und dem dadurch erreichbaren Informationsgewinn wird sich einer objektiven Nachprüfbarkeit aber immer entziehen.[94]

§ 6b Abs. 3 S. 5 EnWG ist in Zusammenhang mit § 6b Abs. 3 S. 7 EnWG zu deuten – danach sind die Regeln anzugeben, „nach denen die Gegenstände des Aktiv- und Passivvermögens sowie die Aufwendungen und Erträge"[95] den Konten zugeordnet worden sind. In diesem Kontext wird deutlich, dass sich die **direkte Zuordnung** nach dem Verständnis des Gesetzgebers auf einzelne **Posten** der Bilanz und GuV-Rechnung und nicht auf **Geschäftsvorfälle** oder **Buchungen** bezieht und damit ein Buchungszusammenhang[96] schon bei der direkten Zuordnungsmethode nicht mehr besteht, weil hier z.B. nur der Aktivposten einer

93 Vgl. zu den Prinzipien der Kostenverursachung und Kostenzurechnung Franz (1993), Sp. 2418-2426; Lexikon der Rechnungslegung und Abschlußprüfung (1998), S. 872.

94 Vgl. dazu im Einzelnen Poullie (2006), S. 181-183; PwC (2012), Abschnitt 6.3.1, S. 238; Busse von Colbe in: BerlKommEnR, § 10 EnWG, Tz. 44-51; Loos (2004), S. 104-110; Ebeling/Schmidt/Drüppel (2001), S. 79-81.

95 Man beachte die Wortschöpfung „Passivvermögen".

96 Vgl. PwC (2012), Abschnitt 6.3.4, S. 247; Di Gaudio/Hünger (2011), S. 288, verwenden hierfür den Begriff „Bilanzenzusammenhang", dürften aber den Buchungszusammenhang meinen; für den Bilanzenzusammenhang wird üblicherweise der Begriff „Bilanzidentität" verwendet (vgl. Abschnitt 2.2.3.6, S. 35).

Tätigkeit direkt zugeordnet wird, ohne den – vermeintlich dazugehörigen – Passivposten.

Nur wenn die **Geschäftsvorfälle** des real existierenden Energieversorgungsunternehmens zeitgleich als **Buchung** – quasi atomisiert – auch auf den „getrennten Konten“ der Tätigkeiten erfasst werden und dadurch der Buchungszusammenhang erhalten bleibt, ergeben sich in den Tätigkeitsabschlüssen keine Zuordnungsdifferenzen in der Tätigkeitsbilanz und Tätigkeits-GuV-Rechnung. Einzig eine solche Zuordnungsmethode würde zu einem Tätigkeitsabschluss führen, der identisch mit einem Jahresabschluss wäre, wenn die Tätigkeiten nicht nur fiktiv rechtlich entflochten worden wären.

Die direkte und indirekte Zuordnung kann in zeitlicher Hinsicht progressiv oder retrograd durchgeführt werden. Da eine gesetzliche Verpflichtung zur direkten und progressiven Zuordnung zu einem erheblichen Aufwand[97] geführt hätte, erlauben der Gesetzeswortlaut[98] und die Gesetzesbegründung daher „anstelle einer unterjährigen progressiven Verbuchung in getrennten Buchungskreisen auch eine nachträgliche Bebuchung der getrennten Konten“[99] (retrograde Zuordnung). Bei der retrograden Zuordnung wird der Buchungsstoff den Tätigkeiten erst nach der Erfassung des Geschäftsvorfalls in der Finanzbuchhaltung des zur buchhalterischen Entflechtung verpflichteten Unternehmens zugeordnet (z.B. als direkte und indirekte Zuordnung am Jahresende im Zusammenhang mit der Aufstellung des Jahresabschlusses). In der Praxis haben sich diverse Mischformen mit fließenden Übergängen zwischen der direkten und indirekten sowie der progressiven und retrograden Zuordnung entwickelt (z.B. Buchung des Anlagevermögens der Tätigkeiten mit Buchungssätzen, direkte Zuordnung im Laufe des Jahres, Buchung der Debitoren und Kreditoren direkt und indirekt sowie progressiv und retrograd).[100]

Einen materiellen Einfluss auf die Zuordnung des Buchungsstoffs eines zur buchhalterischen Entflechtung verpflichteten Energieversorgungsunternehmens und auf die Aufstellung des Tätigkeitsabschlusses hat allerdings nur die direkte

97 Nach Einschätzung des IDW (2004), S. 4, werden sich durch „eine geschlossene progressive Zuordnung sämtlicher Geschäftsvorfälle … keine zusätzlichen Erkenntnisse“ ergeben, wohl aber ziehe sie „eine immense Zusatzbelastung aller Energieversorgungsunternehmen“ nach sich. Das IDW spricht hier von Geschäftsvorfällen und geht bei diesem Verständnis – anders als der Gesetzgeber – sogar von einem Buchungszusammenhang aus.

98 Die Einleitung von § 6b Abs. 3 Satz 6 EnWG bzw. § 10 Abs. 3 Satz 6 EnWG 2005 durch den Passus „Mit der Erstellung …“ kann so verstanden werden, dass der Tätigkeitsabschluss in zeitlicher Hinsicht erst mit der Aufstellung des Jahresabschlusses am Bilanzstichtag zu erstellen ist; vgl. PwC (2012), Abschnitt 6.3.2, S. 241.

99 BT-Drs. 15/3917, S. 55.

100 Vgl. Ellerich (2006), S. 640; Busse von Colbe in: BerlKommEnR, § 10 EnWG, Tz. 43; PwC (2012), Abschnitt 6.3.2, S. 241; und im Einzelnen Flatt (2010), S. 96-122.

und indirekte (geschlüsselte) Zuordnung – nicht aber die progressive oder retrograde Zuordnung, die lediglich den Zeitaspekt berühren.

2.2.3.5.2 Leistungsverrechnung

Mit § 6b Abs. 3 S. 1 EnWG und der Vorgängervorschrift verlangt der Gesetzgeber, dass die Konten der Tätigkeiten so zu führen sind, „wie dies erforderlich wäre, wenn diese Tätigkeiten von rechtlich selbstständigen Unternehmen ausgeführt würden". Diese **gesetzliche Fiktion** verlangt somit die Erfassung und Bewertung fiktiver Leistungsbeziehungen sowohl vertikal zwischen den Tätigkeiten der Elektrizitäts- oder Gasversorgung als auch horizontal zwischen dem jeweiligen Energiebereich und den Tätigkeiten außerhalb des Elektrizitäts- bzw. Gassektors.[101]

Die Leistungsverrechnung führt in den Tätigkeitsabschlüssen zu zusätzlichen Geschäftsvorfällen, die im Jahresabschluss des zur buchhalterischen Entflechtung verpflichteten Unternehmens nicht erfasst werden dürfen.

Die zusätzlichen Geschäftsvorfälle können – z.B. bei Umsatzerlösen – erfolgswirksam sein und zu Gewinnverlagerungen zwischen den Tätigkeiten führen, da entsprechend der Fiktion des rechtlich selbstständigen Unternehmens der Austausch von Leistungen oder Gütern üblicherweise mit einem Gewinnaufschlag zu kalkulieren ist. Das Ausmaß der Gewinnverlagerungen ist dabei von der Bewertung der Leistungsbeziehungen (z.B. mit Vollkosten-/Teilkostenpreisen, verhandelten Preisen, Marktpreisen, Marktpreisäquivalenten) abhängig. Werden die Regelungen des § 21 Abs. 1 EnWG allgemein auf die Kalkulation übertragen, müssen Verrechnungspreise angemessen, diskriminierungsfrei und transparent sein sowie nicht ungünstiger, als sie gegenüber Dritten tatsächlich oder kalkulatorisch in Rechnung gestellt werden.[102]

Die zusätzlichen Geschäftsvorfälle im Rahmen der Leistungsverrechnung können aber auch erfolgsneutral sein, wenn etwa zusätzliche Finanzierungsmaßnahmen zwischen den buchhalterisch entflochtenen Tätigkeiten erforderlich werden, so wenn z.B. die Vertriebstätigkeit – die geschäftsbedingt i.d.R. keine nennenswerten Aktiva und Passiva bilanziert – stichtagsbedingt eine wesentliche Verbindlichkeit ausweist und dann ohne eine interne Gegenfinanzierung ein negatives Eigenkapital ausweisen würde. Ebenso ist der umgekehrte Fall denkbar, wenn stichtagsbedingt nennenswerte Forderungen aktiviert sind. Auch diese internen Finanzierungen müssen einem Drittvergleich standhalten.

---

101 Vgl. dazu im Einzelnen Poullie (2006), S. 184-185; PwC (2012), Abschnitt 6.3.3, S. 242-245.

102 Vgl. dazu im Einzelnen Poullie (2006), S. 184-185; PwC (2012), Abschnitt 6.3.3, S. 243; ähnlich Energierecht, B 1, § 10, Tz. 31; Busse von Colbe in: BerlKommEnR, § 10 EnWG, Tz. 52-58; Ellerich (2006), S. 639; Loos (2004), S. 110-113.

2.2.3.5.3 *Auswirkung der Zuordnungsmethoden auf die Tätigkeitsabschlüsse*

Die zwei kumulativ anzuwendenden Zuordnungsmethoden stellen als verfahrenstechnische Einflussgrößen gesetzlich sanktionierte (unechte) Wahlrechte dar. Das bedeutet, dass zwei identische Unternehmen mit identischem Buchungsstoff auch bei Anwendung dieser Zuordnungsmethoden immer unterschiedliche Tätigkeitsabschlüsse aufstellen werden. Da empfehlende Aussagen weder von den Regulierungsbehörden noch von Verbänden formuliert wurden, wurde § 10 Abs. 3 S. 5 EnWG 2005 – und damit auch § 6b Abs. 3 S. 5 EnWG – „in der Praxis derart restriktiv ausgelegt, dass nur dann direkt zugeordnet werden muss, wenn ein eindeutiger funktioneller Zusammenhang i.S. einer Betriebsnotwendigkeit gegeben ist; entsprechend eng wird die Verpflichtung zur Schlüsselung gesehen“.[103]

Für die Zuordnungsmethoden gilt aber das übergeordnete Postulat, dass das durch den Tätigkeitsabschluss abgebildete fiktiv rechtlich selbstständige Unternehmen betriebswirtschaftlich lebensfähig sein muss, d.h. dass z.B. – im Wege der buchhalterischen Entflechtung – entweder direkt oder indirekt ein fiktiver Anteil am Verwaltungsgebäude zugeordnet oder – im Wege der Leistungsverrechnung – für den Anteil am Verwaltungsgebäude eine fiktive Miete belastet werden muss. Ähnliche Überlegungen gelten für die fiktive Zuordnung des Personals bzw. des Personalaufwandes. Grundsätzlich muss jede Tätigkeit entsprechend der Komplexität ihres Unternehmensgegenstands über eigenes Personal mit ausreichenden fachlichen technischen, betriebswirtschaftlichen und juristischen Kenntnissen verfügen.[104]

Das Zusammenwirken und das Erfordernis der **Trennung dieser beiden Zuordnungsmethoden** verdeutlicht Abb. 2: Die direkte und indirekte Zuordnung verteilt in einem **ersten Schritt** ausschließlich bereits in der Finanzbuchhaltung erfasste Geschäftsvorfälle auf die Tätigkeitsbilanz,[105] wohingegen die Leistungsverrechnung in einem **zweiten Schritt** zusätzlich fiktive – und damit wahlweise und ggf. erfolgswirksame – Geschäftsvorfälle abbildet, die dann auch zu Ergebnisverlagerungen zwischen den Tätigkeiten führen können. Die Trennung ist auch deswegen erforderlich, weil die Freiheitsgrade vom ersten zum zweiten

103 PwC (2012), Abschnitt 6.4.6, S. 255.

104 Vgl. BGW (2007), S. 9-12; PwC (2012), Abschnitt 6.4.6, S. 255; vgl. hierzu auch Bundesnetzagentur (2008), S. 6, und BK8 (2011), S.1-2. Diese Überlegungen werden auch durch § 7a EnWG zur operationellen Entflechtung von Verteilernetzbetreibern bestätigt. Danach haben vertikal integrierte Energieversorgungsunternehmen die Unabhängigkeit ihrer verbundenen Verteilernetzbetreiber hinsichtlich Organisation, Entscheidungsgewalt und Ausübung des Netzgeschäfts nach Maßgabe der weiteren Ausführungen in dieser Vorschrift sicherzustellen. Ähnlich wirken sich auch die im Folgenden darzustellenden Grundsätze ordnungsmäßiger Buchführung für Tätigkeitsabschlüsse aus.

105 Entsprechendes gilt für die Tätigkeits-GuV-Rechnung.

Schritt deutlich zunehmen: Während für die direkte und indirekte Zuordnung eine Pflicht zur Durchführung besteht („**muss**") und immerhin die Forderung des Gesetzgebers der sachgerechten Zuordnung und damit das Prinzip der Kostenverursachung gilt, besteht für die Leistungsverrechnung das Wahlrecht, sie überhaupt anzuwenden oder nicht („**kann**") – z.B. im Fall von Finanzierungsmaßnahmen zwischen den Tätigkeiten (vgl. auch Abschnitt 3.3, S. 104).

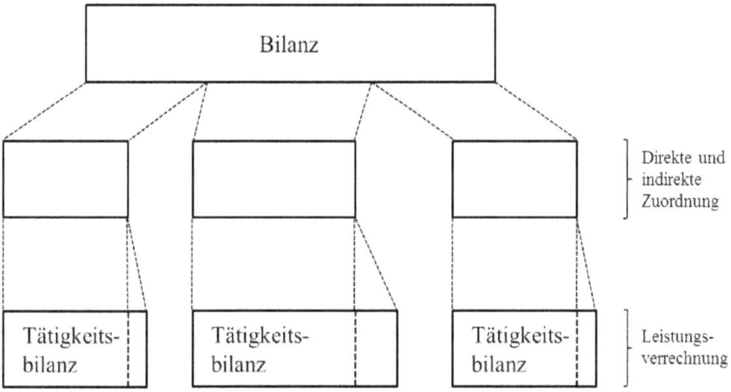

Abb. 2: Zusammenspiel der direkten und indirekten Zuordnung sowie der Leistungsverrechnung in der Tätigkeitsbilanz

2.2.3.6 Grundsätze ordnungsmäßiger Buchführung für Tätigkeitsabschlüsse

Gemäß § 6b Abs. 1 S. 1 EnWG ist der **Jahresabschluss** von Energieversorgungsunternehmen „nach den für Kapitalgesellschaften geltenden Vorschriften des Ersten, Dritten und Vierten Unterabschnitts des Zweiten Abschnitts des Dritten Buchs des Handelsgesetzbuchs" aufzustellen. Diese **handelsrechtlichen Rechnungslegungsvorschriften** sind gem. § 6b Abs. 3 S. 6 EnWG, der auf die in „Absatz 1 Satz 1 genannten Vorschriften" verweist, auch für die Aufstellung der **Tätigkeitsabschlüsse** zu beachten.[106] Auch nach der Gesetzesbegründung zum EnWG 2005 bestehen die Tätigkeitsabschlüsse „jeweils aus einer Bilanz und einer Gewinn- und Verlustrechnung; sie haben im Interesse der Einheitlichkeit und Vergleichbarkeit denselben Anforderungen des Handelsgesetzbuchs zu genügen, wie wenn sie in den externen Jahresabschluss einzustellen wären".[107]

106 So auch IDW ERS ÖFA 2 n.F., Tz. 42, (in: IDW (2012c)); WP Handbuch (2012), L 38; BDEW (2011c), S. 18; PwC (2012), S. 245.

107 BT-Drs. 15/3917, S. 55.

Damit gelten für die Aufstellung und Prüfung des Jahresabschlusses und des Tätigkeitsabschlusses nicht nur **identische handelsrechtliche Rechnungslegungsvorschriften**, sondern auch die **Grundsätze ordnungsmäßiger Buchführung**.

Ergänzend lassen sich für die Aufstellung der Tätigkeitsabschlüsse noch folgende Grundsätze ordnungsmäßiger Buchführung für Tätigkeitsabschlüsse[108] rechtfertigen und begründen, die sich aufgrund der bisher gewonnenen Erkenntnisse modifizieren und erweitern lassen:

- Maßgeblichkeit des Jahresabschlusses
  Der nach den handelsrechtlichen Rechnungslegungsvorschriften für Kapitalgesellschaften aufgestellte Jahresabschluss des zur buchhalterischen Entflechtung verpflichteten Unternehmens ist bzgl. der Bilanzierung, der Bewertung und des Ausweises maßgeblich für die Tätigkeitsabschlüsse,[109] d.h. es findet in den Tätigkeitsabschlüssen z.B. keine Neubewertung etwa durch eine Verlängerung der Nutzungsdauern statt. Handelsrechtliche Bilanzierungs- und Bewertungswahlrechte können nur einheitlich für den Jahres- und den Tätigkeitsabschluss ausgeübt werden.[110]
- Grundsatz der sachgerechten und nachvollziehbaren Zuordnung
  Dieser Grundsatz ergibt sich bereits aus den für den Jahresabschluss geltenden Grundsätzen ordnungsmäßiger Buchführung, aber auch ausdrücklich aus § 6b Abs. 3 S. 5 EnWG.
- Grundsatz der Stetigkeit (materielle und formelle Bilanzkontinuität)
  Auch dieser Grundsatz resultiert aus den für den Jahresabschluss geltenden Grundsätzen ordnungsmäßiger Buchführung, für die materielle Stetigkeit aber auch aus § 252 Abs. 1 Nr. 6 HGB sowie für die formelle Stetigkeit aus § 265 Abs. 1 HGB; er wird gleichfalls ausdrücklich noch in § 6b Abs. 5 S. 2 EnWG angesprochen.[111] Allerdings besteht im Rahmen der buchhalterischen Entflech-

---

108 So bereits teilweise oder mit anderer Begründung auch bei Bolsenkötter/Poullie (2003), S. 42; Poullie (2006), S. 186-187; PwC (2012), Abschnitt 6.3.4, S. 245-247; ähnlich Energierecht, B 1, § 10 EnWG, Tz. 28; Flatt (2010), S. 86-91. Diese Grundsätze sind ähnlich auch in Verbandsempfehlungen zu finden, vgl. BDEW (2011c), S. 18-20; BDEW (2008), S. 21-22; BGW (2005), S. 19-21; BGW (2003), S. 18-21.

109 Dieser Grundsatz ergibt sich bereits unmittelbar aus dem Gesetzesverweis in § 6b Abs. 3 S. 6 EnWG auf die handelsrechtlichen Rechnungslegungsvorschriften.

110 Vgl. Energierecht, B 1, § 10 EnWG, Tz. 36; Busse von Colbe in: BerlKommEnR, § 10 EnWG, Tz. 46. Der VKU irrt, wenn er befürchtet, aber nicht weiter begründet, dass die vielfältigen Vorgaben für die buchhalterische Entflechtung letztlich dazu führen können, „dass reguläre Bilanz und GuV und Spartenabschlüsse getrennt und mit unterschiedlichen Ansätzen erstellt werden müssen" (vgl. VKU (2011), S. 11). Ein Verzicht auf die Maßgeblichkeit des Jahresabschlusses für die Tätigkeitsabschlüsse würde die ganze Sinnhaftigkeit der buchhalterischen Entflechtung in Frage stellen.

111 Vgl. dazu auch Ellerich (2006), S. 639, der darauf hinweist, dass der Stetigkeitsgrundsatz auch für den Fall des Übergangs auf eine neue Fassung des EnWG zu beachten ist.

tung kein Grundsatz der Bilanzidentität,[112] denn durch die direkte und indirekte (schlüsselmäßige) Zuordnung wird das System der Doppik durchbrochen; es gibt keinen Buchungszusammenhang mehr zwischen den Tätigkeitsbilanzen.

- Grundsatz der Wesentlichkeit
  Der Grundsatz folgt aus den für den Jahresabschluss geltenden Grundsätzen ordnungsmäßiger Buchführung[113] und den allgemeinen Grundsätzen der Rechnungslegung.
- Grundsatz der Klarheit und Übersichtlichkeit
  Der Grundsatz lässt sich ebenfalls auf die für den Jahresabschluss geltenden Grundsätze ordnungsmäßiger Buchführung und die allgemeinen Grundsätze der Rechnungslegung zurückführen und betrifft insbesondere die Abgrenzung der Tätigkeiten und die Präsentation der Tätigkeitsabschlüsse.

Aufgrund der bisherigen Untersuchungsergebnisse konnten darüber hinaus folgende neue Grundsätze ordnungsmäßiger Buchführung für Tätigkeitsabschlüsse entwickelt werden:

- Grundsatz der Spaltung[114]
  Dieser Grundsatz ergibt sich unmittelbar aus der Fiktion des rechtlich selbstständigen Unternehmens und der gesetzlichen Verpflichtung zur Aufstellung von Tätigkeitsabschlüssen gem. § 6b Abs. 3 S. 6 EnWG.
- Grundsatz der Trennung der Zuordnungsmethoden[115]
  Die direkte und indirekte Zuordnung sowie die Leistungsverrechnung dürfen nicht in einem „Arbeitsgang" zusammengefasst werden, da es sich hierbei um zwei verschiedene verfahrenstechnische Einflussgrößen handelt.

---

112 So auch Busse von Colbe in: BerlKommEnR, § 10 EnWG, Tz. 67, der übergeordnet von Bilanzkontinuität spricht; zu den begrifflichen Unterschieden zwischen Bilanzkontinuität und Bilanzidentität vgl. Lexikon der Rechnungslegung und Abschlußprüfung (1998), S. 134, Eisele/Knobloch (2011), S. 33-34.

113 Vgl. Winkeljohann/Büssow in: Beck Bil-Komm. (2012), § 252 HGB, Tz. 70; Baetge/Kirsch/Thiele in: HdR (2012), Kap. 4, Tz. 75.

114 Dieser Grundsatz ersetzt aufgrund der in Abschnitt 2.2.3.4 (S. 27) gewonnenen Erkenntnisse den regelmäßig in der Literatur genannten „Grundsatz der Entkonsolidierung"; vgl. dazu etwa BDEW (2011c), S. 18; BDEW (2008), S. 21; BGW (2005), S. 20; BGW (2003), S. 19; PwC (2012), Abschnitt 6.3.4, S. 246. Der sich hinter dem „Grundsatz der Entkonsolidierung" verbergende Gedanke betrifft letztlich die in Abschnitt 2.2.3.5.1 (S. 31) dargestellte direkte und indirekte Zuordnung. Diese ist aber selbst nicht regulativ und kann daher auch kein Grundsatz sein. Auch auf diese rein „technische" Zuordnung als verfahrenstechnische Einflussgröße müssen jedoch die hier genannten Grundsätze einwirken. Ein entscheidender Grundsatz für diese verfahrenstechnische Einflussgröße ist der oben im Folgenden genannte „Grundsatz der Trennung der Zuordnungsmethoden".

115 Dieser Grundsatz wird in anderen Veröffentlichungen nicht genannt, ist aber aufgrund der Ergebnisse in Abschnitt 2.2.3.5 (S. 29) unabdingbar.

- Grundsatz des Drittvergleichs[116]
  Die in den Tätigkeitsabschlüssen fiktiv abgebildete Leistungsverrechnung (vgl. Abschnitt 2.2.3.5.2, S. 33) und die sich daraus ergebende Vermögens- und Ertragslage[117] der Tätigkeitsabschlüsse müssen unter Berücksichtigung der Konzerneinbindung einem Drittvergleich standhalten können.

Die EU-Kommission hat in zwei Dokumenten[118] Empfehlungen zur „getrennten Buchführung" und damit auch zur buchhalterischen Entflechtung ausgesprochen, ohne dass diese tatsächlich einen Beitrag zu den Grundsätzen ordnungsmäßiger Buchführung für Tätigkeitsabschlüsse und damit zu den theoretischen Grundlagen der buchhalterischen Entflechtung leisten würden. Außerdem hat die Independent Regulators Group Grundsätze für die buchhalterische Entflechtung entwickelt, die z.T. den hier entwickelten Grundsätzen entsprechen;[119] sie empfiehlt den nationalen Regulierungsbehörden die Implementierung dieser Grundsätze.

Die Beachtung der in diesem Abschnitt dargestellten **Grundsätze ordnungsmäßiger Buchführung für Tätigkeitsabschlüsse** ist eine wesentliche Voraussetzung der buchhalterischen Entflechtung und unabdingbar, wenn eine die originäre Informationsfunktion konterkarierende Beliebigkeit der Tätigkeitsabschlüsse vermieden werden soll (vgl. die Beispiele in Anlage A8, S. 176).

2.2.3.7 Problem der Zuordnung der Bilanzposten mit Finanzierungscharakter

Mit der Erstellung des Jahresabschlusses ist gem. 6b Abs. 3 S. 6 EnWG für jede der genannten Tätigkeiten[120] jeweils eine den für Kapitalgesellschaften geltenden Vorschriften entsprechende Bilanz und Gewinn- und Verlustrechnung (Tätigkeitsabschluss) aufzustellen. Unter Anwendung der oben in Abschnitt 2.2.3.5 (S. 29) dargestellten Zuordnungsmethoden sind die Vermögensgegenstände, Schulden, Rechnungsabgrenzungsposten, Aufwendungen und Erträge gem. § 246 Abs. 1 S. 1 HGB der zu entflechtenden Bilanz und GuV-Rechnung des zur buchhalterischen Entflechtung verpflichteten Unternehmens dahingehend zu untersuchen, ob sie mit einzelnen Tätigkeiten in einem betriebswirtschaftlichen

116 Auch dieser Grundsatz wird in anderen Veröffentlichungen nicht genannt, ist aber aufgrund des ihm inhärenten allgemeinen Korrektivs insbesondere für die Leistungsverrechnung unverzichtbar.

117 Da der Tätigkeitsabschluss keinen Anhang enthält, kann er keinen Einblick in die Finanzlage ermöglichen; i.d.S. auch WP Handbuch (2012), F 80; vgl. auch SABI 3/1986 (in: IDW (2012e)).

118 Vgl. EU-Kommission (1998) und EU-Kommission (2005).

119 Vgl. Independent Regulators Group (2002), S. 5-6; der Text nennt die Grundsätze Relevance, Reliability, Comparability, Understandability and Materiality.

120 Zur Diskussion um die Abgrenzung der Tätigkeitsbereiche vgl. Abschnitt 2.2.3.3 (S. 22).

Funktionszusammenhang stehen oder nicht.[121] Das Anlagevermögen (Probleme können sich bei Anlagen der Kuppelproduktion und bei gemeinsam genutzten Anlagen ergeben), Vorräte, Forderungen und Verbindlichkeiten aus Lieferungen und Leistungen sowie Rückstellungen lassen sich unter Anwendung der dargestellten Zuordnungsmethoden den Tätigkeiten direkt oder indirekt sowie mit einer oder ohne eine Leistungsverrechnung relativ einfach zuordnen.[122]

Besondere Probleme bestehen dagegen bei Bilanzposten mit Finanzierungscharakter; dies sind insbesondere das Eigenkapital, Darlehen und die flüssigen Mittel.[123] Die Probleme lassen sich im Wesentlichen alle darauf zurückführen, dass angenommen oder unterstellt werden könnte, solche Bilanzposten finanzierten eine bestimmte Tätigkeit oder einen bestimmten Vermögensgegenstand und seien damit entsprechend direkt zuzuordnen. Diese Annahme ist betriebswirtschaftlich jedoch nicht haltbar, denn das Unternehmen wird als Ganzes durch Eigen- und Fremdkapital finanziert.[124] Auch aus der Finanzierung einer bestimmten Investition kann nicht unbedingt ein betriebswirtschaftlicher Zusammenhang abgeleitet werden, da auch diese Finanzierungsentscheidung regelmäßig im Rahmen einer Gesamt-Finanzplanung für das Unternehmen getroffen wird. Eine Ausnahme ist nur dann anzunehmen, wenn etwa durch Sacheinlagen oder mit (zinsgünstigen) Darlehen aus Förderprogrammen objektspezifisch finanziert wird und ein eindeutiger Finanzierungszusammenhang unterstellt werden kann.[125] Trotz dieser erheblichen Probleme haben aber weder die Regulierungsbehörden noch das IDW oder andere Verbände bisher eine Empfehlung für die Zuordnung der Bilanzposten mit Finanzierungscharakter formuliert.

Die Praxis hat angesichts dieser Probleme – neben der der Proportionalität gehorchenden Zuordnung – unterschiedliche Methoden entwickelt, die Bilanzposten mit Finanzierungscharakter den Tätigkeitsabschlüssen zuzuordnen,[126] ohne dass diese Methoden bisher hinsichtlich ihrer handelsrechtlichen Zulässigkeit untersucht worden wären:

---

121 Dieser betriebswirtschaftliche Funktionszusammenhang ist von elementarer Bedeutung; vgl. z.B. BDEW (2011c), S. 40 und 45. Er wird auch im Proportionalitätsprinzip für die Zuordnung berücksichtigt.

122 Vgl. hierzu ausführlich PwC (2012), Abschnitt 6.5.1.1, S. 262; BDEW (2011c), S. 27-31 und Anlage 2; BDEW (2008), S. 41-48; BGW (2005), S. 30-46; BGW (2003), S. 24-30; Busse von Colbe in: BerlKommEnR (2010), § 10 EnWG, Tz. 44-51; Salje (2006), § 10 EnWG, Tz. 114-118.

123 Vgl. PwC (2012), Abschnitt 6.5.1.1, S. 262; Busse von Colbe in: BerlKommEnR, § 10 EnWG, Tz. 61-64. Die Finanzierung durch steuerliche Sonderposten hat sich im Hinblick auf die Abschaffung der umgekehrten Maßgeblichkeit durch das BilMoG weitgehend erledigt; die Finanzierung durch latente Steuern wird hier nicht weiter thematisiert.

124 Vgl. Perridon/Steiner/Rathgeber (2009).

125 Vgl. PwC (2012), Abschnitt 6.5.1.1, S. 263.

126 Vgl. BDEW (2008), S. 55-56; BDEW (2011c), S. 45; Bolsenkötter/Poullie (2003), S. 102; PwC (2012), Abschnitt 6.5.1.1, S. 263.

- Trennung **oder** Zusammenfassung des Eigen- und Fremdkapitalbereichs,
- Zuordnung des Eigen- und Fremdkapitalbereichs zu den einzelnen Tätigkeiten **oder** zu den Tätigkeiten außerhalb des Elektrizitäts- bzw. Gassektors,
- Verwendung des Eigen- oder Fremdkapitals als Residualgröße **oder** Bilanzierung eines sog. Ausgleichspostens,
- prozentuale **oder** betragsmäßige Zuordnung des Eigen- **oder** Fremdkapitals,
- Festschreibung **oder** Fortschreibung des Eigen- **oder** Fremdkapitals.

2.2.3.7.1 Maßstäbe für die Zuordnung der Bilanzposten mit Finanzierungscharakter

Welche dieser unterschiedlichen Methoden genügen überhaupt den gesetzlichen Anforderungen?

Das zur buchhalterischen Entflechtung verpflichtete Unternehmen hat für die Aufstellung der Tätigkeitsabschlüsse gem. § 6b Abs. 3 S. 6 EnWG i.V.m. § 6b Abs. 1 S. 1 EnWG die „für Kapitalgesellschaften geltenden Vorschriften des Ersten, Dritten und Vierten Unterabschnitts des Zweiten Abschnitts des Dritten Buchs des Handelsgesetzbuchs" anzuwenden. Wie schon aus der Überschrift des Zweiten Abschnitts des Dritten Buchs des HGB hervorgeht, sind diese Vorschriften allerdings nur ergänzend anzuwenden. Zuallererst müssen daher die für alle Kaufleute geltenden Vorschriften des Ersten Abschnitts des Dritten Buchs des HGB beachtet werden – also die §§ 238 ff. HGB.

Damit gelten neben der Fiktion des rechtlich selbstständigen Unternehmens als übergeordnetem Maßstab bzw. als Rahmen für die Aufstellung der Tätigkeitsabschlüsse und der Generalnorm des § 264 Abs. 2 S. 1 HGB auch die Grundsätze ordnungsmäßiger Buchführung. Diese Maßstäbe sollen zunächst auf ihre Tauglichkeit als Normgröße untersucht werden.

2.2.3.7.1.1 Fiktion des rechtlich selbstständigen Unternehmens

Der Gesetzgeber benennt in § 6b Abs. 3 S. 1 EnWG mit „wie dies erforderlich wäre, wenn diese Tätigkeiten von rechtlich selbstständigen Unternehmen ausgeführt werden" die Fiktion des rechtlich selbstständigen Unternehmens. Diese Regelung begründet jedoch nicht nur die Leistungsverrechnung als verfahrenstechnische Einflussgröße (vgl. Abschnitt 2.2.3.5, S. 27), sondern auch den vom fiktiv rechtlich selbstständigen Unternehmen zu beachtenden Rechtsrahmen.

Das fiktiv rechtlich selbstständige Unternehmens muss daher für die Aufstellung seines Tätigkeitsabschlusses – der seinem fiktiven Jahresabschluss entspricht – unmittelbar auch die Vorschriften für alle Kaufleute gem. §§ 238 ff.

HGB und für Kapitalgesellschaften gem. §§ 264 ff. HGB beachten.[127] Nach der Gesetzesbegründung zum EnWG 2005 haben die Tätigkeitsabschlüsse „im Interesse der Einheitlichkeit und Vergleichbarkeit denselben Anforderungen des Handelsgesetzbuchs zu genügen, wie wenn sie in den externen Jahresabschluss einzustellen wären".[128]

2.2.3.7.1.2 Grundsätze ordnungsmäßiger Buchführung

Spezialgesetzliche Regelungen (z.B. die Fiktion des rechtlich selbstständigen Unternehmens in § 6b Abs. 3 S. 1 EnWG) und allgemeine gesetzliche Regelungen (z.B. die für alle Kaufleute oder Kapitalgesellschaften geltenden handelsrechtlichen Rechnungslegungsvorschriften) gehen in der Reihenfolge der Rechtsanwendung den nicht kodifizierten Grundsätzen ordnungsmäßiger Buchführung und der Generalnorm des § 264 Abs. 2 S. 1 HGB vor.[129] Die wichtigsten Grundsätze ordnungsmäßiger Buchführung sind im HGB für alle Kaufleute festgelegt, insbesondere auch der Grundsatz der persönlichen Zuordnung gem. § 242 Abs. 1 HGB, der die Neuregelung in § 6b Abs. 1 S. 2 EnWG obsolet macht (vgl. Abschnitt 2.2.1, S. 16).[130]

Nach der **deduktiven Methode**, die lange Zeit als h.M. angesehen wurde,[131] sollen die Grundsätze ordnungsmäßiger Buchführung unter Berücksichtigung der Funktionen der Rechnungslegung (z.B. Information und Gläubigerschutz) deduktiv aus dem Allgemeinen und nicht etwa induktiv durch statistische Erhebungen der Gepflogenheiten der ordentlichen und ehrenwerten Kaufleute ermittelt werden.[132] Die **induktive Methode** kann nach h.M. daher nicht als alleinige Methode für die Ermittlung von Grundsätzen ordnungsmäßiger Buchführung herangezogen werden.[133] Nach den Regeln der Denkgesetze soll mit Hilfe der deduktiven Methode abgeleitet werden, wie unter Heranziehung aller Erkennt-

127 So auch § 6b Abs. 1 S. 3 EnWG i.V.m. § 6b Abs. 1 S. 1 EnWG.

128 BT-Drs. 15/3917, S. 55; vgl. auch Bundesnetzagentur (2006a), S. 31. Der Gesetzgeber drückt sich in der Gesetzesbegründung unverständlich aus, da die Tätigkeitsabschlüsse noch nicht einmal nach dem EnWG 2011 in den „externen" Jahresabschluss „einzustellen sind".

129 Vgl. Winkeljohann/Schellhorn in: Beck Bil-Komm. (2012), § 264 HGB, Tz. 33; ähnlich Baetge/Kirsch/Thiele in: HdR (2012), Kap. 4, Tz. 113-114.

130 Zur unveränderten Bedeutung der Grundsätze ordnungsmäßiger Buchführung auch nach der Kodifizierung von weiteren Grundsätzen durch das BilMoG im HGB vgl. Hennrichs (2011), S. 863-865.

131 Vgl. statt vieler Leffson (1987), S. 29-34.

132 Vgl. Leffson (1987), S. 29; WP Handbuch (2012), E 7; ausführlich Baetge/Kirsch/Thiele in: HdR (2012), Kap. 4, Tz. 8-17; Ballwieser (2009), Tz. 2; vgl. zur Diskussion auch Baetge/Zülch (2010) in: HdJ, Abt. I/2, Tz. 19-29.

133 Vgl. ADS (1995), § 243 HGB, Tz. 13; WP Handbuch (2012), E 7; Baetge/Kirsch/Thiele in: HdR (2012), Kap. 4, Tz. 10-11; Baetge/Zülch (2010) in: HdJ, Abt. I/2, Tz. 20.

nismöglichkeiten eine konkrete Bilanzierungsfrage zu entscheiden ist.[134] Wesentliche Entscheidungshilfen für die Ableitung der Grundsätze ordnungsmäßiger Buchführung sind Gesetze und ihnen zugrundeliegende EU-Richtlinien, Rechtsprechung, Verlautbarungen des IDW, Standards des DRSC, gesicherte Erkenntnisse der Betriebswirtschaftslehre, Fachliteratur sowie (nachrangig) die Bilanzierungspraxis ordentlicher Kaufleute.[135]

Nach der **hermeneutischen Methode**, die zunehmend Bedeutung erlangt und eine „Erweiterung der deduktiven Methode darstellt",[136] sollen alle Einflusselemente auf die Rechnungslegung bei der Auslegung kodifizierter und der Ableitung nicht kodifizierter Grundsätze ordnungsmäßiger Buchführung berücksichtigt werden; die Ergebnisse müssen sich in das Gesamtsystem der Grundsätze ordnungsmäßiger Buchführung sowie in das System der übrigen kodifizierten Vorschriften einfügen lassen. Als Kernelemente sind insbesondere Wortlaut und Wortsinn, Bedeutungszusammenhang und Entstehungsgeschichte von gesetzlichen Vorschriften sowie vom Gesetzgeber oder mit der Berichterstattung verfolgte Zwecke von Bedeutung.[137]

Unter Berücksichtigung der Funktionen der Rechnungslegung sind daher die Grundsätze ordnungsmäßiger Buchführung vornehmlich dann weiterzuentwickeln, „wenn neue Fragen auftauchen, zu denen sich ein Handelsbrauch oder eine Verkehrsanschauung noch nicht gebildet"[138] hat. Dies ist zweifellos für den Fall der Fiktion des rechtlich selbstständigen Unternehmens und seiner buchhalterischen Entflechtung gegeben, zumal der Gesetzgeber auch keine zur Ausfüllung dieser Fiktion ergänzend verwertbaren Hinweise gegeben hat. Die gewonnenen Erkenntnisse sollten am tatsächlichen Verhalten der Kaufleute überprüft werden. Diskrepanzen in der praktischen Anwendung können nicht bedeuten, dass die tatsächlichen Verhaltensweisen der Kaufleute bei der Buchführung und Bilanzierung direkt als Grundsätze ordnungsmäßiger Buchführung angesehen werden können[139] – dies würde ansonsten eine Renaissance der induktiven Methode bedeuten.

Zentrale Bedeutung für die Gesetz- und Ordnungsmäßigkeit der Zuordnung der Bilanzposten mit Finanzierungscharakter haben die in § 242 Abs. 1 HGB

134 Vgl. Döllerer (1959), S. 1220.

135 Vgl. WP Handbuch (2012), E 8; IDW PS 201, Tz. 6-9, (in: IDW (2012e)); Baetge/Kirsch/Thiele in: HdR (2012), Kap. 4, Tz. 15; Baetge/Zülch (2010) in: HdJ, Abt. I/2, Tz. 22.

136 Baetge/Zülch (2010) in: HdJ, Abt. I/2, Tz. 25; vgl. auch Noodt in: Haufe Bil.-Komm. (2012), § 243 HGB, Tz. 5.

137 Vgl. ausführlich Baetge/Kirsch/Thiele in: HdR (2012), Kap. 4, Tz. 18-28 m.w.N; Baetge/Zülch (2010) in: HdJ, Abt. I/2, Tz. 21-29 m.w.N.; WP Handbuch (2012), E 9.

138 Förschle/Usinger in: Beck Bil-Komm. (2012), § 243 HGB, Tz. 14; ähnlich auch WP Handbuch (2012), E 8.

139 Ähnlich Förschle/Usinger in: Beck Bil-Komm. (2012), § 243 HGB, Tz. 16; Baetge/Kirsch/Thiele in: HdR (2012), Kap. 4, Tz. 10.

(persönliche Zuordnung),[140] § 243 Abs. 1 i.V.m. § 247 Abs. 1 HGB (Klarheit und Übersichtlichkeit) und § 246 Abs. 1 HGB (Vollständigkeit) kodifizierten Grundsätze ordnungsmäßiger Buchführung.

2.2.3.7.1.3 Generalnorm des § 264 Abs. 2 S. 1 HGB

Die Generalnorm gem. § 264 Abs. 2 S. 1 HGB verlangt, dass der Jahresabschluss der Kapitalgesellschaft „unter Beachtung der Grundsätze ordnungsmäßiger Buchführung ein den tatsächlichen Verhältnissen entsprechendes Bild der Vermögens-, Finanz- und Ertragslage" zu vermitteln hat. Die Erfüllung dieser Generalnorm ist Voraussetzung dafür, dass der Jahresabschluss seine Rechenschafts-, Gewinnermittlungs-, Ausschüttungsbemessungs-, Gläubigerschutz- und Informationsfunktion erfüllen kann.[141] Durch das in § 264 Abs. 2 S. 1 HGB enthaltene Erfordernis, ein den tatsächlichen Verhältnissen entsprechendes Bild der Vermögens-, Finanz- und Ertragslage zu vermitteln, wird besonders die Informations- und Rechenschaftsfunktion betont (vgl. Abschnitt 2.2, S. 11).[142] Ohne Anhang bleibt der Tätigkeitsabschluss jedoch den Einblick in die Finanzlage schuldig.[143]

Die Bedeutung der jeweiligen Funktion des Jahresabschlusses ist adressatenspezifisch zu werten. Adressaten des Jahresabschlusses sind in erster Linie die Anteilseigner (Aktionäre, Gesellschafter und sonstige Eigenkapitalgeber) sowie die Gläubiger, daneben aber auch bestimmte staatliche Verwaltungen (z.B. die Finanzverwaltung und Aufsichts- oder Regulierungsbehörden), Arbeitnehmer und deren Organisationen, Geschäftsfreunde und die interessierte Öffentlichkeit. Durch die Einrichtung des Bundesanzeigers wurden insbesondere die Informationsmöglichkeiten der interessierten Öffentlichkeit (z.B. Verbraucherverbände) deutlich verbessert und vereinfacht. Da die buchhalterisch entflochtene Tätigkeit nur fiktiv rechtlich selbstständig und daher kein Rechtssubjekt ist, so dass gegen sie z.B. keine Forderungen von Gläubigern oder Ansprüche von Anteilseignern erhoben werden können, sind die Rechenschafts-, Gewinnermittlungs-, Ausschüttungsbemessungs- und Gläubigerschutzfunktion für den Tätigkeitsabschluss weitgehend bedeutungslos – umso größere Bedeutung ist jedoch der Informationsfunktion in Bezug auf die Regulierungsbehörden und die interessierte Öffentlichkeit beizumessen. Nicht von ungefähr sind gem. § 6b Abs. 4 EnWG die Tätigkeitsabschlüsse im Bundesanzeiger zu veröffentlichen.

---

140 Offensichtlich in Unkenntnis seiner handelsrechtlichen Vorschriften hat der Gesetzgeber diesen Sachverhalt noch einmal in § 6b Abs. 1 S. 2 EnWG geregelt.

141 Vgl. zu den Funktionen des Jahresabschlusses Pfitzer/Oser/Lauer in: HdR (2012), Kap. 2, Tz. 2.

142 So auch Winkeljohann/Schellhorn in: Beck Bil-Komm. (2012), § 264 HGB, Tz. 35.

143 I.d.S. WP Handbuch (2012), F 80; vgl. auch SABI 3/1986 (in: IDW (2012e)).

Das den tatsächlichen Verhältnissen entsprechende Bild der **Vermögenslage** soll darüber informieren, wie „reich" oder „arm" das Unternehmen ist, d.h. wie groß der Saldo zwischen den ihm gehörenden Vermögensgegenständen und seinen Schulden ist.[144] Die generalnormkonforme Darstellung der Vermögenslage in der Bilanz der Tätigkeit hängt hierbei im Wesentlichen sowohl von der vollständigen Erfassung (§ 246 Abs. 1 S. 1 HGB), dem richtigen Ausweis (§ 247 Abs. 1 HGB) als auch von der zutreffenden Bewertung (insbesondere § 252 Abs. 1 HGB) aller Vermögensgegenstände, Schulden und Rechnungsabgrenzungsposten der Tätigkeit ab.

Das den tatsächlichen Verhältnissen entsprechende Bild der **Finanzlage** soll über die Herkunft und die Verwendung der im Unternehmen eingesetzten Mittel und deren Fristigkeiten Auskunft geben und darüber informieren, wie liquide das Unternehmen ist und in welchem Maße es seinen Verpflichtungen in überschaubarer Zukunft voraussichtlich nachkommen kann.[145] Auch die generalnormkonforme Darstellung der Finanzlage in der Bilanz der Tätigkeit hängt sowohl von der vollständigen Erfassung, dem richtigen Ausweis als auch von der zutreffenden Bewertung aller Vermögensgegenstände, Schulden und Rechnungsabgrenzungsposten der Tätigkeit ab; dies umso mehr, als kein Anhang aufgestellt werden muss, da der Tätigkeitsabschluss gem. § 6b Abs. 3 S. 6 EnWG nur aus der Tätigkeitsbilanz und der Tätigkeits-GuV-Rechnung besteht, und daher für die Darstellung der Finanzlage ergänzende Anhangangaben fehlen. Auch die Tätigkeits-GuV-Rechnung kann für die Beurteilung der künftigen Entwicklung der Finanzlage bedeutsam sein, da sie Rückschlüsse auf bevorstehende zeitablaufbedingte Veränderungen der Bilanzposten zulässt.

Das den tatsächlichen Verhältnissen entsprechende Bild der **Ertragslage** soll wiedergeben, in welchem Umfang und aus welchen Gründen sich das Eigenkapital des Unternehmens innerhalb eines bestimmten Zeitraums aufgrund der Geschäftstätigkeit verändert hat.[146] Das zentrale Instrument zur generalnormkonformen Darstellung der Ertragslage der Tätigkeit ist die Stromgrößen (Erträge und Aufwendungen) erfassende und daher zeitraumbezogene GuV-Rechnung. Indirekt sind daher auch für die Tätigkeits-GuV-Rechnung als Veränderungsrechnung die vollständige Erfassung, der richtige Ausweis und die zutreffende

---

144 Vgl. übereinstimmend zur Vermögenslage ADS (1995), § 264 HGB, Tz. 64-69; Baetge/Commandeur/Hippel in: HdR (2012), § 264 HGB, Tz. 31; Winkeljohann/Schellhorn in: Beck Bil-Komm. (2012), § 264 HGB, Tz. 37; Müller in: Haufe Bil.-Komm. (2012), § 264 HGB, Tz. 50-53.

145 Vgl. übereinstimmend zur Finanzlage ADS (1995), § 264 HGB, Tz. 70-77; Baetge/Commandeur/Hippel in: HdR (2012), § 264 HGB, Tz. 34-36; Winkeljohann/Schellhorn in: Beck Bil-Komm. (2012), § 264 HGB, Tz. 37; Müller in: Haufe Bil.-Komm. (2012), § 264 HGB, Tz. 54-58.

146 Vgl. übereinstimmend zur Ertragslage ADS (1995), § 264 HGB, Tz. 78-85; Baetge/Commandeur/Hippel in: HdR (2012), § 264 HGB, Tz. 26-27; Winkeljohann/Schellhorn in: Beck Bil-Komm. (2012), § 264 HGB, Tz. 37; Müller in: Haufe Bil.-Komm. (2012), § 264 HGB, Tz. 59-61.

Bewertung aller Vermögensgegenstände, Schulden und Rechnungsabgrenzungsposten der Tätigkeit von entscheidender Bedeutung. Ergänzende Angaben im Anhang entfallen aus den oben bereits dargestellten Gründen.

2.2.3.8 Prüfung der Zuordnung der Bilanzposten mit Finanzierungscharakter

Anhand der dargestellten Maßstäbe (Fiktion des rechtlich selbstständigen Unternehmens, Grundsätze ordnungsmäßiger Buchführung und Generalnorm des § 264 Abs. 2 S. 1 HGB) ist nun die Gesetz- und Ordnungsmäßigkeit der Zuordnung der Bilanzposten mit Finanzierungscharakter zu untersuchen.

2.2.3.8.1 Trennung oder Zusammenfassung des Eigen- und Fremdkapitals

Eine Zusammenfassung des Eigen- und Fremdkapitals in einem Bilanzposten, wie sie DORPRIGTER in seinem **Finanzfondskonzept** mit den in Abschnitt 2.2.3.7 (S. 35) dargestellten Problemen begründet und für möglich erachtet,[147] ist bereits aufgrund der Fiktion des rechtlich selbstständigen Unternehmens und der von ihm anzuwendenden handelsrechtlichen Vorschriften nicht statthaft, da § 247 Abs. 1 und § 266 Abs. 3 HGB den gesonderten Ausweis der Eigenkapital- und Fremdkapitalposten verlangen.

Auch das IDW betont in IDW ERS ÖFA 2 n.F., dass die Bilanzen und GuV-Rechnungen für die einzelnen Tätigkeiten den Anforderungen des Handelsrechts unterliegen müssen, die §§ 238 ff. HGB zu beachten und die Konten so zu führen sind, wie dies erforderlich wäre, wenn diese Tätigkeiten von rechtlich selbstständigen Unternehmen ausgeführt würden.[148] Es kann daher unterstellt werden, dass auch das IDW in den Tätigkeitsabschlüssen nicht nur eine Minimaltrennung in Eigen- und Fremdkapital, sondern auch die tiefergehende Gliederung gem. § 266 Abs. 3 HGB in einzelne Bilanzposten verlangt, auch wenn es die Möglichkeit aufzeigt, dass das den einzelnen Tätigkeiten zugeordnete Eigenkapital unter einem Posten (z.B. „Zugeordnetes Eigenkapital") zusammengefasst werden kann, da die entflochtene Tätigkeit als nur fiktiv selbstständig über kein „gezeichnetes Kapital" verfügt „und die in den §§ 266, 268 und 272 HGB enthaltenen Regeln über den Ausweis des Eigenkapitals nur für das Gesamtunternehmen von Bedeutung sein können".[149] Diese Vereinfachungsregelung ist die einzige begründbare Ausnahme des Postulats, dass der Tätigkeitsabschluss gem. § 6b Abs. 3 S. 6

---

147 Vgl. Dorprigter (2001), S. 166-168 und hier S. 175; Dorprigter (2005), S. 11; ähnlich auch BDEW (2011c), S. 45-46; BDEW (2008), S. 56-57; BGW (2005), S. 44-46; BGW (2003), S. 41.

148 Vgl. IDW ERS ÖFA 2 n.F., Tz. 30-31, (in: IDW (2012e)).

149 Ebd., Tz. 48, (in: IDW (2012e)).

EnWG i.V.m. § 6b Abs. 1 S. 1 EnWG die handelsrechtlichen Rechnungslegungsvorschriften erfüllen muss (vgl. Abschnitt 2.2.3.6, S. 34).

Auch die kodifizierten Grundsätze ordnungsmäßiger Buchführung verlangen aufgrund des Postulats der Klarheit und Übersichtlichkeit gem. § 243 Abs. 2 und § 247 Abs. 1 HGB einen getrennten Ausweis von Eigenkapital- und Fremdkapitalposten.

Ein den tatsächlichen Verhältnissen entsprechendes Bild der Vermögens- und Finanzlage kann nur vermittelt werden, wenn das Ausmaß und das Verhältnis der Finanzierung durch Eigen- oder Fremdkapital deutlich werden. Eine Trennung der Bilanzposten mit Finanzierungscharakter in die Posten des Eigen- und Fremdkapitals gem. § 266 Abs. 3 HGB ist in den Tätigkeitsabschlüssen somit unabdingbar.[150]

2.2.3.8.2 Zuordnung des Eigen- und Fremdkapitals zu den einzelnen Tätigkeiten oder zu den Tätigkeiten außerhalb des Elektrizitäts- bzw. Gassektors

Der Gesetzgeber hat sich nicht ansatzweise zu seinen Vorstellungen bezüglich der Eigenkapitalzuordnung bei der buchhalterischen Entflechtung geäußert. Naheliegend ist daher, dass alle nach dem UmwG möglichen Spaltungen auch fiktiv im Rahmen der buchhalterischen Entflechtung angewendet werden können (vgl. Abschnitt 2.2.3.4, S. 25). Die Eigen- und Fremdkapitalposten werden den einzelnen Tätigkeiten bei allen Spaltungsvarianten getrennt zugeordnet.

Nur die getrennte Zuordnung der Eigen- und Fremdkapitalposten zu den einzelnen Tätigkeiten entspricht der Fiktion des rechtlich selbstständigen Unternehmens, den Grundsätzen ordnungsmäßiger Buchführung und der Generalnorm des § 264 Abs. 2 S. 1 HGB (vgl. Abschnitt 2.2.3.8.1, S. 45). Diese Vorgehensweise hat dann allerdings mit den dargestellten Problemen der Zuordnung der Bilanzposten mit Finanzierungscharakter zu kämpfen.

Aufgrund dieser Zuordnungsprobleme bei den Bilanzposten mit Finanzierungscharakter hat die Praxis diese Posten auch im Ganzen den Tätigkeiten außerhalb des Elektrizitäts- oder Gassektors zugewiesen; das Verfahren wurde ebenfalls erstmals von DORPRIGTER mit den in Abschnitt 2.2.3.7 (S. 35) dargestellten Problemen begründet und im Rahmen des Finanzfondskonzepts beschrieben.[151] Hierbei werden alle Bilanzposten mit Finanzierungscharakter (Eigen- und Fremdkapital) den Tätigkeiten außerhalb des Elektrizitäts- oder Gassektors zugewiesen („Neunte Tätigkeit" i.S.d. § 6b Abs. 3 S. 4 EnWG), d.h. nach der

150 Ähnlich Busse von Colbe in: BerlKommEnR, § 10 EnWG, Tz. 63, der ohne Begründung zu dem Ergebnis kommt: „Eine Bilanz ohne Eigenkapital gibt es praktisch nicht".

151 Vgl. Dorprigter (2001), S. 166-168; Dorprigter (2005), S. 11; BDEW (2011c), S. 45-46; BGW (2003), S. 41.

buchhalterischen Entflechtung werden in dieser Tätigkeit die Bilanzposten des Eigen- und Fremdkapitals der handelsrechtlichen Bilanz gezeigt. Das zur buchhalterischen Entflechtung verpflichtete Unternehmen verwandelt sich sozusagen in die Tätigkeit außerhalb des Elektrizitäts- oder Gassektors mit einer reinen Holding-Funktion; die operativen Tätigkeiten (z.B. die Gasverteilung) werden ausgegliedert. Diese Zuordnung der Posten des Eigen- und Fremdkapitals entspricht der oben in Abschnitt 2.2.3.4 (S. 25) dargestellten **Ausgliederung** zu Buchwerten gem. § 123 Abs. 3 UmwG (hierbei ist allerdings keine GuV-Rechnung aufzustellen). BUSSE VON COLBE kann daher nicht zugestimmt werden, wenn er es für fragwürdig hält, „den Finanzierungsbereich aus Eigen- und Fremdkapital dem Bereich der sonstigen Aktivitäten zuzuweisen“.[152]

Vor dem Hintergrund der Fiktion des rechtlich selbstständigen Unternehmens, der Grundsätze ordnungsmäßiger Buchführung und der Generalnorm des § 264 Abs. 2 S. 1 HGB ist für diese Zuordnung allerdings unabdingbar, dass in den Tätigkeitsbilanzen das Eigenkapital – unter Berücksichtigung der in Abschnitt 2.2.3.8.1 (S. 45) dargestellten Modifikation – und das Fremdkapital getrennt ausgewiesen werden. Eine Bilanzierung in den Tätigkeitsabschlüssen dergestalt, dass in den Tätigkeiten außerhalb des Elektrizitäts- oder Gassektors ein Aktivposten (z.B. Interne Finanzierung) und in den anderen Tätigkeiten anteilig ein entsprechender Passivposten ausgewiesen wird, widerspricht aus den in Abschnitt 2.2.3.8.1 (S. 45) dargestellten Gründen der Fiktion des rechtlich selbstständigen Unternehmens, den Grundsätzen ordnungsmäßiger Buchführung und der Generalnorm des § 264 Abs. 2 S. 1 HGB. Auf der Aktivseite der Tätigkeiten außerhalb des Elektrizitäts- oder Gassektors sind daher in Höhe des Eigenkapitals der „Tochterunternehmen“ innerhalb des Elektrizitäts- oder Gassektors entsprechende Beteiligungen (z.B. „Anteile an verbundenen Unternehmen“) und in Höhe des Fremdkapitals der Tochterunternehmen ist eine entsprechende Konzernfinanzierung (z.B. „Forderungen gegen verbundene Unternehmen“) auszuweisen, die dann als Eigenkapital und Fremdkapital („Verbindlichkeiten gegenüber dem Gesellschafter“) die anderen Tätigkeiten finanzieren.[153] Unter Berücksichtigung der Zuordnung der anderen Aktiv- und Passivposten muss bei der jeweiligen Zusammensetzung der Eigen- und Fremdkapitalausstattung ergänzend der Grundsatz des Drittvergleichs beachtet werden – wobei dann aber auch wieder die fiktive Konzerneinbindung berücksichtigt werden müsste.

Da BUSSE VON COLBE[154] diese Vorgehensweise fälschlicherweise ablehnt, schwebte ihm wahrscheinlich der „Normalfall“ vor, dass das Eigen- und Fremdkapital der handelsrechtlichen Bilanz auf alle Tätigkeitsabschlüsse verteilt wird

152 Busse von Colbe in: BerlKommEnR, § 10 EnWG, Tz. 64.

153 Vgl. PwC (2012), Abschnitt 6.5.1.1, S. 263.

154 Vgl. Busse von Colbe in: BerlKommEnR, § 10 EnWG, Tz. 64.

– dies würde der in Abschnitt 2.2.3.4 (S. 25) dargestellten **Aufspaltung** und **Abspaltung** entsprechen und wäre daher selbstverständlich auch gesetzeskonform.

2.2.3.8.3 Zuordnung des Eigen- oder Fremdkapitals als Residualgröße oder Verwendung eines Ausgleichspostens

§ 6b Abs. 3 S. 5 EnWG gestattet wie die Vorgängervorschrift die direkte und indirekte (schlüsselmäßige) Zuordnung der Konten auf die Tätigkeiten. Der Gesetzgeber erkannte jedoch nicht, dass mit der direkten und indirekten Zuordnung zwischen den Tätigkeiten kein Buchungszusammenhang mehr besteht (vgl. Abschnitt 2.2.3.5.1, S. 29) und die Tätigkeitsbilanz bei Zuordnung **sämtlicher Bilanzposten** mit dieser Methode nicht mehr „aufgeht".[155] Nur eine doppisch in sich geschlossene Behandlung des Buchungsstoffs und damit eine den Buchungszusammenhang wahrende Verfahrensweise sichert eine differenzfreie Aufstellung von Tätigkeitsbilanzen und Tätigkeits-GuV-Rechnungen.

Dies unterscheidet die direkte und indirekte Zuordnung auch von der Leistungsverrechnung, die regelmäßig bei der leistenden und der empfangenden Tätigkeit mit Buchungssätzen abgebildet wird – von den eher ungebräuchlichen Umlagen abgesehen, die auch keinen Buchungszusammenhang kennen.

Weder der Gesetzgeber oder die Regulierungsbehörden noch das IDW oder andere Verbände haben bisher eine handelsrechtlich fundierte Vorstellung zur Zuordnung der Bilanzposten mit Finanzierungscharakter formuliert (vgl. Abschnitt 2.2.3.7, S. 35). Da in der Praxis jedoch die **vollständige** direkte und indirekte Zuordnung auch der Bilanzposten mit Finanzierungscharakter verbreitet ist, müssen zum Ausgleich der Zuordnungsdifferenzen in den Tätigkeitsbilanzen sog. Ausgleichsposten oder Verrechnungsposten bilanziert werden. Mit wenigen Ausnahmen (vgl. Abschnitt 2.2.3.8.3.3, S. 55) hat die Literatur die Existenzberechtigung der Ausgleichsposten oder Verrechnungsposten auch vor dem Hintergrund der Geltung der handelsrechtlichen Rechnungslegungsvorschriften nie ernsthaft angezweifelt – sie waren plötzlich einfach da![156]

---

155 Eine Ausnahme besteht nur in den unrealistischen Fällen, in denen die Bilanzposten allen Tätigkeiten mit einem bestimmten unveränderlichen Prozentsatz direkt zugeordnet werden können (z.B. können alle Bilanzposten mit 40 % der Gasverteilung und mit 60 % der Stromverteilung differenzfrei zugeordnet werden).

156 Der BDEW (2011c), S. 31, bezeichnet diese Posten als Ausgleichsposten; BDEW (2008), S. 55, als Ausgleichs- oder Kapitalverrechnungsposten; BGW (2005), S. 35, als Kapitalverrechnungs- oder Ausgleichsposten; IDW ERS ÖFA 2 n.F., Tz. 47, (in: IDW (2012e)), als Verrechnungsposten. In der Praxis finden sich noch andere Bezeichnungen. Die Vielfalt der Begriffe ist möglicherweise Ausdruck für den Erfindungsreichtum im Rechnungswesen, wenn es nicht „aufgeht"; die fragwürdige Verfahrensweise wird zumindest bei allen Begriffen deutlich. Im Folgenden wird – von Zitaten abgesehen – nur noch der Begriff „Ausgleichsposten" verwendet.

Zum besseren Verständnis soll zunächst die Entstehungs- und Wirkungsweise dieser Ausgleichsposten an einem Beispiel dargestellt werden.

2.2.3.8.3.1 Beispiel zur Entstehung von Ausgleichsposten

Die gesamten Geschäftsvorfälle des Jahres eines Energieversorgungsunternehmens können exemplarisch durch folgende Buchungssätze abgebildet werden:

Forderungen an Umsatzerlöse			80.000 €
Materialaufwand an Verbindlichkeiten			60.000 €
Bank an Forderungen			64.000 €
Verbindlichkeiten an Bank			46.000 €
Daraus ergibt sich folgende Zwischenbilanz:			
Aktiva		**Passiva**	
Forderungen	16.000 €	Jahresüberschuss	20.000 €
Bank	18.000 €	Verbindlichkeiten	14.000 €
	34.000 €		34.000 €

Abb. 3: Grundannahmen für das Beispiel

Es wird unterstellt, dass die Umsatzerlöse, der Materialaufwand sowie die Forderungen und Verbindlichkeiten wie in den beiden folgenden Abbildungen den Tätigkeiten **unter Wahrung des Buchungszusammenhangs** zugeordnet werden können. Auch die flüssigen Mittel (Bank) können aufgrund des Liquiditätsbeitrags der Tätigkeit (z.B. für die Gasverteilung: Liquiditätsaufbau durch Forderungseingang (Umsatzerlöse 22.000 € abz. Bestand der Forderungen 5.000 € = 17.000 €) abz. Liquiditätsabbau durch Tilgung der Verbindlichkeiten (Materialaufwand 18.000 € abz. Bestand der Verbindlichkeiten 3.000 € = 15.000 €)) unter Wahrung des Buchungszusammenhangs zugeordnet werden (17.000 € abz. 15.000 € = 2.000 €). Das Eigenkapital ergibt sich in Höhe des Jahresüberschusses aus der GuV-Rechnung der jeweiligen Tätigkeit (für die Gasverteilung: Umsatzerlöse 22.000 € abz. Materialaufwand 18.000 € = 4.000 €).

Daraus ergeben sich die folgende Bilanz einschließlich der Tätigkeitsbilanzen[157] sowie die anschließende GuV-Rechnung samt Tätigkeits-GuV-Rechnung:

157 Im Beispiel wurde die „Tätigkeit innerhalb“ aus Vereinfachungsgründen nicht in einen Elektrizitäts- und Gassektor getrennt.

	Bilanz	Gas-verteilung	Elektrizitäts-verteilung	Tätigkeit innerhalb	Tätigkeit außerhalb
	€	€	€	€	€
Aktiva					
Forderungen	16.000	5.000	3.000	5.000	3.000
Bank	18.000	2.000	7.000	7.000	2.000
Bilanzsumme	34.000	7.000	10.000	12.000	5.000
Passiva					
Eigenkapital	20.000	4.000	6.000	8.000	2.000
Ausgleichsposten	0	0	0	0	0
Verbindlichkeiten	14.000	3.000	4.000	4.000	3.000
Bilanzsumme	34.000	7.000	10.000	12.000	5.000

Abb. 4: Beispiel für eine Tätigkeitsbilanz bei Wahrung des Buchungszusammenhangs

	GuV-Rechnung	Gas-verteilung	Elektrizitäts-verteilung	Tätigkeit innerhalb	Tätigkeit außerhalb
	€	€	€	€	€
Umsatzerlöse	80.000	22.000	18.000	24.000	16.000
Materialaufwand	60.000	18.000	12.000	16.000	14.000
Jahresüberschuss	20.000	4.000	6.000	8.000	2.000

Abb. 5: Beispiel für eine Tätigkeits-GuV-Rechnung bei Wahrung des Buchungszusammenhangs

Die Tätigkeitsbilanzen weisen keine Ausgleichsposten aus, da unter diesen idealtypischen Annahmen alle Bilanz- und GuV-Posten – unter Wahrung des Buchungszusammenhangs – zugeordnet werden konnten.

Das Beispiel macht in seiner Einfachheit im Vergleich zum folgenden Beispiel auch deutlich, dass Ausgleichsposten nicht durch die retrograde Zuordnung entstehen, sondern nur durch die direkte und indirekte (schlüsselmäßige) Zuordnung **sämtlicher** Bilanzposten, und dass die differenzfreie Zuordnung auf die Tätigkeitsabschlüsse nur durch Aufschlüsselung eines jeden Geschäftsvorfalls – unter Wahrung des Buchungszusammenhangs – erreicht werden kann.

Wird aber unterstellt, dass – wie in der Praxis üblich – **sämtliche** Bilanzposten unter Aufgabe des Buchungszusammenhangs den Tätigkeitsabschlüssen direkt oder indirekt zugeordnet werden (können), ergibt sich für das Beispiel etwa folgendes Bild:[158]

158 Es ist deshalb auch nicht erforderlich, das Beispiel um Annahmen zum Ausmaß der direkten oder indirekten Zuordnung oder um Annahmen zu den Zuordnungsschlüsseln zu verkomplizieren.

	Bilanz	Gas verteilung	Elektrizitätsver- teilung	Tätigkeit innerhalb	Tätigkeit außerhalb
	€	€	€	€	€
Aktiva					
Forderungen	16.000	6.000	4.000	3.000	3.000
Bank	18.000	3.000	6.000	6.000	3.000
Bilanzsumme	34.000	9.000	10.000	9.000	6.000
Passiva					
Eigenkapital	20.000	6.000	4.000	8.500	1.500
Ausgleichsposten	0	-1.000	3.000	-2.500	500
Verbindlichkeiten	14.000	4.000	3.000	3.000	4.000
Bilanzsumme	34.000	9.000	10.000	9.000	6.000

Abb. 6: Beispiel für eine Tätigkeitsbilanz bei direkter und indirekter Zuordnung

Auch in diesem Beispiel ist der in der Tätigkeitsbilanz ausgewiesene Jahresüberschuss identisch mit dem Jahresüberschuss der Tätigkeits-GuV-Rechnung:

	GuV-Rechnung	Gas-verteilung	Elektrizitätsver- teilung	Tätigkeit innerhalb	Tätigkeit außerhalb
	€	€	€	€	€
Umsatzerlöse	80.000	23.000	17.000	22.500	17.500
Materialaufwand	60.000	17.000	13.000	14.000	16.000
Jahresüberschuss	20.000	6.000	4.000	8.500	1.500

Abb. 7: Beispiel für eine Tätigkeits-GuV-Rechnung bei direkter und indirekter Zuordnung

Der Ausgleichsposten gleicht – wie der Name sagt – die Tätigkeitsbilanz aus; er ist – ähnlich der Buchungsdifferenz – als reine **Zuordnungsdifferenz** anzusehen, die auch nicht fortgeschrieben und weiterentwickelt wird, sondern sich jährlich neu als Differenz ergibt. Er dient auch nicht dazu, das in der Tätigkeitsbilanz und in der Tätigkeits-GuV-Rechnung ermittelte Eigenkapital auszugleichen oder fortzuschreiben, denn auch bei den Tätigkeitsabschlüssen gilt, dass der Ergebnisbeitrag – also die Veränderung des Eigenkapitals durch Erträge und Aufwendungen – durch die Aufstellung der Tätigkeits-GuV-Rechnungen ermittelt wird und damit nur einen Teilbetrag des davon unabhängig ermittelten Eigenkapitals der Tätigkeitsbilanz bildet. Wenn sich unter der Ceteris-Paribus-Bedingung die o.a. Beträge im nächsten Geschäftsjahr verdoppeln, würde sich mit der Bilanzdifferenz auch der Ausgleichsposten verdoppeln; der o.a. Jahresüberschuss könnte dann als Gewinnvortrag ausgewiesen werden.

Die Tätigkeitsabschlüsse in Abb. 6 und 7 weichen – vorbehaltlich der Bilanzierung des Ausgleichspostens – zwar von den „richtigen" Tätigkeitsabschlüssen in Abb. 4 und 5 ab und sind damit objektiv betrachtet falsch; aufgrund der Beachtung des § 6b Abs. 3 S. 5 EnWG wurden sie aber gesetzeskonform aufgestellt, denn es gibt nicht **den** richtigen Tätigkeitsabschluss.

Wird die in Abb. 6 als Ausgleichsposten bezeichnete Zuordnungsdifferenz im Eigenkapital erfasst – **erste Alternative** des IDW ERS ÖFA 2 n.F. – und wird damit das Eigenkapital zur Residualgröße, ergibt sich für die Tätigkeitsbilanz folgendes Bild (vgl. z.B. die Erläuterungen der AVU Netz GmbH, Gevelsberg, in Anlage A8, S. 176):[159]

	Bilanz	Gas-verteilung	Elektrizitäts-verteilung	Tätigkeit innerhalb	Tätigkeit außerhalb
	€	€	€	€	€
Aktiva					
Forderungen	16.000	6.000	4.000	3.000	3.000
Bank	18.000	3.000	6.000	6.000	3.000
Bilanzsumme	34.000	9.000	10.000	9.000	6.000
Passiva					
Eigenkapital	20.000	5.000	7.000	6.000	2.000
Verbindlichkeiten	14.000	4.000	3.000	3.000	4.000
Bilanzsumme	34.000	9.000	10.000	9.000	6.000

Abb. 8: Beispiel für eine Tätigkeitsbilanz bei direkter und indirekter Zuordnung mit Saldierung des Ausgleichspostens im Eigenkapital

Im Gegensatz zur (offenen) Saldierung im Eigenkapital wird die entstehende Residualgröße auch häufig als Verrechnungsposten zwischen den Tätigkeiten erfasst; diese Darstellungsweise entspricht der **zweiten Alternative** des IDW ERS ÖFA 2 n.F. (vgl. z.B. die Erläuterungen der Thyssengas GmbH, Dortmund, in Anlage A8, S. 176):[160]

159 Vgl. IDW ERS ÖFA 2 n.F., Tz. 47, (in: IDW (2012e)); vgl. die Wiedergabe des S. 1 der Tz. 47 in Abschnitt 2.2.3.8.3.3. (S. 59).

160 Vgl. IDW ERS ÖFA 2 n.F., Tz. 47, (in: IDW (2012e)).

	Bilanz	Gas-verteilung	Elektrizitäts-verteilung	Tätigkeit innerhalb	Tätigkeit außerhalb	Interne Aufrechnung
	€	€	€	€	€	€
Aktiva						
Forderungen	16.000	6.000	4.000	3.000	3.000	0
Ausgleichsposten[161]	0	1.000	0	2.500	0	3.500
Bank	18.000	3.000	6.000	6.000	3.000	0
Bilanzsumme	34.000	10.000	10.000	11.500	6.000	3.500
Passiva						
Eigenkapital	20.000	6.000	4.000	8.500	1.500	0
Ausgleichsposten	0	0	3.000	0	500	3.500
Verbindlichkeiten	14.000	4.000	3.000	3.000	4.000	0
Bilanzsumme	34.000	10.000	10.000	11.500	6.000	3.500

Abb. 9: Beispiel für eine Tätigkeitsbilanz bei direkter und indirekter Zuordnung mit interner Aufrechnung zwischen den Tätigkeiten

Wie die gem. § 322 HGB testierten Tätigkeitsabschlüsse der Anlage A8 zeigen, ist aber auch die Darstellungsweise der Abb. 6 unter die **zweite Alternative** des IDW ERS ÖFA 2 n.F. zu subsumieren (vgl. z.B. die Erläuterungen der Erdgas Münster GmbH in Anlage A8, S. 176).[162]

Das IDW problematisiert nicht die Frage, inwieweit ein solcher als Vermögensgegenstand aktivierter Ausgleichsposten – insbesondere bei fehlendem oder geringem Eigenkapital – als „Nicht durch Eigenkapital gedeckter Fehlbetrag" und damit als Ausdruck der bilanziellen Überschuldung des Tätigkeitsbereiches anzusehen ist.

Modifikationen der Praxis, die zu Lasten der Informationsfunktion gehen, bestehen insbesondere darin, dass Tätigkeitsabschlüsse nur für die „Katalog"-Tätigkeiten gem. § 6b Abs. 3 S. 1 Nr. 1 bis 6 und S. 2 EnWG aufgestellt und veröffentlicht werden (vgl. Abschnitt 2.2.3.3, S. 22) und auf die in Abb. 9 dargestellte Spalte „Interne Aufrechnung" verzichtet wird (vgl. z.B. die Erläuterungen der Stadtwerke Hannover AG in Anlage A8, S. 176).

Aus den Beispielen können unter der Bedingung, dass **alle Aktiva** und **alle tätigkeitsspezifischen Passiva** (also z.B. Rückstellungen, die einer Tätigkeit direkt zugeordnet werden können) „richtig" zugeordnet werden können (nicht aber

161 Die Praxis hat insbesondere für diese Darstellungsweise vielfältige Bezeichnungen entwickelt (vgl. Anlage A8, S. 176) und den Posten z.B. auch als Forderungen und Verbindlichkeiten gegen andere Unternehmens- oder Tätigkeitsbereiche bezeichnet (vgl. Abschnitt 2.2.3.8.3.4, S. 57). Der Posten soll aber weiterhin als das bezeichnet werden, was er ist: als Ausgleichsposten.

162 Vgl. IDW ERS ÖFA 2 n.F., Tz. 47, (in: IDW (2012e)).

z.B. Eigenkapital und tätigkeitsübergreifendes Fremdkapital) und dass die Darstellungsvariante in Abb. 9 nicht angewendet wird, folgende Aussagen gewonnen werden:

- Ausgleichsposten können sich als Differenz zu den zugeordneten Eigen- und Fremdkapitalposten nur auf der Passivseite der Bilanz ergeben.
- Ein positiver Ausgleichsposten auf der Passivseite der Bilanz bedeutet, dass der Tätigkeit zu wenig Eigen- oder Fremdkapital zugeordnet wurde.
- Ein negativer Ausgleichsposten auf der Passivseite der Bilanz bedeutet, dass der Tätigkeit zu viel Eigen- oder Fremdkapital zugeordnet wurde.

Wird die idealtypische Bedingung aufgegeben, dass alle Aktiva und alle tätigkeitsspezifischen Passiva „richtig" zugeordnet werden können, lassen sich die Aussagen wie folgt verallgemeinern:

- Ausgleichsposten können sich als Differenz zu den zugeordneten Aktiva und Passiva auf der Aktiv- und Passivseite der Bilanz ergeben.
- Ein positiver Ausgleichsposten auf der Aktivseite der Bilanz bedeutet, dass der Tätigkeit zu wenige Aktiva oder zu viele Passiva zugeordnet wurden.
- Ein negativer Ausgleichsposten auf der Aktivseite der Bilanz bedeutet, dass der Tätigkeit zu viele Aktiva oder zu wenige Passiva zugeordnet wurden.
- Ein positiver Ausgleichsposten auf der Passivseite der Bilanz bedeutet, dass der Tätigkeit zu viele Aktiva oder zu wenige Passiva zugeordnet wurden.[163]
- Ein negativer Ausgleichsposten auf der Passivseite der Bilanz bedeutet, dass der Tätigkeit zu wenige Aktiva oder zu viele Passiva zugeordnet wurden.

2.2.3.8.3.2 Empirische Erfahrungen mit Ausgleichsposten in Tätigkeitsabschlüssen gemäß EnWG 1998

Eine frühe empirische Untersuchung von PADBERG/GUBELT/PADBERG datiert aus der Zeit, als Tätigkeitsabschlüsse für den Elektrizitätssektor während der Geltung des EnWG 1998 (vgl. Anlage A2, S. 164) schon einmal veröffentlicht werden mussten.[164] Die Verfasser kritisieren u.a., dass 36 von 148 untersuchten Elektrizitätsversorgungsunternehmen, die ihren Jahresabschluss zwischen dem 1. Juli und dem 31. Dezember 2000 im Bundesanzeiger offengelegt haben, ihr Eigenkapital vollständig den sonstigen Aktivitäten zuordneten. PADBERG/GUBELT/PADBERG befürworten die Bildung eines eigenen Segments, in dem alle nicht zurechenbaren Posten aufgenommen werden sollten. Außerdem bemängeln

163 Dies erkannten bereits auch Kriete/Werner (2004), S. 184: „Ein passiver KVP zeigt auf, dass einer Aktivität mehr Vermögen als Passivpositionen zugerechnet worden ist".

164 Vgl. Padberg/Gubelt/Padberg (2001), S. 82.

sie, dass eine Bilanzierungsdifferenz durch eine Verbindlichkeit geschlossen werde, die auch unter Verwendung der Aktivitätenangaben nicht in Eigenkapital und andere Bestandteile zerlegt werden könne. Die Vermutung liegt nahe, dass es sich hierbei um Ausgleichsposten handelt.

PADBERG/GUBELT/PADBERG stellen außerdem fest, dass sich das Eigenkapital auch als Residualwert verteilen ließe, und begrüßen, dass „sich das bilanzielle Eigenkapital hier tatsächlich als Differenz von Vermögenswerten minus Verbindlichkeiten ergibt“.[165] Ohne Begründung kommen die Verfasser zu dem Schluss, dass „alle Zuordnungsalternativen mehr oder weniger gravierende Nachteile offenbaren, die eine sinnvolle Verteilung verhindern. Vorzuziehen ist aus den dargestellten Gründen die Ermittlung des bilanziellen Eigenkapitals als Residualwert“.[166]

KRIETE/WERNER kritisieren in einer weiteren empirischen Untersuchung für die Jahre 1999 bis 2001 dagegen nicht die Existenz von Ausgleichsposten – von ihnen als Kapitalverrechnungsposten (KVP) bezeichnet –, sondern stellen ohne jede Wertung oder Kritik fest: „Ein passiver KVP zeigt auf, dass einer Aktivität mehr Vermögen als Passivpositionen zugerechnet worden ist“.[167]

2.2.3.8.3.3 Literaturmeinungen zur Bilanzierung von Ausgleichsposten

Neben den empirischen Einschätzungen sind Literaturmeinungen zur Bilanzierung der Ausgleichsposten in den Tätigkeitsabschlüssen kaum vorhanden; eine besondere Bedeutung ist wegen ihrer Öffentlichkeitswirkung den Äußerungen des IDW und des BDEW beizumessen.

Das IDW stellte in IDW ERS ÖFA 2 n.F., Tz. 47, S. 1, fest: „Bei der erstmaligen Zuordnung der Aktiva und Passiva nach einer sachgerechten Schlüsselung ist die entstehende Residualgröße entweder im Eigenkapital oder als Verrechnungsposten zwischen den Tätigkeitsbereichen zu erfassen“.[168] Diese beiden Darstellungsalternativen sind in Abschnitt 2.2.3.8.3.1 (S. 49) als **erste Alternative** in Abb. 8 und **zweite Alternative** in Abb. 6 und Abb. 9 dargestellt worden.

Dem BDEW zufolge wird das Jahresergebnis der Tätigkeits-GuV-Rechnung in die Bilanz übernommen; „die Differenz wird in der Bilanz als Kapitalverrechnungs- oder Ausgleichsposten erfasst (gegebenenfalls auch Verrechnung mit dem Eigenkapital)“.[169] Der BDEW stellte fest, dass bei Aufgabe der Abstimmkontrolle der doppelten Buchführung die hierdurch entstehenden Differenzen in

165 Ebd., S. 82.
166 Ebd., S. 82.
167 Kriete/Werner (2004), S. 184.
168 IDW ERS ÖFA 2 n.F., Tz. 47, (in: IDW (2012e)); vgl. dazu als allgemeinen Überblick und Hintergrundinformation über den Rechnungslegungsstandard auch Ellerich (2006), S. 836-838.
169 BDEW (2011c), S. 31.

der Bilanz zu teilweise großen Kapitalverrechnungsposten führen, „die einem Dritten häufig nur schwer erklärt werden können. Insgesamt sollte man daher den Anteil der Posten, die nach dieser Methode den Tätigkeitsbereichen zugeordnet werden, möglichst gering halten".[170] Der BDEW kam auch zu dem zutreffenden Ergebnis (vgl. Abschnitt 2.2.3.5.1, S. 29), dass sich Ausgleichsposten immer dann ergeben, „wenn alle Posten der Bilanz direkt oder schlüsselmäßig den Tätigkeiten zugeordnet werden. Ein solcher Verrechnungsposten zwischen den Tätigkeitsbereichen entfällt, wenn das Eigenkapital als Residualgröße bestimmt wird".[171]

BUSSE VON COLBE führt unter Hinweis auf IDW RS ÖFA 2 aus, dass – soweit das Eigenkapital sowie die Finanzschulden und Bankkredite nicht geschlüsselt werden –, die Differenz – also die Ausgleichsposten – zwischen Vermögen und anderen zugeordneten Verbindlichkeiten und Rückstellungen als zugeordnetes Eigen- bzw. Fremdkapital oder unter einer ähnlichen Bezeichnung in den Bereichsbilanzen ausgewiesen werden sollte.[172] Hier irrt er jedoch, denn nicht weil das Eigenkapital sowie die Finanzschulden und Bankkredite **nicht** geschlüsselt werden, ergeben sich Ausgleichsposten, sondern gerade weil das Eigenkapital **sowie** die Finanzschulden **und** die Bankkredite geschlüsselt werden (vgl. den folgenden Abschnitt 2.2.3.8.3.4, S. 57).

OTTO/ZÖCKLER beklagen, dass durch die Anwendung verschiedener Schlüssel für die einzelnen Aktiva und Passiva häufig eine „ungleichgewichtete" Bilanz bezüglich der Fristenkongruenz entsteht, „was sich in relativ hohen Bilanzausgleichsposten oder Verrechnungsposten widerspiegelt. So entsteht beispielsweise die (nicht seltene) Situation, dass der Handel fast vollständig über diesen Bilanzausgleichsposten, also eine fiktive Verbindlichkeit gegenüber dem eigenen Netz, finanziert wird".[173] Für OTTO/ZÖCKLER sind die „Behandlung und die Höhe der Kapitalausgleichs- bzw. Verrechnungsposten" für die kalkulatorische Eigenkapitalverzinsung und damit für die Netzentgeltregulierung und die Höhe der Netzkosten sogar von entscheidender Bedeutung (vgl. Abschnitt 3.3, S. 104). Diese Posten wurden daher nach ihrer Einschätzung bereits in der ersten Kostenregulierungsrunde von den Regulierungsbehörden „kritisch beurteilt und vereinzelt nicht anerkannt; es ist davon auszugehen, dass sie stärker in den Blickpunkt der Prüfungen rücken werden. Folglich ist es sinnvoll, die notwendi-

---

170 Ebd., S. 38; ebenso BDEW (2008), S. 47.

171 BDEW (2011c), S. 46.

172 Vgl. Busse von Colbe in: BerlKommEnR (2010), § 10 EnWG, Tz. 72.

173 PwC (2012), Abschnitt 6.7.2, S. 285. Dieser Gedankengang folgt aus der Nichtbeachtung des Grundsatzes der Trennung der Zuordnungsmethoden (vgl. Abschnitt 2.2.3.5.3, S. 33), wenn die Zuordnung des Eigenkapitals mit Finanzierungsentscheidungen im Rahmen der Leistungsverrechnung vermischt wird.

gen Bilanzausgleichsposten gering zu halten".[174] Besonders als Vermögensgegenstand aktivierte Ausgleichsposten werden nach ihrer Auffassung von den Regulierungsbehörden kritisch angesehen.[175]

2.2.3.8.3.4 Handelsrechtliche Zulässigkeit von Ausgleichsposten

Zur Untersuchung der handelsrechtlichen Rechtfertigung der Bilanzierung von Ausgleichsposten sollen wieder die in Abschnitt 2.2.3.7.1 (S. 40) entwickelten Maßstäbe zugrunde gelegt werden.

Der Jahresabschluss hat aufgrund des **Vollständigkeitsgebotes** gem. § 246 Abs. 1 S. 1 HGB „sämtliche Vermögensgegenstände, Schulden, Rechnungsabgrenzungsposten sowie Aufwendungen und Erträge zu enthalten, soweit gesetzlich nichts anderes bestimmt ist". Diese Aufzählung und Kategorisierung ist abschließend; das gilt auch für das Verständnis und die Abgrenzung dieser Begriffe – eine Buchungs- oder Zuordnungsdifferenz gehört nicht zu den zu bilanzierenden Vermögensgegenständen, Schulden oder Rechnungsabgrenzungsposten.[176] Das Vollständigkeitsgebot wird lediglich durch **gesetzlich** eingeräumte Ansatzwahlrechte und Ansatzverbote durchbrochen.[177] Die Ansatzwahlrechte gestatten dem Kaufmann, bestimmte Vermögensgegenstände, Schulden oder Rechnungsabgrenzungsposten zu bilanzieren; es bleibt aber auch hier grundsätzlich bei den in § 246 Abs. 1 S. 1 HGB enumerativ genannten Bilanzposten.

Solche gesetzlich sanktionierten Ausnahmen bestanden bis zur Umsetzung des BilMoG für die bis zum 31. Dezember 2009 gem. § 269 HGB aktivierbare **Bilanzierungshilfe** für Aufwendungen für die Ingangsetzung und Erweiterung

174 Ebd., S. 285.

175 Vgl. ebd., S. 286.

176 Zum Inhalt der Begriffe vgl. die jeweiligen Kommentarmeinungen zu § 246 HGB; die marginalen Verständnisunterschiede brauchen hier nicht zu interessieren.

177 Vgl. ADS (1995), § 246 HGB, Tz. 79; Förschle/Kroner in: Beck Bil-Komm. (2012), § 246 HGB, Tz. 2, Tz. 85; Wiedmann in: Handelsgesetzbuch (2008), § 246 HGB, Tz. 2. Vgl. auch Morck in: Handelsgesetzbuch (2011), § 246 HGB, Tz. 1: „Das Vollständigkeitsgebot legt für sämtliche Vermögensgegenstände und Schulden grundsätzlich eine Bilanzierungspflicht fest, die nur durchbrochen werden kann, wenn das Gesetz ein Ansatzwahlrecht gewährt oder ein Bilanzierungsverbot ausdrücklich festlegt". Ähnlich Hennrichs in: MünchKomm AktG (2003), § 246 HGB, Tz. 19, der noch die „Geleisteten Anzahlungen" und den „Nicht durch Eigenkapital gedeckten Fehlbetrag" erwähnt; Ballwieser in: MünchKomm HGB (2008), § 246 HGB, Tz. 4: „Inhalt der Bilanz sind Vermögensgegenstände, Schulden, Rechnungsabgrenzungsposten und, als Saldo, das Eigenkapital (§ 247 Abs. 1 HGB)". Als Ausnahme erwähnt Ballwieser auch den derivativen Geschäftswert. Ähnlich WP Handbuch (2012), F 435, das noch den „Sonderposten für unentgeltlich ausgegebene Emissionsberechtigungen" nennt.

des Geschäftsbetriebes und für den ebenfalls nur bis zum 31. Dezember 2009 gem. § 247 Abs. 3 HGB passivierbaren **Sonderposten mit Rücklageanteil**. Ausnahmen deshalb, weil es sich bei der Bilanzierungshilfe um keinen Vermögensgegenstand[178] und bei dem Sonderposten mit Rücklageanteil nicht um Schulden handelte.[179]

Durch das BilMoG wurde dann mit dem Aktivierungswahlrecht und der Passivierungspflicht für latente Steuern gem. § 274 HGB als **„Sonderposten eigener Art"** wieder eine Ausnahme geschaffen.[180] Bei dem aktiven Unterschiedsbetrag aus der Vermögensverrechnung gem. § 266 Abs. 2 E HGB i.V.m. § 246 Abs. 2 HGB handelt es sich „nicht um einen Vermögensgegenstand im handelsrechtlichen Sinn, sondern um einen Verrechnungsposten, der nach § 268 Abs. 8 HGB ausschüttungsgesperrt ist".[181] Der derivative Geschäfts- oder Firmenwert gem. § 246 Abs. 1 S. 4 HGB ist ausdrücklich ein „zeitlich begrenzt nutzbarer Vermögensgegenstand". Unter der Voraussetzung des § 264c Abs. 4 S. 2 HGB ist außerdem „ein Sonderposten unter der Bezeichnung Ausgleichsposten für aktivierte eigene Anteile zu bilden".

Von den gesetzlich sanktionierten Ausnahmen der Vergangenheit oder den durch das BilMoG[182] erstmals gestatteten Ausnahmen abgesehen, bleibt es jedoch bei der **abschließenden Aufzählung in § 246 Abs. 1 HGB**: Es können nur Vermögensgegenstände, Schulden und Rechnungsabgrenzungsposten bilanziert werden; das Eigenkapital ergibt sich gem. § 247 Abs. 1 HGB als **Saldogröße** und erfasst damit auch alle Ansatz- und Bewertungsunsicherheiten der anderen Bilanzposten[183] – dieser fundamentale Bilanzierungsgrundsatz muss gem. § 6b

178 Vgl. ADS (1995), § 246 HGB, Tz. 31; Kußmaul in: HdR (2012), Kap. 2, Tz. 24; Winkeljohann/Lawall in: Beck Bil-Komm. (2006), § 269 HGB, Tz. 9.

179 Vgl. ADS (1995), § 247 HGB, Tz. 127, 132; Kußmaul in: HdR (2012), Kap. 2, Tz. 36; Hoyos/Gutike in: Beck Bil-Komm. (2006), § 247 HGB, Tz. 601.

180 Vgl. BT-Drs. 16/10067, S. 67: „Da weder eine Klassifizierung des Postens als Vermögensgegenstand, Rechnungsabgrenzungsposten oder Bilanzierungshilfe in Frage kommt, ist der Posten ebenfalls als Sonderposten eigener Art einzustufen".

181 BT-Drs. 16/12407, S. 85; Ellrott/Krämer in: Beck Bil-Komm. (2012), § 266 HGB, Tz. 162.

182 Vgl. Merkt in: Handelsgesetzbuch (2012), § 246 HGB, Tz. 1: Gesetzliche Ausnahmen vom Vollständigkeitsgebot folgen nach seiner Auffassung aus Bilanzierungsverboten (z.B. § 248 Abs. 2 HGB) sowie Aktivierungs- und Passivierungswahlrechten (z.B. § 264 HGB), soweit sie nach dem BilMoG beibehalten werden dürfen (z.B. §§ 248 Abs. 2 und § 250 Abs. 3 HGB).

183 In dieser Deutlichkeit auch Förschle/Hoffmann in: Beck Bil-Komm. (2012), § 247 HGB, Tz. 150: „Das EK ist der verbleibende Saldo, nachdem VG, Schulden, RAP und latente Steuerposten zum Stichtag nach den handelsrechtlichen Vorschriften zutreffend angesetzt und bewertet worden sind"; so auch Hütten/ Lorson in: HdR (2012), § 247 HGB, Tz. 27: „Das gesetzl. nicht definierte buchmäßige EK ergibt sich am BilSt als Saldo in der Bilanz, nachdem AV und UV sowie Schulden und RAP zutreffend angesetzt und bewertet worden sind"; Wiedmann in: Handelsgesetzbuch (2008): „Das Eigenkapital stellt den Unterschied zwischen den Bilanzwerten der Vermögensgegenstände und der aktiven Rechnungsabgrenzung und den Bilanz-

Abs. 3 S. 6 i.V.m. § 6b Abs. 1 S. 1 EnWG auch für den Tätigkeitsabschluss beachtet werden. Die Bilanzierung einer reinen Zuordnungsdifferenz als Saldogröße zum buchhalterischen Ausgleich der Tätigkeitsbilanzen lässt sich durch § 246 Abs. 1 i.V.m. § 247 Abs. 1 HGB handelsrechtlich nicht begründen.

Ausgleichsposten[184] können bei der direkten und indirekten Zuordnung der Aktiv- und Passivposten nur vermieden werden, wenn in den Tätigkeitsbilanzen **ein** Bilanzposten nicht direkt oder indirekt, sondern als Residualgröße[185] zugeordnet wird. Um den handelsrechtlichen Vorschriften zu genügen, kann diese Residualgröße nur das **Eigenkapital** sein, da das Eigenkapital bereits die **originäre Saldogröße** in der Handelsbilanz ist und alle Ansatz- und Bewertungsdifferenzen erfasst, nachdem Vermögensgegenstände, Schulden und Rechnungsabgrenzungsposten gem. § 246 Abs. 1 und § 247 Abs. 1 HGB zugeordnet wurden (vgl. Abb. 8 in Abschnitt 2.2.3.8.3.1, S. 49). Eine andere Residualgröße als das Eigenkapital anzusetzen (z.B. Verbindlichkeiten gegenüber Kreditinstituten), scheidet daher auch für die Tätigkeitsabschlüsse aus, da sonst in diesem Bilanzposten die – gem. § 6b Abs. 3 S. 5 EnWG kraft gesetzlicher Fiktion rich-

---

werten von Rückstellungen, Verbindlichkeiten, Sonderposten mit Rücklageanteil und passiver Rechnungsabgrenzung dar“; Ballwieser in: MünchKomm HGB (2008), § 247 HGB, Tz. 56: „Das Eigenkapital resultiert als Saldo aus dem Wert aller Aktiva und (sonstigen) Passiva“; Luttermann in: MünchKomm AktG (2003), § 242 HGB, Tz. 21: „Dafür wird das Bilanzvermögen (als Summe der bilanzierten und bewerteten Vermögensgegenstände) dem Bilanzwert der Schulden gegenübergestellt und die Differenzsumme als Reinvermögen (Nettovermögen) des Kaufmanns ausgewiesen (Eigenkapital)“; Förschle/Kropp/Schellhorn in: Sonderbilanzen (2008), D. Gründungs- und Eröffnungsbilanz der Kapitalgesellschaft, Tz. 170: „Das bilanzielle EK setzt sich aus mehreren Komponenten zusammen und ergibt sich als Überschuss (Saldo) der Aktiva über die (übrigen) Passiva“; Hennrichs/Pöschke (2009) in: HdJ, Abt. III/1, Tz. 8: „Einigkeit besteht dabei insoweit, als unter Eigenkapital i.S.d. HGB eine Saldo- oder Residualgröße verstanden wird“; ADS (1995), § 246 HGB, Tz. 79; Bertram in: Haufe Bil.-Komm. (2012), § 247 HGB, Tz. 85: „Das bilanzielle EK (Reinvermögen) ergibt sich als Differenz zwischen den übrigen Positionen der Aktiva und Passiva; es stellt eine Residualgröße dar“. Dieser „Saldo“-Gedanke ist für das Steuerrecht auch bei der Gewinnermittlung erkennbar, denn gem. § 4 Abs. 1 S. 1 EStG ist der Gewinn „der Unterschiedsbetrag zwischen dem Betriebsvermögen am Schluss des Wirtschaftsjahres und dem Betriebsvermögen am Schluss des vorangegangenen Wirtschaftsjahres, vermehrt um den Wert der Entnahmen und vermindert um den Wert der Einlagen“.

184 Der Begriff „Ausgleichsposten“ taucht im HGB nur in § 264c Abs. 4 S. 2 HGB als „Ausgleichsposten für aktivierte eigene Anteile“ und in § 307 Abs. 1 HGB als „Ausgleichsposten für die Anteile der anderen Gesellschafter“ auf.

185 IDW und BDEW sprechen die Residualgröße zwar an, aber nur als alternative Möglichkeit – und das dann auch noch unpräzise: Nach IDW ERS ÖFA 2 n.F., Tz. 47, (in: IDW (2012e)), ist die „entstehende Residualgröße ... im Eigenkapital ... zu erfassen“. Laut BDEW (2011c), S. 29, kann „die entstehende Residualgröße ... dem Eigenkapital zugeordnet ... werden“. Es bleibt also bei dem Verständnis, dass sogar die „entstehende Residualgröße“ – also die Zuordnungsdifferenz – ein besonderer Bilanzposten sein müsse.

tig – direkt und indirekt zugeordneten Beträge durch eine Zuordnungsdifferenz verfälscht würden.[186]

Die Bilanzierung von Zuordnungsdifferenzen als Ausgleichsposten – hier als Verrechnungsposten bezeichnet – i.S.d. **zweiten Alternative** des IDW ERS ÖFA 2 n.F.[187] (vgl. Abb. 6 und Abb. 9 in Abschnitt 2.2.3.8.3.1, S. 49) läuft den aus der Fiktion des rechtlich selbstständigen Unternehmens abzuleitenden Vorschriften zuwider, da sich diese „Bilanzposten" nicht in den Katalog der grundsätzlich möglichen Bilanzposten des Handelsrechts gem. § 246 Abs. 1 S. 1 und § 247 Abs. 1 HGB einordnen lassen; der Ausgleichsposten ist weder ein Vermögensgegenstand noch eine Schuld oder ein Rechnungsabgrenzungsposten, sondern lediglich eine **bilanzielle Zuordnungsdifferenz** zum Ausgleich der Tätigkeitsbilanz – und die handelsrechtlichen Rechnungslegungsvorschriften kennen keine Bilanzierung von Buchungs- oder Zuordnungsdifferenzen.

Die Bilanzierung von Ausgleichsposten kann auch nicht mit § 265 Abs. 5 S. 2 HGB begründet werden, wonach neue Posten hinzugefügt werden dürfen, wenn ihr Inhalt nicht von einem vorgeschriebenen Posten gedeckt wird. Bezüglich der gesetzlich vorgeschriebenen oder vorgesehenen Hinzufügungen verweist ADS auf die zuvor genannten handelsrechtlichen Sonderposten oder auf spezialgesetzliche Sonderposten des AktG, GmbHG oder des DMBilG.[188] Die gesetzlich nicht vorgeschriebenen Hinzufügungen setzen voraus, dass die „auszuweisenden Vermögensgegenstände und Schulden sowie Aufwendungen und Erträge nicht bereits durch die in den §§ 266 und 275 aufgeführten Posten gedeckt sind".[189] Es bleibt also bei den Bilanzposten des § 246 Abs. 1 S. 1 HGB: Vermögensgegenstände, Schulden und Rechnungsabgrenzungsposten – Buchungs- oder Zuordnungsdifferenzen als Ausgleichsposten gehören nicht dazu.

Es stellt sich die Frage, ob durch die verbreitete praktische Anwendung (vgl. Anlage A8, S. 176) und die Akzeptanz durch das IDW und den BDEW ein neuer Grundsatz ordnungsmäßiger Buchführung entstanden sein könnte. Dies ist zu verneinen, da er offensichtlich nicht durch die deduktive oder hermeneutische Methode ermittelt wurde und handelsrechtlichen Rechnungslegungsvorschriften (insbesondere § 246 Abs. 1 S. 1 und § 247 Abs. 1 HGB) widerspricht.[190]

---

186 Dies wäre z.B. der Fall, wenn in Abschnitt 2.2.3.8.3.1 (S. 49), Abb. 6, der Ausgleichsposten der Gasverteilung von -1.000 € mit den Verbindlichkeiten von 4.000 € verrechnet wird.

187 Vgl. IDW ERS ÖFA 2 n.F., Tz. 47, (in: IDW (2012e)).

188 Vgl. ADS (1995), § 265 HGB, Tz. 63-64; Winkeljohann/Büssow in: Beck Bil-Komm. (2012), § 265 HGB, Tz. 14-15; Hütten/ Lorson in: HdR (2012), § 265 HGB, Tz. 76.

189 ADS (1995), § 265 HGB, Tz. 65; ADS nennt z.B. Kernbrennelemente, Genussrechtskapital, Flugzeuge und Hafenanlagen.

190 Sowohl in der gesamten Technik des betrieblichen Rechnungswesens (vgl. Eisele/Knobloch (2011), als auch im Komplex der Sonderbilanzen (vgl. Sonderbilanzen (2008) ist die Möglichkeit der Bilanzierung eines Differenz- bzw. Ausgleichspostens unbekannt.

Der Ausgleichsposten kann auch nicht nach der Generalnorm des § 264 Abs. 2 S. 1 HGB etwa damit gerechtfertigt werden, dass er den Einblick in die Vermögens- und Finanzlage verbessert. Dies ist eben nicht der Fall, da der Ausgleichsposten zum einen nur die systemimmanenten, aber unvermeidbaren Schwächen der buchhalterischen Entflechtung bilanziell abbildet, die sich zwangsläufig aus der Anwendung der in Abschnitt 2.2.3.5.1 (S. 29) dargestellten direkten und indirekten (schlüsselmäßigen) Zuordnung als technische Einflussgröße auf die Tätigkeitsabschlüsse ergeben,[191] zum anderen aber auch handwerkliche Arbeitsfehler offenbart.[192]

Es wird damit festgestellt, dass gem. § 246 Abs. 1 S. 1 i.V.m. § 247 Abs. 1 HGB ein **Ausgleichsposten kein Bilanzposten** ist.

Vor dem Hintergrund der in Abschnitt 2.2.3.7.1 (S. 40) entwickelten Maßstäbe entspricht also nur die Behandlung der Zuordnungsdifferenz bzw. des Ausgleichspostens nach der **ersten Alternative** des IDW ERS ÖFA 2 n.F. „den für Kapitalgesellschaften geltenden Vorschriften des Ersten, Dritten und Vierten Unterabschnitts des Zweiten Abschnitts des Dritten Buchs des Handelsgesetzbuchs".

Bei einer genauen Analyse kann allerdings auch die Wortwahl zur Beschreibung der **ersten Alternative** des IDW ERS ÖFA 2 n.F., Tz. 47, nicht vollständig überzeugen: „Bei der erstmaligen Zuordnung der (i.S.v. **aller**, Anm. des Verf.) Aktiva und Passiva nach einer sachgerechten Schlüsselung (der die direkte Zuordnung vorauszugehen hat, Anm. des Verf.) ist die entstehende Residualgröße im Eigenkapital … zu erfassen".[193] Es ist aber unsinnig, zunächst eine Residualgröße zu ermitteln, die dann im Eigenkapital erfasst wird – denn das begründet erst den Irrtum, dass es sich bei dieser Zuordnungsdifferenz um einen Bilanzposten handelt.

Die Wortwahl des IDW führt aber im Zusammenhang mit der **zweiten Alternative** „oder als Verrechnungsposten zwischen den Tätigkeitsbereichen zu erfassen"[194] des IDW ERS ÖFA 2 n.F., Tz. 47, zu einem weiteren Problem: Denn das IDW verwendet den Begriff „Verrechnungsposten" auch noch in IDW ERS ÖFA 2 n.F., Tz. 50, – unverständlicherweise aber in einem völlig anderen Zusammenhang: „In Abhängigkeit von der gewählten Darstellungsform können aus den Leistungsbeziehungen zwischen den einzelnen Tätigkeiten in den Bilanzen Verrechnungsposten gegenüber anderen Tätigkeiten des Unternehmens entste-

191 In gewisser Weise wurden die „Unkosten" damit um einen „Unposten" ergänzt.

192 Solche handwerklichen Arbeitsfehler können z.B. als Folge einer nicht konsistenten Behandlung von zusammengehörigen Posten auftreten und sind im Vorfeld zu bereinigen; vgl. PwC (2012), Abschnitt 6.5.1.2, S. 264.

193 IDW ERS ÖFA 2 n.F., Tz. 47, (in: IDW (2012e)).

194 Ebd., Tz. 47.

hen".[195] Aufgrund der Fiktion des rechtlich selbstständigen Unternehmens „sind diese Verrechnungen als Forderungen oder Verbindlichkeiten gegenüber anderen Unternehmenstätigkeiten gesondert auszuweisen".[196] Der geforderte Sonderausweis erscheint handelsrechtlich ohnehin nicht zwingend, da bei Geltung der Fiktion des rechtlich selbstständigen Unternehmens diese Leistungsbeziehungen i.d.R. als Forderungen oder Verbindlichkeiten gegenüber verbundenen Unternehmen auszuweisen sind.

Die Praxis folgt dieser unsauberen Definition des IDW jedoch nur zu gerne, vermischt zwei völlig verschiedene Bilanzierungsursachen und weist Ausgleichsposten in den Tätigkeitsabschlüssen häufig als Forderungen oder Verbindlichkeiten gegenüber anderen Unternehmens- oder Tätigkeitsbereichen oder zumindest als Teilbetrag derselben aus (vgl. stellvertretend für die Mehrzahl der Beispiele in Anlage A8, S. 176, z.B. die Erläuterungen der Stadtwerke Hannover AG). Damit ist aus einer reinen Zuordnungsdifferenz nicht nur ein vielleicht etwas dubioser Ausgleichsposten, sondern sogar eine Forderung und damit ein über jeden Zweifel erhabener Vermögensgegenstand geworden, der dann auch verzinst werden kann (vgl. z.B. die Erläuterungen der RWE Deutschland AG, Essen, der Gasversorgung im Landkreis Gifhorn GmbH, Gifhorn, oder der LSW LandE-Stadtwerke Wolfsburg GmbH & Co. KG in Anlage A8, S. 176).

Ausgleichsposten können aber nicht in Finanzierungsmaßnahmen umgedeutet werden, da sie nur eine bilanzielle Zuordnungsdifferenz sind: OTTO/ZÖCKLER kann daher nicht zugestimmt werden, wenn sie darauf hinweisen, „dass der Handel fast vollständig über diesen Bilanzausgleichsposten, also eine fiktive Verbindlichkeit gegenüber dem eigenen Netz, finanziert wird".[197] Das Verständnis des Wortes „fiktiv" geht hier weiter, als es die handelsrechtlichen Rechnungslegungsvorschriften und das EnWG gestatten. Die in Abschnitt 2.2.3.5 (S. 27) entwickelte **Trennung der Zuordnungsmethoden** in die direkte und indirekte Zuordnung und die sich daran ggf. anschließende Berücksichtigung von Finanzierungsmaßnahmen im Rahmen der Leistungsverrechnung sind deshalb als Grundsatz ordnungsmäßiger Buchführung für den Tätigkeitsabschluss (vgl. Abschnitt 2.2.3.6, S. 34) zu beachten, denn erst nach der direkten und indirekten Zuordnung der Bilanzposten des Jahresabschlusses auf die Tätigkeitsabschlüsse und der Ermittlung des residualen Eigenkapitals **kann** im Rahmen der internen Leistungsverrechnung über Finanzierungsmaßnahmen entschieden werden. Damit ergibt sich als weiterer Grundsatz für die Aufstellung der Tätigkeitsabschlüsse der Grundsatz des **residualen Eigenkapitals**.

---

195 Ebd., Tz. 50.

196 Ebd., Tz. 50.

197 PwC (2012), Abschnitt 6.7.2, S. 285.

Eine inhaltliche Überarbeitung des IDW ERS ÖFA 2 n.F., Tz. 47, und eine begriffliche Abgrenzung zu IDW ERS ÖFA 2 n.F., Tz. 50, erscheinen dringend erforderlich.

Unter Berücksichtigung des im vorigen Abschnitt angeklungenen Störgefühls der Regulierungsbehörden ist es umso bemerkenswerter, dass sich die Behörden bisher nicht zu den Ausgleichsposten geäußert haben.[198] Eine Erklärung könnte sein, dass die Behörden mangels eigener theoretischer Durchdringung der buchhalterischen Entflechtung vor den vermeintlichen Kenntnissen der betroffenen Unternehmen und der meinungsbildenden Verbände kapituliert haben. Dies würde die im ersten Kapitel (S. 3) geäußerte Vermutung bestätigen, dass der Gesetzgeber tatsächlich keinen theoretischen Ansatz für die buchhalterische Entflechtung hatte und darüber hinaus die Regulierungsbehörden als Kontrollorgan des Gesetzgebers ausgefallen sind.

2.2.3.8.3.5 Empirische Erfahrungen mit Ausgleichsposten in Tätigkeitsabschlüssen gemäß EnWG 2011

Die Anlage A8 (S. 176) gibt exemplarisch einige Erläuterungen zu Tätigkeitsabschlüssen wieder, die gemäß dem EnWG 2011 aufgestellt, geprüft und veröffentlicht wurden. Hierfür wurden die im Bundesanzeiger unter dem Suchbegriff „Tätigkeitsabschluss“ angezeigten zwanzig Tätigkeitsabschlüsse ausgewertet, die zwischen dem 1. Februar 2012 und dem 11. Juni 2012 veröffentlicht wurden; darüber hinaus wurden die vier Übertragungsnetzbetreiber sowie die Stichworte „Netz“ und „Stadtwerk“ als Suchbegriffe verwendet.

Die Erläuterungen zu den Tätigkeitsabschlüssen lassen den Schluss zu, dass nur die Tätigkeitsabschlüsse der AVU Netz GmbH und der AVU AG für Versorgungs-Unternehmen, beide Gevelsberg, sowie der Stadtwerke Düren GmbH gem. § 6b Abs. 3 i.V.m. § 6b Abs. 1 EnWG „den für Kapitalgesellschaften geltenden Vorschriften des Ersten, Dritten und Vierten Unterabschnitts des Zweiten Abschnitts des Dritten Buchs des Handelsgesetzbuchs“ entsprechen.

Die Erläuterungen zu den anderen Tätigkeitsabschlüssen machen dagegen deutlich, dass die Bilanzierung von Ausgleichsposten mit dem EnWG 2011 noch unverständlicher geworden ist: Sie werden auf der Aktiv- oder Passivseite an beliebigen Stellen der Bilanz ausgewiesen, auch als **negativer Bilanzposten** (vgl. z.B. die Erläuterungen der Lechwerke AG, Augsburg, und der Stadtwerke Bad Langensalza NETZ GmbH); **negative Ausgleichsposten** der Passivseite wechseln das Vorzeichen und werden zu einem Aktivum – dies entspricht allerdings

198 Weder in Bundesnetzagentur (2006a) noch in Bundesnetzagentur (2008) findet sich irgendein Hinweis zu den Ausgleichsposten.

der zweiten Alternative des IDW ERS ÖFA 2 n.F., Tz. 47[199] –, sind bisweilen **größer als die Bilanzsumme der Tätigkeit** (vgl. z.B. die Erläuterungen der Stadtwerke Hannover AG) oder werden auch als **Forderungen** oder **Verbindlichkeiten** ausgewiesen und verzinst (vgl. z.B. die Erläuterungen der RWE Deutschland AG, Essen, oder der Gasversorgung im Landkreis Gifhorn GmbH). Um die Tätigkeitsbilanz irgendwie passend zu machen, werden sogar „normale“ handelsrechtliche Bilanzposten mit **negativem** Vorzeichen ausgewiesen (vgl. z.B. die Erläuterungen der Stadtwerke Hannover AG, der E.ON Thüringer Energie AG, Erfurt, und der Erdgas Münster GmbH).[200] Die kreativen aber nicht den handelsrechtlichen Rechnungslegungsvorschriften entsprechenden, und dennoch für ordnungsgemäß befundenen sowie testierten Bilanzierungsideen der Praxis im Rahmen des EnWG 2011 übersteigen also noch deutlich die Beispiele in Abschnitt 2.2.3.8.3.1 (S. 49) oder die empirischen Befunde zum EnWG 1998 in Abschnitt 2.2.3.8.3.2 (S. 54).

Die Mehrzahl der Tätigkeitsabschlüsse in Anlage A8 (S. 176) wurde nicht nach den gem. § 6b Abs. 3 i.V.m. § 6b Abs. 1 S. 1 EnWG „für Kapitalgesellschaften geltenden Vorschriften des Ersten, Dritten und Vierten Unterabschnitts des Zweiten Abschnitts des Dritten Buchs des Handelsgesetzbuchs“ aufgestellt. Auch wenn die Datenbasis der Anlage A8 statistisch nur eingeschränkt belastbar ist, liegt zumindest die Vermutung nahe, dass dies auch für die Mehrzahl der anderen im Bundesanzeiger veröffentlichten Tätigkeitsabschlüsse gilt. Die **originäre Informationsfunktion** der buchhalterischen Entflechtung gem. § 6b Abs. 3 EnWG wird mit solchen Tätigkeitsabschlüssen jedenfalls nicht erfüllt. Die im ersten Kapitel formulierte Hypothese (S. 3) wird also nicht nur durch die Ergebnisse der Analyse der Gesetzesanwendung und -auslegung (vgl. Abschnitt 2.2.3.8.3.4, S. 57), sondern auch durch diese eingeschränkte empirische Erhebung bestätigt.

2.2.3.8.4 Prozentuale oder betragsmäßige Zuordnung des Eigen- oder des Fremdkapitals

Die Praxis hat oftmals entweder das Eigen- **oder** das Fremdkapital in der Tätigkeitsbilanz von einzelnen Tätigkeiten mit einem bestimmten Prozentsatz der Bilanzsumme oder des Anlagevermögens **oder** einem bestimmten Festbetrag angesetzt.[201] Vgl. hierzu z.B. die Erläuterungen der E.ON Thüringer Energie AG,

199 Vgl. IDW ERS ÖFA 2 n.F., Tz. 47, (in: IDW (2012e)) und Abb. 9 in Abschnitt 2.2.3.8.3.1 (S. 49).

200 Die Forderung des Gesetzgebers bzgl. der sachgerechten und nachvollziehbaren Zuordnung der Konten gem. § 6b Abs. 5 S. 2 EnWG muss bei solchen Tätigkeitsabschlüssen auf die Einhaltung der Grundrechenarten reduziert werden.

201 Vgl. BDEW (2011c), S. 45; PwC (2012), Abschnitt 6.5.1.1, S. 263; Padberg/Gubelt/Padberg (2001), S. 82.

Erfurt, der EMB Mark Brandenburg GmbH, Potsdam, und der SpreeGas Gesellschaft für Gasversorgung und Energiedienstleistung GmbH, Gifhorn, in Anlage A8 (S. 176).

Wenn im Rahmen der buchhalterischen Entflechtung die Zuordnung der Vermögensgegenstände, Schulden und Rechnungsabgrenzungsposten und damit auch des Eigen- und Fremdkapitals mit der Spaltung gemäß UmwG (vgl. Abschnitt 2.2.3.4, S. 25) verglichen werden kann, lassen sich grundsätzlich auch die damit verbundenen gesetzlichen Regelungen auf die entflochtenen Tätigkeiten übertragen. Der Spaltungsvertrag gem. § 126 UmwG regelt die Einzelheiten der Zuordnung der Vermögensgegenstände, Schulden und Rechnungsabgrenzungsposten; die Ausstattung des neuen Rechtsträgers mit Eigen- und Fremdkapital bleibt also dem Übertragenden überlassen.

Im Fall der fiktiven rechtlichen Entflechtung bzw. Spaltung sind aber die Ergebnisse aus Abschnitt 2.2.3.8.3.4 (S. 57) zu berücksichtigen: Die prozentuale **oder** betragsmäßige Zuordnung des Eigenkapitals **und** die Bilanzierung eines Ausgleichspostens würde diesen Erkenntnissen widersprechen. Aber auch wenn kein Ausgleichsposten bilanziert wird, ist zu vergegenwärtigen, dass bei der buchhalterischen Entflechtung aufgrund der Durchbrechung des Buchungszusammenhangs zwangsläufig Zuordnungsdifferenzen entstehen (vgl. Abb. 6 in Abschnitt 2.2.3.8.3.1, S. 49), diese allerdings nur im Eigenkapital als handelsrechtlicher Saldogröße und damit originärer Residualgröße im Rahmen der buchhalterischen Entflechtung erfasst werden dürfen – die prozentuale **oder** betragsmäßige Zuordnung des Eigenkapitals würde jedoch dazu führen, dass die Zuordnungsdifferenz in einem anderen Bilanzposten erfasst werden müsste.

Daher darf nur das Fremdkapital prozentual **oder** mit einem bestimmten Betrag zugeordnet werden; die Zuordnungsdifferenz bzw. der Ausgleichsposten wird dann quasi „automatisch" im Eigenkapital erfasst. Grenzen für die Fremdkapitalausstattung ergeben sich aus dem Grundsatz des Drittvergleichs (vgl. Abschnitt 2.2.3.6, S. 34) aufgrund des zu beachtenden betriebswirtschaftlichen Funktionszusammenhangs (z.B. sind die horizontalen und vertikalen Finanzierungsregeln zu beachten), aus dem dann auch notwendigerweise das Ausmaß und das Verhältnis der Eigen- und Fremdkapitalausstattung abzuleiten sind; hier ist ebenfalls die Konzerneinbindung zu berücksichtigen.

Nur unter Beachtung dieser Voraussetzungen entspricht diese Zuordnungsmethode der Fiktion des rechtlich selbstständigen Unternehmens, den Grundsätzen ordnungsmäßiger Buchführung und der Generalnorm des § 264 Abs. 2 S. 1 HGB.

2.2.3.8.5 Fortschreibung oder Festschreibung des Eigen- oder des Fremdkapitals

Die Fortschreibung des Eigen- **und** des Fremdkapitals unter Wahrung des Buchungszusammenhangs ist der buchhalterische Normalfall und würde die meisten Ausführungen hier entbehrlich machen – dies gilt aber nicht bei der buchhalterischen Entflechtung.

Wegen der eher geringen Anzahl an Buchungen im **Eigenkapital** des Gesamtunternehmens ist eine Fortschreibung auch für die Tätigkeitsabschlüsse grundsätzlich möglich. Da für die Tätigkeitsbilanzen aber der Grundsatz der Bilanzidentität nicht gilt und die Bilanzposten überwiegend retrograd direkt und indirekt zugeordnet werden können, hat es unter Berücksichtigung der Probleme bei der Zuordnung der Bilanzposten mit Finanzierungscharakter kaum Sinn, ausgerechnet das Eigenkapital – etwa aufgrund von Finanzierungsmotiven – unter Wahrung des Buchungszusammenhangs im Zeitablauf fortschreiben zu wollen.[202]

Zudem müssen die Ergebnisse aus Abschnitt 2.2.3.8.3.4 (S. 57) bzgl. der Bilanzierung der Zuordnungsdifferenz bzw. des Ausgleichspostens beachtet werden: Die Fortschreibung **oder** Festschreibung des Eigenkapitals **und** die Bilanzierung eines Ausgleichspostens würden diesen Ergebnissen widersprechen. Auch wenn kein Ausgleichsposten bilanziert wird, ist wiederum zu berücksichtigen, dass bei der buchhalterischen Entflechtung aufgrund der Durchbrechung des Buchungszusammenhangs zwangsläufig Zuordnungsdifferenzen entstehen, die aber nur im Eigenkapital als handelsrechtlicher Saldogröße und damit originärer Residualgröße erfasst werden dürfen – die Fortschreibung **oder** Festschreibung des Eigenkapitals würde dazu führen, dass die Zuordnungsdifferenzen in einem anderen Bilanzposten erfasst würden.

Eine Festschreibung[203] des **Fremdkapitals** ist dagegen mit der Fiktion des rechtlich selbstständigen Unternehmens vereinbar, da es dem Gesellschafter freisteht, entstehende Finanzierungslücken seiner fiktiv rechtlich selbstständigen Tätigkeit mit Eigenkapital auszugleichen. Für die Festschreibung des Fremdkapitals ergeben sich zu beachtende Anforderungen aus dem Grundsatz des Drittvergleichs (vgl. Abschnitt 2.2.3.6, S. 34), da Fremdkapitalgeber im Regelfall eine bestimmte Eigenkapitalausstattung oder die Einhaltung allgemein anerkannter Finanzierungsregeln[204] (z.B. in Bezug auf die vertikalen oder horizontale Bilanzstruktur) verlangen. Die Festschreibung des Fremdkapitals würde der Durchführung eines Ergebnisabführungsvertrages ähneln, da alle Finanzierungslücken

202 Ein Beispiel hierfür findet sich in Bolsenkötter/Poullie (2003), S. 106.

203 Die Fortschreibung des Fremdkapitals ist nur eine theoretische Alternative, da dieser Buchungsaufwand ja gerade durch die buchhalterische Entflechtung vermieden werden soll.

204 Vgl. Perridon/Steiner/Rathgeber (2009), S. 564-566.

durch eine Eigenkapitalzuführung auszugleichen wären. Die Zuordnungsdifferenz bzw. der Ausgleichsposten wird bei einer Festschreibung des Fremdkapitals automatisch im residualen Eigenkapital erfasst.

Unter Beachtung dieser Restriktionen entspricht damit auch die Festschreibung des Fremdkapitals der Fiktion des rechtlich selbstständigen Unternehmens, den Grundsätzen ordnungsmäßiger Buchführung und der Generalnorm des § 264 Abs. 2 S. 1 HGB.

2.2.3.9 Zwischenergebnis der Prüfung der Zuordnung der Bilanzposten mit Finanzierungscharakter

Die Untersuchung der Zuordnungsmethoden der Bilanzposten mit Finanzierungscharakter vor dem Hintergrund der handelsrechtlichen Rechnungslegungsvorschriften hat ergeben, dass folgende Rahmenbedingungen zu beachten und die in Abschnitt 2.2.3.7 (S. 35) vorgestellten Praxismethoden wie folgt zu modifizieren sind:

- die Eigen- und Fremdkapitalposten sind unter Berücksichtigung der in den Abschnitten 2.2.3.8.1 (S. 45) und 2.2.3.8.2 (S. 46) genannten Modifikationen in den Tätigkeitsbilanzen getrennt auszuweisen,
- das Eigen- und Fremdkapital der handelsrechtlichen Bilanz kann den einzelnen Tätigkeitsbilanzen oder vollständig der Tätigkeitsbilanz der Tätigkeiten außerhalb des Elektrizitäts- bzw. Gassektors zugeordnet werden,
- das Eigenkapital ist die alleinige Residualgröße der Tätigkeitsbilanz,
- eine prozentuale oder betragsmäßige Zuordnung des Fremdkapitals in der Tätigkeitsbilanz unter Beachtung des Grundsatzes des Drittvergleichs ist möglich,
- eine Festschreibung des Fremdkapitals in der Tätigkeitsbilanz unter Beachtung des Grundsatzes des Drittvergleichs ist möglich.

Im Umkehrschluss bedeutet dies, dass Tätigkeitsbilanzen, die

- die Posten des Eigen- und Fremdkapitals nicht getrennt ausweisen oder
- die Ausgleichsposten[205] aktivieren oder passivieren oder mit anderen Bilanzposten zusammenfassen oder verrechnen oder

205 Es kann davon ausgegangen werden, dass das IDW bei der gem. § 41 Abs. 5 EEG für den selbstständigen Unternehmensteil aufzustellenden Bilanz und GuV-Rechnung auch wieder Ausgleichsposten sanktionieren wird, obwohl § 41 Abs. 5 EEG wie § 6b Abs. 3 S. 6 EnWG in aller Deutlichkeit auf die „in entsprechender Anwendung der für alle Kaufleute geltenden Vorschriften des Handelsgesetzbuches" verweist; so auch mit gleicher Formulierung BAFA (2012), S. 35. Auch hier kann die Bilanzierung einer Zuordnungsdifferenz als Ausgleichsposten aber nicht mit den handelsrechtlichen Rechnungslegungsvorschriften begründet werden. IDW (2012c) und IDW PS 970, Tz. 81-85, (in: IDW (2012e)) lassen keine geänderte Sichtweise zur Bilanzierung von Ausgleichsposten erkennen.

- das Eigenkapital prozentual oder betragsmäßig zuordnen oder festschreiben,

weder

- den gesetzlichen Anforderungen an ein fiktiv rechtlich selbstständiges Unternehmen
- noch den Grundsätzen ordnungsmäßiger Buchführung und Bilanzierung
- oder der Generalnorm des § 264 Abs. 2 S. 1 HGB

genügen und damit auch nicht den gem. § 6b Abs. 3 i.V.m. § 6b Abs. 1 S. 1 EnWG „für Kapitalgesellschaften geltenden Vorschriften des Ersten, Dritten und Vierten Unterabschnitts des Zweiten Abschnitts des Dritten Buchs des Handelsgesetzbuchs" bzw. den handelsrechtlichen Rechnungslegungsvorschriften entsprechen.

Hermeneutisch durch die Gesetzesanwendung und -auslegung sowie empirisch-analytisch anhand veröffentlichter Tätigkeitsabschlüsse bestätigt sich damit die im ersten Kapitel (S. 3) formulierte Hypothese, dass die **primären Informationsinstrumente** der Rechnungslegung und buchhalterischen Entflechtung des EnWG der **originären Informationsfunktion** überwiegend nicht gerecht werden. Ergänzend wird in den folgenden Abschnitten untersucht, ob wenigstens die **sekundären Informationsinstrumente** des EnWG ihre Informationsfunktion erfüllen.

2.2.4 Veröffentlichung der Tätigkeitsabschlüsse

Den Tätigkeitsabschlüssen wird durch das EnWG 2011 im Hinblick auf ihre Informationsfunktion eine ungleich größere Bedeutung als nach dem EnWG 2005 zugewiesen, denn gem. § 6b Abs. 4 S. 1 und 2 EnWG ist der Tätigkeitsabschluss „unverzüglich, jedoch spätestens vor Ablauf des zwölften Monats des dem Abschlussstichtag nachfolgenden Geschäftsjahres, gemeinsam mit dem nach Absatz 1 Satz 1 in Verbindung mit § 325 des Handelsgesetzbuchs offenzulegenden Jahresabschluss beim Betreiber des elektronischen Bundesanzeigers elektronisch einzureichen. Er ist unverzüglich im elektronischen Bundesanzeiger bekannt machen zu lassen".

Die Verpflichtung, Spartenabschlüsse zu erstellen und zusammen mit dem Jahresabschluss beim Bundesanzeiger einzureichen und dort zu veröffentlichen, soll nach dem Willen des Gesetzgebers der Markttransparenz dienen und eine Schutzwirkung für potenzielle Investoren wie für Gläubiger und alle Netzkunden entfalten.[206] Die Nichtanwendbarkeit des § 326 HGB gem. § 6b Abs. 4 S. 3 EnWG

---

206 Vgl. BT-Drs. 17/6072, S. 56; der Gesetzgeber verwendet hier zum einzigen Mal den Begriff „Spartenabschluss"; hiermit dürfte der in § 6b Abs. 3 Satz 6 EnWG definierte „Tätigkeitsabschluss" gemeint sein.

soll außerdem sicherstellen, dass Energieversorgungsunternehmen, die kleine Gesellschaften i.S.d. § 267 Abs. 1 HGB sind, nicht von der Offenlegung der GuV-Rechnung befreit werden.[207]

Die vom Gesetzgeber angestrebte Markttransparenz und Schutzwirkung kann aber nicht erreicht werden, weil zu den im Bundesanzeiger veröffentlichten Tätigkeitsabschlüssen jedwede ergänzende qualitative Information fehlt. Nur ein aus Bilanz, GuV-Rechnung und Anhang bestehender Jahresabschluss vermittelt gem. § 264 Abs. 2 S. 1 HGB ein den tatsächlichen Verhältnissen entsprechendes Bild der Vermögens-, Finanz- und Ertragslage einer Kapitalgesellschaft[208] und kann damit der Markttransparenz dienen und eine Schutzwirkung für mögliche Investoren, Gläubiger und Netzkunden entfalten.

Zwar sind gem. § 6b Abs. 3 S. 7 EnWG „in der Rechnungslegung die Regeln, einschließlich der Abschreibungsmethoden, anzugeben, nach denen die Gegenstände des Aktiv- und Passivvermögens sowie die Aufwendungen und Erträge den gemäß Satz 1 bis 4 geführten Konten zugeordnet worden sind". Damit wird aber nur der erste Komplex der verfahrenstechnischen Einflussgrößen angesprochen (vgl. Abschnitt 2.2.3.5.1, S. 29); Informationen zur Leistungsverrechnung als zweiter Komplex der verfahrenstechnischen Einflussgrößen (vgl. Abschnitt 2.2.3.5.2, S. 31) werden nicht verlangt.

Es ist aber zweifelhaft, ob die Informationen gem. § 6b Abs. 3 S. 7 EnWG mit den Tätigkeitsabschlüssen überhaupt zu veröffentlichen sind.

§ 6b Abs. 3 S. 7 EnWG entspricht bis auf den Zusatz „internen" vor dem Wort „Rechnungslegung" § 10 Abs. 3 S. 7 EnWG 2005 (vgl. Anlage A6, S. 170).[209] Der Gesetzgeber folgte bei der Novellierung des EnWG 2011 hier zum einzigen Mal einem Hinweis des IDW, dass die Frage gestellt hatte, ob der Begriff „intern" vor dem Hintergrund der Veröffentlichung der Tätigkeitsabschlüsse im elektronischen Bundesanzeiger nicht irreführend sei.[210]

Die Angaben gem. § 6b Abs. 3 S. 7 EnWG sind nach Ansicht des BDEW jedoch kein „Bestandteil des Tätigkeitsabschlusses und insofern auch nicht Gegen-

---

207 Vgl. ebd., S. 56; kleine Kapitalgesellschaften fallen aber nicht unter § 6b Abs. 1 S. 1 EnWG (vgl. Abschnitt 2.2.1 (S. 16) m.w.N.).

208 Vgl. IDW PS 400, Tz. 47-49, (in: IDW (2012e)).

209 Art. 31 Abs. 5 der Richtlinie 2009/73/EG lautet: „Unbeschadet der innerstaatlich anwendbaren Vorschriften für die Rechnungslegung geben die Unternehmen in der internen Rechnungslegung die Regeln, einschließlich der Abschreibungsregeln, an, nach denen die Gegenstände des Aktiv- und Passivvermögens sowie die ausgewiesenen Aufwendungen und Erträge den gemäß Absatz 3 separat geführten Konten zugewiesen werden. Änderungen dieser internen Regeln sind nur in Ausnahmefällen zulässig. Diese Änderungen müssen erwähnt und ordnungsgemäß begründet werden". In der Richtlinie 2009/73/EG wird also auch der Begriff „interne Rechnungslegung" verwendet; in der Richtlinie 2009/72/EG fehlt eine vergleichbare Vorschrift.

210 Vgl. IDW (2011), S. 6.

stand der Offenlegung nach § 6b Abs. 4 EnWG und der Einreichung nach § 6b Abs. 7 EnWG".[211]

Nach Auffassung des IDW ist diese Vorschrift indes so zu verstehen, dass die Angaben gem. § 6b Abs. 3 S. 7 EnWG Bestandteil der Tätigkeitsabschlüsse sind, sie aber auch in den Anhang des Jahresabschlusses aufgenommen werden können. Außerdem sollen bei Konten von wesentlicher Bedeutung die Kriterien der Schlüsselung genannt und die für die Leistungsbeziehungen zwischen den Tätigkeiten angelegten Maßstäbe angegeben werden.[212]

Die Sichtweise des IDW ist zwar nachvollziehbar, kann aber nicht aus § 6b Abs. 4 S. 1 EnWG abgeleitet werden. Bereits während der Geltung des EnWG 2005 waren die Informationswege zweigeteilt: Die Tätigkeitsabschlüsse waren gem. § 10 Abs. 5 S. 2 EnWG 2005 der Regulierungsbehörde einzureichen, die Informationen gem. § 10 Abs. 3 S. 7 EnWG 2005 verblieben dagegen beim Energieversorgungsunternehmen und wurden nicht veröffentlicht, sondern führten zur Entwicklung von „Handbüchern" zur buchhalterischen Entflechtung, deren Umfang und Aussagegehalt sehr stark variierte, die aber fast immer auch im Eigeninteresse der Unternehmen zu Dokumentationszwecken entwickelt wurden. Fallweise erfüllten sie zudem eine Rechenschaftsfunktion bei Rückfragen der Regulierungsbehörden,[213] auf jeden Fall aber dienten diese Informationen auch der Rechenschaftslegung über den eigenen Umgang mit der buchhalterischen Entflechtung.[214]

Der Sichtweise des BDEW kann also gefolgt werden, wenn er feststellt, dass es sich bei den Angaben gem. § 6b Abs. 3 S. 7 EnWG nicht um einen Bestandteil des zu veröffentlichenden Tätigkeitsabschlusses handelt. Im Übrigen sollte der Gesetzgeber die handelsrechtlichen Rechnungslegungsinstrumente „Anhang" und „Lagebericht" kennen, mit denen die mehr qualitativen Informationen veröffentlicht werden; der Tätigkeitsabschluss besteht dagegen gem. § 6b Abs. 3 S. 6 EnWG nur aus einer Bilanz und einer GuV-Rechnung. Qualitative Informationen i.S.v. § 6b Abs. 3 S. 7 EnWG sind in einer Bilanz oder GuV-Rechnung üblicherweise aber nicht enthalten. Es ist aber auch kaum sinnvoll, die Informationen gem. § 6b Abs. 3 S. 7 EnWG in den Anhang oder Lagebericht aufzunehmen, da die Tätigkeitsabschlüsse in einem völlig anderen Medium – nämlich dem Bundesanzeiger – veröffentlicht werden.

---

211 BDEW (2011c), S. 14.

212 Vgl. IDW ERS ÖFA 2 n.F., Tz. 54-58, (in: IDW (2012e)).

213 Vgl. BT-Drs. 15/3917, S. 55, wonach die angewandten Regeln für die Zuordnung der Gegenstände, Aufwendungen und Erträge zu den einzelnen Konten einschließlich der Abschreibungsmethoden darzulegen sind. „Damit liegen der Regulierungsbehörde aussagekräftige Netzdaten für eine mögliche Überprüfung der Netznutzungsentgelte vor".

214 Vgl. zur internen Rechenschafts- und Dokumentationspflicht auch Abschnitt 3.2.2 (S. 93).

Die in der Gesetzesbegründung zum EnWG 2011 versprochene Klarstellung wird damit nicht erfüllt.[215] Welche eindeutige Formulierung hatte der Gesetzgeber noch in § 9 Abs. 3 EnWG 1998 (vgl. Anlage A2, S. 164) gefunden: „Im Anhang zum Jahresabschluß sind die Regeln anzugeben, nach denen die Gegenstände des Aktiv- und Passivvermögens sowie die ausgewiesenen Aufwendungen und Erträge den Konten nach Absatz 2 zugewiesen werden. Änderungen dieser Regeln in Ausnahmefällen sind zu erläutern und zu begründen".[216]

Vor dem Hintergrund der vielfältigen Freiheitsgrade der Zuordnung der Bilanz- und GuV-Posten – vgl. allein die Darstellung des Einflusses der verfahrenstechnischen Einflussgrößen in Abschnitt 2.2.3.5 (S. 29) – sind die Tätigkeitsabschlüsse ohne zusätzliche qualitative Informationen unter Analysegesichtspunkten kaum brauchbar. Umso bemerkenswerter, dass die Regulierungsbehörden diese wenig aussagefähigen Tätigkeitsabschlüsse in den letzten Jahren ohne ständigen Rückgriff auf die Unterlagen gem. § 10 Abs. 3 S. 7 EnWG 2005 trotzdem verwerten konnten.[217] Welcher Erkenntniswert kann von den Informationen gem. § 6b Abs. 3 S. 7 EnWG vor dem Hintergrund der Realität der veröffentlichten Tätigkeitsabschlüsse überhaupt ernsthaft erwartet werden (vgl. die Beispiele in Anlage A8, S. 176)?

2.2.5 Eingehen auf Tätigkeiten im Lagebericht

Die fehlenden Informationen eines Anhangs können auch nicht durch die Vorgaben der neuen Vorschrift des § 6b Abs. 7 S. 4 EnWG ausgeglichen werden, wonach der Lagebericht auf die Tätigkeiten nach § 6b Abs. 3 EnWG „einzugehen" hat; der Lagebericht kann im Hinblick auf die Vermittlung eines den tatsächlichen

---

215 Der Gesetzgeber begründet die Novellierung der Vorschrift zur buchhalterischen Entflechtung damit, dass er Bedürfnissen Rechnung tragen will, die sich aus der Regulierungspraxis der letzten Jahre ergeben haben, und die klarstellen und verbessern sollte, was bereits nach Sinn und Zweck des § 10 Abs. 3 EnWG 2005 gewollt und notwendig gewesen wäre (vgl. BT-Drs. 17/6072, S. 56). Davon ist bei den Angaben gem. § 6b Abs. 3 S. 7 EnWG wenig zu merken.Der Gesetzgeber verwendet sogar den abstrus-widersprüchlichen Begriff „Passivvermögen" weiter. Dabei hätte er doch nur die Termini des § 246 Abs. 1 S. 1 HGB – Vermögensgegenstände, Schulden und Rechnungsabgrenzungsposten – übernehmen müssen. Bedauerlicherweise hat auch das IDW den Begriff „Passivvermögen" akzeptiert (vgl. IDW ERS ÖFA 2 n.F., Tz. 54, (in: IDW (2012e)). Wann wird im EStG der Begriff „Aktivschulden" verankert?

216 Gemäß § 9 Abs. 2 EnWG 1998 hatten Elektrizitätsversorgungsunternehmen der allgemeinen Versorgung sogar für die Bereiche Erzeugung, Übertragung und Verteilung sowie für Aktivitäten außerhalb des Elektrizitätsbereichs jeweils eine Bilanz sowie eine Gewinn- und Verlustrechnung in den Anhang ihres Jahresabschlusses aufzunehmen.

217 Die Information gem. § 10 Abs. 3 S. 7 EnWG 2005 war den Regulierungsbehörden auch keinen Hinweis in ihren Auslegungsgrundsätzen wert (vgl. Bundesnetzagentur (2008)).

Verhältnissen entsprechenden Bildes der Vermögens-, Finanz- und Ertragslage keinen Anhang ersetzen. Die Energieversorgungsunternehmen werden durch § 6b Abs. 7 S. 4 EnWG auch nicht verpflichtet, einen Lagebericht aufzustellen; die Befreiungsmöglichkeit gem. § 264 Abs. 3 HGB bleibt also bestehen.[218] Der Gesetzgeber hat alle Aufstellungs-, Prüfungs- und Offenlegungspflichten für den Jahresabschluss in § 6b Abs. 1 EnWG geregelt; der Lagebericht ist aber kein Teil des Jahresabschlusses und wird auch sonst in dieser Vorschrift nicht erwähnt.

Nach Auffassung des BDEW handelt es sich bei dem Verb „eingehen" um einen unbestimmten Rechtsbegriff.[219] ADS unterschied und differenzierte die Berichterstattungspflichten des HGB in „angeben", „aufgliedern", „ausweisen", „darstellen", „erläutern" und „begründen"[220] – in diesem bisher vom Gesetzgeber benutzten Katalog der Berichterstattungspflichten fehlt der Begriff „eingehen". Der Gesetzgeber führte ihn – in gewisser Weise konsequent – aber für den Lagebericht in § 289 Abs. 2 HGB und für den Konzernlagebericht in § 315 Abs. 2 HGB ein. Das „Eingehen" meint nach ELLROTT, dass die Darlegungen i.d.R. „allgemein gehalten werden können und Einzelheiten nicht angegeben zu werden brauchen".[221] Die Entscheidungsfreiheit des „Eingehenden" dürfte jedenfalls nicht unerheblich sein.

Nach Auffassung des IDW bezieht sich die Pflicht des „Eingehens" auf „sämtliche Tätigkeiten nach § 6b Abs. 3" EnWG; darzulegen seien die für diese Tätigkeiten wesentlichen Gesichtspunkte.[222] Dem BDEW zufolge bezieht sich diese Pflicht nur auf die Tätigkeiten gem. § 6b Abs. 1 S. 1 Nr. 1 bis 6 EnWG; eine zutreffende Beschreibung der Tätigkeiten reiche aus.[223]

Da es sich bei der buchhalterisch entflochtenen Tätigkeit nicht um ein real existierendes Unternehmen handelt, verfügt die Tätigkeit über kein eigenes Risikomanagementsystem, keine Planungsrechnungen oder eine Kapitalflussrechnung oder dgl. Sogar an die Darstellung des Geschäftsverlaufs sind geringere Anforderungen zu stellen, da der Tätigkeitsabschluss retrograd ermittelt wird. Auch sind finanzielle oder nichtfinanzielle Leistungsindikatoren i.S.d. § 289 HGB nicht darstellbar.

---

218 So auch IDW ERS ÖFA 2 n.F. vom 14. November 2011, Tz. 3, (in: IDW (2012e)) und BDEW (2011c), S. 14; vgl. zu der Änderung durch das EnWG 2012 den Abschnitt 4.4 (S. 149).

219 Vgl. BDEW (2011c), S. 15.

220 ADS (1995), § 284 HGB, Tz. 24, vgl. auch Kupsch (2004) in: HdJ, Abt. IV/4, Tz. 31; Ellrott in: Beck Bil-Komm. (2012), § 284 HGB, Tz. 36; Müller/Varmaz in: Haufe Bil.-Komm. (2012), § 284 HGB, Tz. 8.

221 Ellrott in: Beck Bil-Komm. (2012), § 289 HGB, Tz. 60; ebenso Kajüter in: HdR (2012), § 289 HGB, Tz. 113; enger ADS (1995), § 289 HGB, Tz. 94, der davon ausgeht, dass § 289 Abs. 1 und 2 HGB gleich hohe Anforderungen stellt.

222 Vgl. IDW ERS ÖFA 2 n.F., Tz. 59, (in: IDW (2012e)).

223 Vgl. BDEW (2011c), S. 14.

Es muss also davon ausgegangen werden, dass dieses „Eingehen“ deutlich hinter der Berichterstattung zurückbleiben wird, die von einem Konzernlagebericht im Rahmen von § 315 HGB zu wesentlichen Konzernsegmenten oder einbezogenen Tochterunternehmen erwartet werden kann.

2.2.6 Veröffentlichung der Geschäftsberichte auf den Internetseiten

Gemäß § 6b Abs. 7 S. 6 EnWG sind auf den Internetseiten der Unternehmen nun Geschäftsberichte zu den in § 6b Abs. 3 S. 1 EnWG aufgeführten Tätigkeiten zu veröffentlichen. Der Gesetzgeber führte den Begriff „Geschäftsbericht“ bereits mit § 10 Abs. 5 S. 4 EnWG 2005 ein; hiernach sind Geschäftsberichte zu den Tätigkeitsbereichen, die nicht in § 10 Abs. 3 S. 1 EnWG aufgeführt sind, von der Regulierungsbehörde als Geschäftsgeheimnisse zu behandeln – jetzt unverändert in § 6b Abs. 7 S. 8 EnWG geregelt.

Bis zur Verabschiedung des BiRiLiG am 19. Dezember 1985 war der „Geschäftsbericht“ in § 160 AktG[224] definiert; seit diesem Zeitpunkt ist er ein unbestimmter Rechtsbegriff[225] und erfuhr bereits im EnWG 2005 mangels jeglicher Vorstellung von einem Geschäftsbericht keine weitere Beachtung.

Sogar das IDW geht in IDW ERS ÖFA 2 n.F. nicht weiter auf die Pflicht zur Veröffentlichung von Geschäftsberichten ein; der BDEW stellt lediglich fest, dass sich aus der Vorschrift des § 6b Abs. 7 S. 6 EnWG keine Verpflichtung zur Aufstellung eines Geschäftsberichts ergibt.

Zum einen ist denkbar, dass die gem. § 6b Abs. 7 S. 6 EnWG verpflichteten Unternehmen den „Geschäftsbericht“ als Oberbegriff für den im Bundesanzeiger gem. § 6b Abs. 4 EnWG zu veröffentlichenden Jahresabschluss, Lagebericht, Tätigkeitsabschluss[226] und Bestätigungsvermerk verstehen und diese Unterlagen dann als „Geschäftsbericht“ auf ihren Internetseiten veröffentlichen; zusätzliche Informationen, wie sie dem Gesetzgeber vielleicht vorschwebten, sind damit nicht verbunden. Es ist auch nicht davon auszugehen, dass die Informationen gem. § 6b Abs. 3 S. 7 EnWG in diesem „Geschäftsbericht“ veröffentlicht werden (vgl. Abschnitt 2.2.4, S. 68).

Zum anderen ist denkbar, dass die gem. § 6b Abs. 7 S. 6 EnWG verpflichteten Unternehmen diese Vorschrift so auffassen, dass sie keine Geschäftsberichte zu

224 Vgl. ADS (1968/1971), § 160 AktG.

225 Hierauf machte auch der VKU aufmerksam; vgl. VKU (2011), S. 9.

226 Das IDW beschränkt seine Vermutung auf den Tätigkeitsabschluss und bat um Klarstellung (vgl. IDW (2011), S. 10).

veröffentlichen haben, wenn sie erst gar keine Geschäftsberichte für die in § 6b Abs. 3 S.1 EnWG aufgeführten Tätigkeiten aufstellen – denn es besteht keine gesetzliche Verpflichtung zur Aufstellung dieser Geschäftsberichte.

Wenn es dem Gesetzgeber mit seinen Klarstellungen ernst gewesen wäre, hätte er diesen nun nach seinem Verständnis sogar zum Rechnungslegungsinstrument aufgewerteten Geschäftsbericht inhaltlich definieren müssen. Da dies nicht geschehen ist und unverändert Unklarheit darüber besteht, was unter einem Geschäftsbericht zu verstehen ist, kann nicht davon ausgegangen werden, dass § 6b Abs. 7 S. 6 EnWG zu einer Verbesserung der Informationsfunktion beitragen wird.

2.3 Bedeutung der Abschlussprüfung für die Sicherung der Informationsfunktion der Rechnungslegung und der buchhalterischen Entflechtung gemäß Energiewirtschaftsgesetz

Eines der wesentlichen Instrumente zur **Sicherung** der Gesetz- und Ordnungsmäßigkeit der Informationsfunktion der handelsrechtlichen Rechnungslegung ist die Prüfung durch den Abschlussprüfer.[227]

Gleiches gilt für die Prüfung der Rechnungslegung und buchhalterischen Entflechtung gemäß EnWG. Die Prüfung des Jahresabschlusses gem. § 6b Abs. 1 EnWG umfasst daher gem. § 6b Abs. 5 EnWG auch die Prüfung der Einhaltung der Pflichten zur buchhalterischen Entflechtung. Das IDW[228] hat mit dem IDW EPS 610 n.F. die Berufsauffassung dargelegt, nach der Wirtschaftsprüfer unbeschadet ihrer Eigenverantwortlichkeit die Prüfung von Energieversorgungsunternehmen durchführen und Bestätigungsvermerke über derartige Prüfungen erteilen oder versagen. Im Rahmen der buchhalterischen Entflechtung ist gem. § 6b Abs. 5 S. 2 EnWG nicht nur das Vorhandensein getrennter Konten zu prüfen, sondern auch, ob die Werte der Konten sachgerecht und nachvollziehbar angesetzt und zugeordnet worden sind und der Stetigkeitsgrundsatz beachtet worden ist. Dies schließt nach IDW EPS 610 n.F. „die Beurteilung der Frage ein, ob die Abgrenzungen der

227 Vgl. WP Handbuch (2012), A 22 und R 1.

228 Das IDW ist eine freiwillige Vereinigung der deutschen Wirtschaftsprüfer und Wirtschaftsprüfungsgesellschaften. Es hat gem. § 2 Abs. 2 seiner Satzung u.a. die Aufgabe, für einheitliche Grundsätze der unabhängigen, eigenverantwortlichen und gewissenhaften Berufsausübung einzutreten und deren Einhaltung durch die Mitglieder sicherzustellen sowie in Erfüllung dieser Aufgabe zu Fach- und Berufsfragen, die den gesamten Wirtschaftsprüferberuf angehen, auch gutachtlich Stellung zu nehmen. Vgl. auch WP Handbuch (2012), A 383-385.

Tätigkeiten sachgerecht vorgenommen und die Leistungsbeziehungen zwischen den Tätigkeiten zutreffend abgebildet wurden".[229] Die Prüfung der Bilanzen und GuV-Rechnungen der einzelnen Tätigkeiten soll sich im Wesentlichen auf die ordnungsgemäße Ableitung aus den getrennten Konten sowie auf die Beachtung der für Kapitalgesellschaften geltenden Vorschriften erstrecken.[230] Seine Auffassung zu den mit der Rechnungslegung und Offenlegung gem. § 10 EnWG 2005 bzw. § 6b EnWG verbundenen Fragen der Gesetz- und Ordnungsmäßigkeit der Tätigkeitsabschlüsse hat das IDW im IDW RS ÖFA 2 vom 14. Februar 2006 sowie im IDW ERS ÖFA 2 n.F. vom 14. November 2011 und – als Folge des EnWG 2012 (vgl. Anlage A1, S. 161, und Anlage A7, S. 173) – in einer geringfügig überarbeiteten Fassung vom 19. November 2012 dargestellt.[231]

Der Berufsstand der Wirtschaftsprüfer bzw. das IDW befinden sich in einem Dilemma: Zum einen hat das IDW seit den Anfängen der Rechnungslegung und buchhalterischen Entflechtung im EnWG 1998 vor dem Hintergrund seines eigenen Qualitätsverständnisses versucht, auf eine aussagefähige und widerspruchsfreie gesetzliche Regelung zur Rechnungslegung und buchhalterischen Entflechtung gemäß EnWG hinzuwirken[232] – das ist ihm nicht gelungen, denn der Gesetzgeber hat in den vergangenen Jahren die Hinweise des IDW praktisch ignoriert.[233] Zum anderen trägt der Wirtschaftsprüfer vor dem Hintergrund dieser widersprüchlichen und erheblich interpretationsbedürftigen Gesetzgebung die Verantwortung für die Ordnungs- und Gesetzmäßigkeit der Prüfung gem. § 6b Abs. 1 und Abs. 5 EnWG. Dieses Dilemma führte dazu, dass das IDW mit seinen Standards IDW ERS ÖFA 2 n.F. und IDW EPS 610 n.F. – und den jeweiligen Vorgängerfassungen – Aufgaben übernahm, die eigentlich Aufgaben des Gesetzgebers gewesen wären und die er im Rahmen des Gesetzgebungsprozesses hätte übernehmen müssen.

Der Gesetzgeber verkennt daher die Realität, wenn er die Novellierung der Vorschriften zur Rechnungslegung und buchhalterischen Entflechtung im EnWG in der Gesetzesbegründung damit legitimiert, dass er Bedürfnissen Rechnung

229 IDW EPS 610 n.F., Tz. 8, (in: IDW (2012e)).

230 Vgl. ebd., Tz. 9.

231 Vgl. IDW ERS ÖFA 2 n.F., Tz. 2, (in: IDW (2012e)); Verweise auf Tz. des IDW ERS ÖFA 2 n.F. ohne Datumsangabe beziehen sich auf die Fassung vom 19. November 2012. Das IDW empfiehlt in IDW PS 201, Tz. 13 und 15, (in: IDW (2012e)) die Berücksichtigung von Entwürfen zu IDW-Stellungnahmen zur Rechnungslegung, auch wenn sie noch keine abgestimmte Berufsauffassung darstellen; dies gilt auch für die bisher von Fachausschüssen des IDW verabschiedeten Stellungnahmen.

232 Vgl. insbesondere IDW (2004) und IDW (2011).

233 Bis auf die Streichung des Wortes „internen" in § 6b Abs. 3 S. 7 EnWG; das führte allerdings wieder zu neuen Problemen (vgl. Abschnitt 2.2.4, S. 68). Auch die Hinweise des BDEW und des VKU blieben während der Gesetzgebungsverfahren weitgehend unbeachtet.

tragen wolle, die sich aus der Regulierungspraxis der letzten Jahre ergeben hätten, und dass ferner die Klarstellungen und Verbesserungen das enthielten, was bereits nach Sinn und Zweck des § 10 Abs. 3 EnWG 2005 gewollt und notwendig gewesen wäre. Der Gesetzgeber hat in keinem Gesetzgebungsverfahren zur Novellierung des EnWG nennenswert die sachlich berechtigten Stellungnahmen der Verbände berücksichtigt;[234] ebensowenig hat er die Stellung der Regulierungsbehörden oder deren Möglichkeiten insbesondere im Zusammenhang mit den Tätigkeitsabschlüssen verbessert. Es stellt sich die Frage, welches Selbstverständnis der Gesetzgeber von seiner Gesetzgebungskompetenz hat, wenn er einerseits behauptet, mit einer Gesetzesnovellierung für Klarstellungen und Verbesserungen gesorgt zu haben, andererseits während des gesamten Gesetzgebungsprozesses aber Hinweise und Anregungen der betroffenen Verbände fast vollständig außen vor lässt?

Umso bedauerlicher ist, dass das IDW – wie auch andere Verbände – keinen Anstoß an der Bilanzierung von Zuordnungsdifferenzen als **Bilanzposten** genommen hat und durch die **zweite Alternative** im IDW ERS ÖFA 2 n.F.[235] sogar eher zur Verbreitung des Ausgleichspostens beigetragen hat. Wie das Zwischenergebnis in Abschnitt 2.2.3.9 (S. 67) gezeigt hat, kann aber kein ernsthafter Zweifel daran bestehen, dass die **Bilanzierung von Zuordnungsdifferenzen** – unabhängig unter welcher Bezeichnung sie in der Tätigkeitsbilanz erscheinen – „den für Kapitalgesellschaften geltenden Vorschriften des Ersten, Dritten und Vierten Unterabschnitts des Zweiten Abschnitts des Dritten Buchs des Handelsgesetzbuchs" widerspricht, auf die § 6b Abs. 3 S. 6 EnWG verweist.

Da der Ansatz von Zuordnungsdifferenzen als Ausgleichsposten[236] im Rahmen der buchhalterischen Entflechtung nach dem Verständnis des IDW gesetz- und ordnungsgemäß war, hatten die Abschlussprüfer jedoch keine Beanstandungen gegen die buchhalterische Entflechtung zu erheben. Insoweit war auch gem. § 322 Abs. 4 HGB der Bestätigungsvermerk nicht einzuschränken, und war es auch nicht erforderlich, über die Beanstandung in der vorangestellten Berichterstattung nach § 321 Abs. 1 S. 3 HGB zu berichten.

Die Einschätzung des IDW kann jedoch nicht geteilt werden: Da Tätigkeitsabschlüsse, die z.B. Zuordnungsdifferenzen als Ausgleichsposten bilanzieren, nicht den handelsrechtlichen Rechnungslegungsvorschriften entsprechen, hätten die hierfür vorgesehenen Mechanismen, wie die Einschränkung des Testats gem. § 322 Abs. 4 HGB und die vorangestellte Berichterstattung („Redepflicht") gem.

---

234 Vgl. die in Abschnitt 2.2 (S. 11) erwähnten Eingaben.

235 Vgl. IDW ERS ÖFA 2 n.F., Tz. 47, (in: IDW (2012e)).

236 Die anderen in Abschnitt 2.2.3.9 (S. 67) genannten Beanstandungen waren überhaupt nicht Gegenstand des IDW ERS ÖFA 2 n.F. (in: IDW (2012e)).

§ 321 Abs. 1 S. 3 HGB, ausgelöst werden müssen.[237] Solche Tätigkeitsabschlüsse erfüllen nicht ihre Informationsfunktion; ihr werden nur Tätigkeitsabschlüsse gerecht, die den handelsrechtlichen Rechnungslegungsvorschriften entsprechen.

2.4 Bedeutung der Regulierungsbehörden für die Sicherung der Informationsfunktion der Rechnungslegung und der buchhalterischen Entflechtung gemäß Energiewirtschaftsgesetz

Bisher hatte der Auftraggeber der Jahresabschlussprüfung gem. § 10 Abs. 5 S. 1 und 2 EnWG 2005 „der Regulierungsbehörde unverzüglich eine Ausfertigung des geprüften Jahresabschlusses einschließlich des Bestätigungsvermerks oder des Vermerks über seine Versagung zu übersenden". Ferner hatte er „die Bilanzen und Gewinn- und Verlustrechnungen für die einzelnen Tätigkeitsbereiche … beizufügen".

Im Zuge der Novellierung des EnWG 2011 verwechselten der Gesetzgeber und seine Regulierungsbehörden freilich die Qualität der Information mit deren Quantität, denn gem. § 6b Abs. 7 S. 1 und 2 EnWG hat jetzt nicht nur der **Auftraggeber** der Prüfung der Regulierungsbehörde unverzüglich eine Ausfertigung des geprüften Jahresabschlusses einschließlich des Anhangs sowie des Lageberichts und der Tätigkeitsabschlüsse zu übersenden: Gemäß § 6b Abs. 7 S. 5 EnWG hat nun auch der **Abschlussprüfer** „den Bericht über die Prüfung des Jahresabschlusses (Prüfbericht)" nebst Ergänzungsbänden unverzüglich nach Beendigung der Prüfung bei der Regulierungsbehörde einzureichen.[238]

Der Gesetzgeber hat weder den Rechtsbegriff „Prüfungsbericht" gem. § 321 HGB verwendet, noch war er willens, die Hinweise des BDEW und des IDW aufzugreifen.[239] Die zuständige Regulierungsbehörde wird den Jahresabschluss und den Lagebericht aufgrund der Neuregelung aber nicht nur **doppelt** erhalten, denn der gem. § 6b Abs. 7 S. 5 EnWG einzureichende Prüfungsbericht enthält neben

---

237 Vgl. IDW EPS 610 n.F., Tz. 17, i.V.m. IDW PS 400, Tz. 50, (in: IDW (2012e)); vgl. auch Förschle/Küster in: Beck Bil-Komm. (2012), § 322 HGB, Tz. 41; sowie Winkeljohann/Poullie in: Beck Bil-Komm. (2012), § 321 HGB, Tz. 32-33; Hell/Küster in: HdR (2012), § 322 HGB, Tz. 32-34; Kuhner/Päßler in: HdR (2012), § 321 HGB, Tz. 29-31.

238 Mit „Prüfbericht" dürfte der Prüfungsbericht gem. § 321 HGB gemeint sein. Unterstellt wird auch, dass der Gesetzgeber nur den Prüfungsbericht zum bereits festgestellten Jahresabschluss gemeint haben kann.

239 Vgl. BDEW (2011b), S. 21-22; IDW (2011), S. 8-9; beide Verbände sehen zu Recht Probleme im Zusammenhang mit der Verpflichtung des Abschlussprüfers zur Verschwiegenheit.

dem Bestätigungsvermerk als Anlagen außer den Ergänzungsbänden auch den Jahresabschluss und den Lagebericht,[240] sondern sogar **dreifach**, da der Bericht über die Ermittlung der Netzentgelte gem. § 28 Abs. 1 S. 2 Nr. 5 StromNEV bzw. GasNEV auch „den vollständigen Prüfungsbericht des Wirtschaftsprüfers zum Jahresabschluss nebst allen Ergänzungsbänden" mit Jahresabschluss und Lagebericht zu enthalten hat.[241]

Die vom Gesetzgeber angestrebte Verbesserung der Informationsmöglichkeiten der Regulierungsbehörden führt zumindest dazu, dass die Änderungen durch das EnWG 2011 nicht nur einen höheren Aufwand für die betroffenen Energieversorgungsunternehmen mit sich bringen, sondern auch für die Regulierungsbehörden – das vom Gesetzgeber selbstgesetzte Ziel der Vermeidung zusätzlicher Bürokratie[242] wird damit jedenfalls nicht erreicht.

Für die weitere Untersuchung ist es jedoch bedeutsam, wie die Regulierungsbehörden dem Phänomen der **Ausgleichsposten** gegenüberstehen, denn an dem Ergebnis über die Prüfung der Einhaltung der Pflichten zur buchhalterischen Entflechtung und an der Erweiterung des Bestätigungsvermerks sind nach Einschätzung des IDW im Wesentlichen die Regulierungsbehörden interessiert.[243] Es stellt sich daher die Frage, welches Verhältnis die Regulierungsbehörden zu Tätigkeitsabschlüssen mit Ausgleichsposten haben oder haben sollten:[244] Akzeptieren sie solche Tätigkeitsabschlüsse kritiklos, weil sie vom Abschlussprüfer testiert wurden, oder entwickeln sie zumindest ein Störgefühl, oder verfügen sie möglicherweise über andere weitergehende und verbesserte Informationsmöglichkeiten, die den Informationsgehalt der Tätigkeitsabschlüsse ergänzen?

2.5 Zwischenergebnis

Tätigkeitsabschlüsse, die Zuordnungsdifferenzen als Ausgleichsposten bilanzieren oder mit anderen Bilanzposten zusammenfassen oder verrechnen, die keinen getrennten Ausweis des Eigen- und Fremdkapitals vornehmen oder das Eigen-

240 Vgl. IDW PS 450, Tz. 109-110, (in: IDW (2012e)).

241 Damit dürfte Vollbeschäftigung in den Regulierungsbehörden gewährleistet sein. Sie werden erhebliche logistische Anforderungen zu bewältigen haben, wenn diese Unterlagen von zwei verschiedenen Absendern zu möglicherweise drei unterschiedlichen Zeitpunkten bei der Regulierungsbehörde eintreffen und zwischengelagert bzw. zugeordnet werden müssen.

242 Vgl. BT-Drs. 17/6072, S. 46.

243 Vgl. IDW (2011), S. 6; vgl. dazu auch Ellerich (2006), S. 839-840. Von dem kurzen Intermezzo während der Geltung des EnWG 1998 abgesehen, waren Tätigkeitsabschlüsse ja auch nicht zu veröffentlichen, sondern waren nur den Regulierungsbehörden einzureichen.

244 Vgl. insbesondere PwC (2012), Abschnitt 6.7.2, S. 285.

kapital mit einem Festbetrag ansetzen,[245] entsprechen weder den gesetzlichen Anforderungen an ein fiktiv rechtlich selbstständiges Unternehmen noch den Grundsätzen ordnungsmäßiger Buchführung sowie der Generalnorm des § 264 Abs. 2 S. 1 HGB und damit insgesamt nicht den handelsrechtlichen Rechnungslegungsvorschriften. Diese Gesetz- und Ordnungsmäßigkeitsverletzungen werden bei Beachtung der Grundsätze ordnungsmäßiger Buchführung für Tätigkeitsabschlüsse – insbesondere der in den Abschnitten 2.2.3.5.3 (S. 33) und 2.2.3.8.3.4 (S. 57) neuentwickelten **Grundsätze der Trennung der Zuordnungsmethoden** und **des residualen Eigenkapitals** – verhindert.

Aber auch Tätigkeitsabschlüsse, die den gesetzlichen Vorschriften entsprechen, sind aufgrund von gesetzlich eingeräumten Wahlrechten bei den verfahrenstechnischen Einflussgrößen nur bedingt analysierbar und können trotz der generellen Pflicht zur Veröffentlichung der Tätigkeitsabschlüsse gem. § 6b Abs. 4 EnWG wegen der Nichtveröffentlichung von qualitativen Informationen oder den bestenfalls freiwillig veröffentlichten – und wahrscheinlich wenig aussagefähigen – Informationen gem. § 6b Abs. 3 S. 7 EnWG von den unternehmensexternen Personengruppen kaum verwertet werden.

Auch die vom Gesetzgeber zur Verbesserung der originären Informationsfunktion eingeführten sekundären Informationsinstrumente wie die Veröffentlichung der Tätigkeitsabschlüsse und ergänzender Informationen gem. § 6b Abs. 4 und Abs. 3 S. 7 EnWG, das „Eingehen" auf die Tätigkeiten i.S.d. § 6b Abs. 3 EnWG im Lagebericht oder die Veröffentlichung von „Geschäftsberichten" für die Tätigkeiten i.S.d. § 6b Abs. 3 S. 1 EnWG auf den Internetseiten werden ihr Ziel kaum erreichen, da der Gesetzgeber unbestimmte Rechtsbegriffe verwendet oder unklare gesetzliche Formulierungen wählte.

Die Pflicht zur Veröffentlichung der Tätigkeitsabschlüsse gem. § 6b Abs. 4 EnWG führt nun sogar dazu, dass nicht den handelsrechtlichen Rechnungslegungsvorschriften entsprechende Tätigkeitsabschlüsse veröffentlicht werden (vgl. dazu die Beispiele in Anlage A8, S. 176) – daran ändert auch die beanstandungsfreie Testierung durch den Abschlussprüfer nichts (vgl. insbesondere Abschnitt 4.1.3, S. 119).

Die Prüfung der Gesetzesanwendung und -auslegung sowie die empirische Analyse von veröffentlichten Tätigkeitsabschlüssen (vgl. Anlage A8, S. 176) führen zu dem Ergebnis, dass die von der Europäischen Union und dem deutschen Gesetzgeber angestrebte Verbesserung der Markttransparenz und die Entfaltung

245 Die fehlende Trennung des Eigen- und Fremdkapitalbereichs oder der Ansatz des Eigenkapitals mit einem Festbetrag als Mangel der Tätigkeitsabschlüsse wird künftig nur noch fallweise angesprochen, da sie weniger verbreitet sind (vgl. Anlage A8, S. 176); ohne zusätzliche Informationen ist der Ansatz des Eigenkapitals mit einem bestimmten prozentualen Anteil für Außenstehende auch kaum zu erkennen.

der wettbewerblichen Schutzwirkung im Rahmen der **originären Informationsfunktion** durch die **primären und sekundären Informationsinstrumente** der Rechnungslegung und buchhalterischen Entflechtung des EnWG nur ansatzweise erreicht werden.

Die originäre Informationsfunktion der sekundären Informationsinstrumente endet hier gewissermaßen – die originäre Informationsfunktion der buchhalterischen Entflechtung und ihrer Tätigkeitsabschlüsse reicht aber weiter, denn ihre Daten fließen in die Netzentgeltregulierung und -genehmigung der Regulierungsbehörden ein, die in Grundzügen im folgenden **dritten Kapitel** dargestellt wird. Daraus leitet sich die derivative Informationsfunktion der Rechnungslegung und der buchhalterischen Entflechtung ab, die sich – jedoch nur teilweise – wiederum im Jahresabschluss des Energieversorgungsunternehmens und in den Tätigkeitsabschlüssen niederschlägt; auf die hiermit zusammenhängenden Probleme geht das **vierte Kapitel** (S. 111) ein.

3 Netzentgeltregulierung durch die Regulierungsbehörden

Die Untersuchungen des zweiten Kapitels kamen zu dem Ergebnis (S. 78), dass die **originäre Informationsfunktion** der Rechnungslegung und der buchhalterischen Entflechtung des § 6b EnWG aufgrund der Qualität der verwendeten Informationsinstrumente nur ansatzweise gesichert wird. Für die interessierte Öffentlichkeit endet hier die originäre Informationsfunktion des § 6b EnWG.

Für die Regulierungsbehörden stellen die Informationen gem. § 6b EnWG jedoch nur ein „Zwischenprodukt" dar, das im Rahmen der Netzentgeltregulierung „weiterverarbeitet" werden muss, denn die Informationen gem. § 6b EnWG bilden zusammen mit den den Regulierungsbehörden zur Verfügung gestellten Informations- und Regulierungsinstrumenten die entscheidende Grundlage für die Netzentgeltregulierung. Der folgende Abschnitt 3.1 stellt daher zunächst den Rechtsrahmen für die Netzentgeltregulierung dar; Abschnitt 3.2 (S. 91) geht sodann auf die informationstechnischen Analysemöglichkeiten und damit auf die Erkenntniswelt der Regulierungsbehörden im Zusammenhang mit der Rechnungslegung und buchhalterischen Entflechtung gem. § 6b EnWG ein.

3.1 Gesetzliche Rahmenbedingungen der Netzentgeltregulierung

3.1.1 Gesetzliche Rahmenbedingungen für Regulierungsbehörden

Für die wirksame Regulierung zur Erreichung eines funktionierenden Energiebinnenmarktes ist nach Ansicht des Europäischen Parlaments und des Europäischen Rates die Gründung einer oder mehrerer nationaler Regulierungsbehörden erforderlich. Der Tätigkeit dieser Regulierungsbehörden kommt nach Einschätzung des Europäischen Parlaments eine Schlüsselrolle bei der Gewährleistung eines nichtdiskriminierenden Netzzugangs zu. Auch wenn die Mitgliedsstaaten die Aufgaben, Zuständigkeiten und administrativen Befugnisse der Regulierungsbehörden festlegen können, erscheint es dem Europäischen Rat und Parlament wichtig, dass allen Regulierungsbehörden die gleichen Mindestzuständigkeiten eingeräumt werden. Sie sollen befugt sein, die Tarife oder wenigstens die Methoden zur Berechnung der Tarife für die Fernleitung, Übertragung und Verteilung sowie für den Zugang zu Flüssigerdgasanlagen (LNG-Anlagen) festzulegen oder zu genehmigen.[246]

Art. 23 der Richtlinie 2003/54/EG und Art. 25 der Richtlinie 2003/55/EG verlangen daher auch, dass die Regulierungsbehörden von den Interessen der Elektrizitäts- bzw. Erdgaswirtschaft vollkommen unabhängig sein müssen. Sie haben zumindest die Aufgabe, Nichtdiskriminierung, echten Wettbewerb und ein effizientes Funktionieren des Markts sicherzustellen sowie ein umfassendes „Monitoring" (i.S.v. Kontroll-, Überwachungs- und Berichtspflichten) durchzuführen; über die Ergebnisse ist jährlich zu berichten.[247]

Die europarechtlichen Vorgaben wurden mit den §§ 54 bis 58 EnWG 2005 in deutsches Recht umgesetzt.[248] Gemäß § 54 EnWG nehmen die Bundesnetzagentur für Elektrizität, Gas, Telekommunikation, Post und Eisenbahnen (Bundesnetzagentur) und nach § 54 Abs. 2 EnWG die Landesregulierungsbehörden die Aufgaben der Regulierungsbehörde wahr. Nach § 54 Abs. 2 Nr. 4 EnWG obliegt den Landesregulierungsbehörden u.a. „die Überwachung der Vorschriften zur Entflechtung nach § 6 Abs. 1 in Verbindung mit den §§ 7 bis 10" EnWG 2005, soweit Energieversorgungsunternehmen betroffen sind, an deren Elektrizitäts- oder Gasverteilernetz jeweils weniger als 100.000 Kunden unmittelbar oder mittelbar angeschlossen sind. Dies kann dazu führen, dass ein Elektrizitätsversorgungsunternehmen für den Stromsektor der Aufsicht der Bundesnetzagentur unterliegt, für die Gassparte aber der Landesregulierungsbehörde. Die Zuständigkeit des Bundeslandes verlagert sich aber gem. § 54 Abs. 2 S. 2 EnWG auch für die genannten Energieversorgungsunternehmen – spartenbezogen – auf die Bundesnetzagentur, wenn ein Elektrizitäts- oder Gasverteilernetz über das Gebiet eines Landes hinausreicht.

Die Bundesbehörde ist den Landesregulierungsbehörden nicht übergeordnet. § 64a Abs. 1 EnWG bestimmt, dass sich die Bundesnetzagentur und die Landesregulierungsbehörden gegenseitig bei der Wahrnehmung der ihnen nach § 54 EnWG obliegenden Aufgaben unterstützen.[249]

---

246 Vgl. hierzu im Einzelnen Richtlinie 2003/54/EG, Erwägungsgrund 15, und Richtlinie 2003/55/EG, Erwägungsgrund 13.

247 Der gemeinsame Monitoringbericht der Bundesnetzagentur und des Bundeskartellamtes gem. § 63 Abs. 3 i.V.m. § 35 EnWG und § 48 Abs. 3 i.V.m. § 53 Abs. 3 GWB für das Jahr 2012 wurde am 27. November 2012 veröffentlicht.

248 Zur Einbindung dieser Maßnahmen in die Instrumente zur Sicherstellung des Wettbewerbs vgl. Dorß/Germer/Huse/Rosenkötter (2007), S. 119-198.

249 Vgl. dazu im Einzelnen PwC (2012), Abschnitt 8.1.3, S. 349-354. Die Autoren beklagen, dass die unklare Gesetzessprache dazu führe, dass nicht erkennbar sei, ob eine gesetzliche Vorschrift die Bundesnetzagentur oder die Landesregulierungsbehörde betreffe, und merken an,

Die §§ 54 bis 58 EnWG wurden durch das EnWG 2011 deutlich ausgeweitet; u.a. ist die Bundesnetzagentur gem. § 54 Abs. 3 S. 2 und 3 EnWG nun auch bundesweit für die einheitliche Festlegung von Preisindizes und Eigenkapitalzinssätzen nach der StromNEV und GasNEV und für die Vorgaben zur Erhebung von Vergleichsparametern zur Ermittlung der Effizienzwerte gem. § 21a Abs. 6 ARegV zuständig.

Aufgrund der Ermächtigung in den §§ 24 und 29 EnWG erließ der Gesetzgeber am 25. Juli 2005 ergänzend die StromNEV und die GasNEV, die im Wesentlichen die Kalkulationsmethoden und damit die Methoden der Entgeltregulierung zur Bestimmung der Netzentgelte regeln.

3.1.2 Gesetzliche Rahmenbedingungen der Regulierungsmethoden

Als Methoden der Entgeltregulierung für die Versorgungsnetze lassen sich

- die kostenbasierte Regulierung,
- das Vergleichsverfahren,
- die Anreizregulierung und
- der Vergleichswettbewerb.[250]

unterscheiden.

Die Regulierungsmethoden können als Schritte zur Entwicklung eines möglichst effektiven Regulierungssystems verstanden werden. Eine besondere Bedeutung kommt hierbei der Anreizregulierung zu, da sie einen neuen Ansatz der Entgeltregulierung verfolgt und das gegenwärtig gültige Verfahren darstellt. Außerdem werden sich die Netzbetreiber noch einen längeren Zeitraum mit der Anreizregulierung und ihrem Regulierungskonto auseinandersetzen müssen; sie wird mit ihren Implikationen für die Informationsfunktion der Jahres- und Tätigkeitsabschlüsse der Energieversorgungsunternehmen in Abschnitt 3.1.2.3 (S. 85) noch ausführlicher behandelt.

dass der Versorgungswirtschaftler die Zuständigkeitsverteilung innerhalb des Gesetzes kaum erkennen könne und den Juristen ein weiteres Streitfeld eröffnet werde.

250 Vgl. zu dieser Einteilung PwC (2008), Abschnitt 6.2.2, S. 289-294; vgl. auch Küper (2010), S. 19-21; Elspas/Rosin/Burmeister (2007).

3.1.2.1 Kostenbasierte Regulierung

Die kostenbasierte Preisbildung (§ 21 Abs. 2 S. 1, § 21a Abs. 1, § 23a Abs. 1 und 2 EnWG i.V.m. § 3 StromNEV bzw. GasNEV), deren Ansatz eine reine Kostenorientierung mit zugestandener Gewinnspanne ist, war das lange Zeit gängige und auch nach den Novellierungen des Energiewirtschaftsrechts gültige Verfahren und damit die wesentliche Grundlage der Regulierung. Entscheidend für die Sinnhaftigkeit dieser Regulierung ist die „richtige" Ermittlung der Kostenbasis. Auf monopolistischen Märkten besteht aber kein volks- und auch kein betriebswirtschaftlicher Anreiz zur Kostenminimierung, wenn die „richtige" Ermittlung der Kostenbasis nur im Ermessen des Unternehmens liegt.[251] Aus diesem Grund wurde in die kostenbasierte Regulierung mit § 21 Abs. 2 S. 1 EnWG zumindest der Minimalmaßstab „eines effizienten und strukturell vergleichbaren Netzbetreibers" eingeführt.

Die Wirksamkeit der Regulierung hing ab vom Vergleich der prospektiv genehmigten Netzentgelte, die in Abhängigkeit von den abgesetzten Mengeneinheiten den Gesamterlös des Netzbetreibers ergeben, und der Gesamtkosten. Gemäß § 11 Abs. 1 S. 1 StromNEV bzw. § 10 Abs. 1 S. 1 GasNEV sind Betreiber von Elektrizitäts- bzw. Gasversorgungsnetzen daher im Rahmen der periodenübergreifenden Saldierung verpflichtet, nach Abschluss des Geschäftsjahres die Differenz zwischen den in diesem Geschäftsjahr aus Netzentgelten erzielten Erlösen und den für dieses Geschäftsjahr nach der Kostenartenrechnung (Teil 2, Abschnitt 1 StromNEV bzw. GasNEV) kalkulierten Netzkosten zu ermitteln.

Ist die Differenz positiv, so ist der Differenzbetrag zuzüglich einer Verzinsung des durchschnittlich gebundenen Betrages mit einem angemessenen Zinssatz kostenmindernd in Ansatz zu bringen. Bei negativer Differenz kann der Differenzbetrag zuzüglich einer Verzinsung des durchschnittlichen Differenzbetrages mit einem angemessenen Zinssatz kostenerhöhend in Ansatz gebracht werden. Saldiert wird gem. § 11 S. 4 StromNEV bzw. § 10 S. 4 GasNEV jeweils über die drei folgenden Kalkulationsperioden; Kalkulationsperiode ist gem. § 2 S. 1 Nr. 5 StromNEV bzw. § 2 S. 1 Nr. 2 GasNEV das Geschäftsjahr des Netzbetreibers.

Gemäß § 32 Abs. 4 StromNEV bzw. GasNEV sind die Vorschriften über die periodenübergreifende Saldierung nicht mehr anzuwenden, sobald die Netzentgelte im Wege der Anreizregulierung nach § 21a EnWG bestimmt werden.

251 Vgl. zu weiteren Aspekten PwC (2008), Abschnitt 6.2.2, S. 289.

3.1.2.2 Vergleichsverfahren

Als Fortentwicklung der reinen kostenbasierten Regulierung werden beim Vergleichsverfahren bzw. bei der kennzahlenorientierten Regulierung (§ 21 Abs. 3 und 4 EnWG, §§ 21 bis 25 GasNEV, §§ 22 bis 26 StromNEV) die Entgelte aufgrund von Unternehmensvergleichen ermittelt. Dieser Vergleich umfasst die Entgelte für den Netzzugang sowie die Erlöse und die Kosten der Betreiber von Energieversorgungsnetzen. Das Vergleichsverfahren strebt bereits eine Entkopplung der bewilligten Entgelte von den unternehmensindividuellen Kosten an.[252] Gemäß § 21 Abs. 4 EnWG sind die Ergebnisse des Vergleichsverfahrens auch bei der kostenbasierten Entgeltbildung zu berücksichtigen. Ergibt ein Vergleich, dass die Entgelte, Erlöse oder Kosten einzelner Versorgungsnetzbetreiber insgesamt oder für einzelne Netz- oder Umspannebenen die durchschnittlichen Entgelte, Erlöse oder Kosten vergleichbarer Versorgungsnetzbetreiber überschreiten, vermuten die Regulierungsbehörden, dass sie nicht der Betriebsführung eines effizienten und strukturell vergleichbaren Netzbetreibers entsprechen.

3.1.2.3 Anreizregulierung

Die Anreizregulierung ist die derzeit am weitesten entwickelte Regulierungsmethode.[253] Im Gegensatz zu den Vorschriften des EnWG beruhen die Vorschriften zur Anreizregulierung aber nicht auf europäischem Gemeinschaftsrecht, auch wenn das System der Anreizregulierung ansatzweise bereits implementierten Modellen der Anreizregulierung im europäischen und nicht-europäischen Ausland ähnelt.[254]

Die Anreizregulierung bedeutet die Abwendung von der kostenbasierten Regulierung („Kosten-Plus-Regulierung“) und kennzahlenorientierten Regulierung (Vergleichsverfahren) hin zu einem System, das unter der Simulation von Wettbewerb die Netzbetreiber durch Kostensenkungsmöglichkeiten zur effizienten Leistungserbringung „anreizen“ will.[255] Die Netzentgelte sollen im Rahmen der Anreizregulierung künftig durch **Gesamterlösobergrenzen** beeinflusst werden, die die Netzbetreiber zur Beseitigung von Ineffizienzen zwingen sollen. Der Netzbetreiber kann jedoch nicht nur seine Ist-Kosten über seine Netzentgelte decken, sondern darüber hinaus einen angemessenen Gewinn vereinnahmen. Die

252 Vgl. PwC (2008), Abschnitt 6.2.2, S. 290.

253 Einen Überblick über die Ausgestaltung der Anreizregulierung in Deutschland geben Herrmann (2009), S. 42-53; Pielow (2009), S. 54-75; Küper (2010), S. 18-38.

254 Vgl. dazu ausführlich m.w.N. Danníschewski (2002), S. 75-118; Bundesnetzagentur (2006b), Tz. 482-557; NordREG (2011); S. 21-37; Pielow (2009), S. 64.

255 Vgl. Küper (2010), S. 22-23; Pielow (2009), S. 61-63; Herrmann (2009), S. 42-43.

detaillierte Rahmenvorschrift der Anreizregulierung in § 21a Abs. 1 bis 5 EnWG wird durch umfassende Ermächtigungsvorschriften in § 21a Abs. 6 EnWG ergänzt.

Aufgrund dieser Ermächtigungen wurde am 29. Oktober 2007 die Anreizregulierungsverordnung (ARegV) verabschiedet, die die Rechtsgrundlage dafür bildet, dass gem. § 1 ARegV seit dem 1. Januar 2009 die Entgelte für den Zugang zu den Energieversorgungsnetzen im Wege der Anreizregulierung bestimmt werden. Die ARegV dient vornehmlich der Festlegung der Erlösobergrenzen für die Netzentgelte, die gem. § 2 ARegV von Amts wegen eingeleitet wird.

Zur Anreizregulierung und deren Bedeutung für das Regulierungskonto vgl. im Einzelnen Abschnitt 3.1.3.

3.1.2.4 Vergleichswettbewerb

Der Vergleichswettbewerb („Yardstick Competition") als letzte Phase der Regulierung soll sich an die Anreizregulierung anschließen; er ist die „konsequente Einführung eines fiktiven Wettbewerbs auf der Grundlage von Vergleichsdaten und daraus abgeleiteten Effizienzkriterien".[256] Dieses Konzept sieht eine dauerhafte Entkoppelung der zukünftigen Preis- oder Erlösentwicklung von den unternehmensindividuellen Kosten vor. Maßstab für die zukünftige Preis- und Erlösentwicklung sollen die Kosten der effizienten Leistungserbringung und damit die tatsächlichen Kosten der Branche sein.[257] Wann es tatsächlich zum Vergleichswettbewerb kommen wird, ist derzeit noch nicht abzuschätzen.

3.1.3 Anreizregulierung und Regulierungskonto

Die oben skizzierte kostenbasierte Regulierung (vgl. Abschnitt 3.1.2.1, S. 84) und das Vergleichsverfahren (vgl. Abschnitt 3.1.2.2, S. 85) sind dadurch gekennzeichnet, dass sich die Entgeltregulierung überwiegend an den jeweiligen Netzentgelten auf Ist-Kostenbasis zuzüglich eines angemessenen Gewinns orientiert. Auch wenn diese Verfahren gem. § 32 Abs. 4 StromNEV bzw. GasNEV durch die Anreizregulierung ersetzt wurden, sind die Ergebnisse und Rechtsfragen dieser Verfahren im System der Anreizregulierung nicht bedeutungslos geworden. Gemäß § 6 Abs. 2 ARegV ist das Ausgangsniveau für die **erste Regulierungsperiode** „das Ergebnis der Kostenprüfung der letzten Genehmigung der Netzentgelte nach § 23a des Energiewirtschaftsgesetzes".

256 PwC (2008), Abschnitt 6.2.2, S. 294.
257 Vgl. Bundesnetzagentur (2006b), Tz. 174, 343.

OTTO/SIEBLER weisen deshalb auch darauf hin, dass für die Bestimmung der Erlösobergrenze in der Anreizregulierung gem. § 14 i.V.m. § 6 ARegV auch die Rechtsauslegung heranzuziehen ist, die sich in der Vergangenheit zu den Methoden der StromNEV oder GasNEV herausgebildet hat. Zahlreiche gerichtliche Verfahren gegen die letzte Netzentgeltgenehmigung sind noch nicht rechtskräftig entschieden; außerdem werden im Rahmen der Anreizregulierung etliche Fragen zu Tage treten, die bereits Gegenstand rechtlicher Auseinandersetzung im Rahmen früherer kostenbasierter Genehmigungsverfahren waren.[258]

Die **erste Regulierungsperiode** begann gem. § 3 Abs. 1 ARegV für den Elektrizitäts- und Gassektor am 1. Januar 2009 und dauert gem. § 3 Abs. 2 ARegV fünf Jahre für den Elektrizitätssektor und gem. § 34 Abs. la S. 1 ARegV vier Jahre für den Gassektor. Damit endet die erste Regulierungsperiode am 31. Dezember 2012 für den Gassektor und am 31. Dezember 2013 für den Stromsektor. Die **zweite Regulierungsperiode** beträgt einheitlich fünf Jahre und endet am 31. Dezember 2017 für den Gassektor und am 31. Dezember 2018 für den Strombereich. Dass die Regulierungsperiode für den Gassektor ein Jahr vorgezogen wurde, wirkte sich auch auf die im folgenden Abschnitt 3.2 (S. 91) dargestellten Datenbeschaffungsmöglichkeiten der Regulierungsbehörde aus – die Regulierung des Stromsektors verzögerte sich um ein Jahr und wurde im Vergleich zum Gassektor erst später detailliert geregelt.[259]

Die Kostenprüfung der **zweiten Regulierungsperiode** nach den Vorschriften der StromNEV und GasNEV findet gem. § 6 Abs. 1 S. 3 ARegV im vorletzten Kalenderjahr vor Beginn der Regulierungsperiode auf der Grundlage der Daten des letzten abgeschlossenen Geschäftsjahres statt (sog. „t-2-Versatz“).[260] Unter der Voraussetzung, dass das Geschäftsjahr des Netzbetreibers dem Kalenderjahr entspricht, ergeben sich für die verkürzte Regulierungsperiode im Gassektor damit folgende Terminierungen: Die zweite Regulierungsperiode des Gassektors beginnt am 1. Januar 2013; das vorletzte Kalenderjahr vor Beginn der Regulierungsperiode ist 2011. Das letzte abgeschlossene Geschäftsjahr, das der Kostenprüfung unterliegt, ist das Kalenderjahr 2010. Für den Stromsektor ist es das Kalenderjahr 2011 – gem. § 6 Abs. 1 S. 4 ARegV auch als „Basisjahr“ bezeichnet.

Grundlage der Anreizregulierung für die **erste Regulierungsperiode** ist also der Kostenblock der letzten Netzentgeltgenehmigung vor Beginn der Anreizregulierung, der nach den Methoden der StromNEV bzw. GasNEV ermittelt wurde; für die **zweite Regulierungsperiode** wird eine eigenständige Datenerhebung für die Kostenprüfung zur Bestimmung des Ausgangsniveaus durchgeführt (vgl. dazu die Abschnitte 3.2.2.2.1, S. 95, und 3.2.2.2.2, S. 97).

---

258 Vgl. PwC (2008), Abschnitt 8.2.2, S. 406.

259 Vgl. PwC (2012), Abschnitt 6.6, S. 278.

260 Vgl. Küper (2010), S. 30; Hermann/Wallmann (2011), S. 205.

Der Kostenblock der ersten Regulierungsperiode stellt sich vereinfacht so dar:[261]

Aufwandsgleiche Kosten (Materialaufwand, Personalaufwand usw.)
\+ Kalkulatorische Abschreibungen
\+ Kalkulatorische Eigenkapitalverzinsung
\+ Kalkulatorische Steuern
./. Kostenmindernde Erlöse und Erträge
= Netzkosten

Aus dieser Aufstellung lässt sich bereits ablesen, dass insbesondere die kalkulatorische Eigenkapitalverzinsung zur Höhe der Netzkosten beiträgt und damit wesentlich für das Ergebnis des Netzbetreibers ist, denn die kalkulatorischen Abschreibungen und Steuern ersetzen mit deutlich geringeren Ergebniswirkungen nur aufwandsgleiche Abschreibungen und Steuern.

Die kalkulatorische Eigenkapitalverzinsung ist in § 7 StromNEV bzw. GasNEV geregelt. Das zu verzinsende betriebsnotwendige Eigenkapital ergibt sich gem. § 7 Abs. 1 S. 2 StromNEV bzw. GasNEV – vereinfacht dargestellt – unter Berücksichtigung der Eigenkapitalquote nach § 6 Abs. 2 StromNEV bzw. GasNEV aus der Summe diverser kalkulatorischer Restwerte des Sachanlagevermögens sowie der Bilanzwerte der Finanzanlagen und des Umlaufvermögens unter Abzug des Abzugskapitals und des verzinslichen Fremdkapitals. Abzugskapital ist gem. § 7 Abs. 2 StromNEV bzw. GasNEV das zinslos zur Verfügung stehende Fremdkapital (Rückstellungen, Anzahlungen, Verbindlichkeiten usw.). Das betriebsnotwendige Eigenkapital wird also retrograd ermittelt (vgl. dazu auch das Beispiel in Abschnitt 3.3, S. 104).

Bei der kalkulatorischen Eigenkapitalverzinsung ist zwischen drei Eigenkapitalkategorien zu unterscheiden:[262]

- Eigenkapital, das auf Neuanlagen entfällt (§ 7 Abs. 3 S. 2 StromNEV bzw. GasNEV),
- Eigenkapital, das auf Altanlagen entfällt (§ 7 Abs. 3 S. 3 StromNEV bzw. GasNEV) sowie
- Eigenkapital, das einen Anteil von 40 % des betriebsnotwendigen Vermögens übersteigt (§ 7 Abs. 1 S. 4 StromNEV bzw. GasNEV).

Die Verzinsung des Eigenkapitals nach den beiden erstgenannten Kategorien richtet sich nach den Maßgaben des § 7 Abs. 4 und 5 StromNEV bzw. GasNEV und nach der Höhe des Zinssatzes, der für die Dauer einer Regulierungsperiode

261 Vgl. Bundesnetzagentur (2006b), Tz. 748; Küper (2010), S. 25; PwC (2012), Abschnitt 10.2.7, S. 480.

262 Vgl. dazu ausführlich PwC (2012), Abschnitt 10.2.3.4, S. 471-472.

gem. § 29 Abs. 1 EnWG von der Regulierungsbehörde festgelegt wird.[263] Das Eigenkapital der letztgenannten Kategorie ist wie Fremdkapital gem. § 5 Abs. 2 StromNEV bzw. GasNEV zu verzinsen; die Verzinsung ist auf die Höhe kapitalmarktüblicher Zinsen für vergleichbare Kreditaufnahmen begrenzt.[264]

Hierbei ist ergänzend auch die sog. „doppelte Deckelung" der Eigenkapitalverzinsung zu berücksichtigen. Sie führt zu einer Begrenzung der kalkulatorischen Eigenkapitalverzinsung, da sich das betriebsnotwendige Eigenkapital gem. § 7 Abs. 1 S. 2 StromNEV bzw. GasNEV unter Berücksichtigung der Eigenkapitalquote gem. § 6 Abs. 2 S. 4 StromNEV bzw. GasNEV ergibt. Die 40-%-Deckelung soll also nicht nur bei der Ermittlung des kalkulatorischen Anlagevermögens – maximal 40 % des Anlagevermögens dürfen auf Basis von Tagesneuwerten berücksichtigt werden, der Rest ist zu Anschaffungs- und Herstellungskosten anzusetzen – zur Anwendung kommen, sondern auch bei der Begrenzung des zu verzinsenden Eigenkapitals (Deckelung auf 40 % des kalkulatorischen betriebsnotwendigen Vermögens), so dass maximal 40 % des betriebsnotwendigen Vermögens der Altanlagen als Eigenkapital mit dem Eigenkapitalzinssatz verzinst werden können.[265]

Es dürfte deutlich geworden sein, dass die Netzbetreiber bestrebt sein werden, ihre Netztätigkeiten mit Eigenkapital unter Berücksichtigung dieser kalkulatorischen Verzinsungseffekte auszustatten.

Es kennzeichnet die Methode der Anreizregulierung, dass die Regulierungsbehörden den Netzbetreibern für jedes Kalenderjahr der Regulierungsperiode die **Erlösobergrenze** (Obergrenze der zulässigen Gesamterlöse eines Netzbetreibers aus den Netzentgelten) vorgeben; eine Änderung der Erlösobergrenze ist nur unter den engen Voraussetzungen des § 4 Abs. 3 bis 5 ARegV möglich.

Die Netzentgeltregulierung verfolgt hier also eine völlig andere Strategie als bei der in Abschnitt 3.1.2.1 (S. 84) dargestellten kostenbasierten Regulierung: Werden bei der Kostenregulierung die Kosten genehmigt, sind es bei der Anreizregulierung die Erlöse; der „Anreiz" besteht darin, dass das Energieversorgungsunternehmen die Kosten senken muss, wenn es einen – über die kalkulatorische Eigenkapitalverzinsung hinausgehenden – Gewinn erzielen will.

Die Erlösobergrenzen für die Netzbetreiber werden gem. § 7 ARegV in Anwendung der in Anlage 1 zur ARegV dargestellten Regulierungsformel[266] bestimmt,

---

263 Der für den Strom- und Gassektor einheitliche Zinssatz wurde für die erste Regulierungsperiode auf 7,56 % für Altanlagen und 9,29 % für Neuanlagen (BK4-08-068 (2008)) und für die zweite Regulierungsperiode auf 7,14 % für Altanlagen und 9,05 % für Neuanlagen festgelegt (BK4-11-304 (2011)).

264 Vgl. PwC (2012), Abschnitt 10.2.3.4, S. 472.

265 Diese Regelung beruht auf dem BGH-Beschluss KVR 42/07 vom 14. August 2008; vgl. auch Küper (2007), S. 85-87; ausführlich PwC (2012), Abschnitt 10.2.3.3, S. 469-471.

266 Weitere Elemente der Regulierungsformel sind der Verbraucherpreisindex (§ 8 ARegV), der generelle sektorale Produktivitätsfaktor (§ 9 ARegV), der Erweiterungsfaktor (§ 10 ARegV),

deren zentrales Element die individuelle Effizienzvorgabe ist. Dem Netzbetreiber obliegt es, gem. § 17 ARegV die festgelegten Erlösobergrenzen dann in Netzentgelte für die einzelnen Netzkunden umzusetzen. Da der tatsächliche Bedarf dieser Kunden im Voraus nur geschätzt werden kann und die Netzentgelte der Kunden leistungs- und arbeitsabhängig kalkuliert werden, kommt es zwangsläufig zu Abweichungen zwischen den zulässigen und den erzielbaren (tatsächlichen) Erlösen.[267]

Die Erlös- und Kostendifferenzen aufgrund der **tatsächlichen Mengenentwicklung** werden daher gem. § 5 Abs. 1 ARegV auf dem Regulierungskonto erfasst, das sich wie folgt zusammensetzt:[268]

- Differenz zwischen den nach § 4 ARegV zulässigen Erlösen und den vom Netzbetreiber unter Berücksichtigung der tatsächlichen Mengenentwicklung erzielbaren Erlösen (§ 5 Abs. 1 S. 1 ARegV),
- Differenz zwischen den für das Kalenderjahr tatsächlich entstandenen Kosten nach § 11 Abs. 2 S. 1 Nr. 4 ARegV (erforderliche Inanspruchnahme vorgelagerter Netzebenen) und den in der Erlösobergrenze diesbezüglich enthaltenen Ansätzen (§ 5 Abs. 1 S. 2 ARegV),
- Differenz zwischen den für das Kalenderjahr bei effizienter Leistungserbringung entstehenden Kosten des Messstellenbetriebs oder der Messung und den in der Erlösobergrenze diesbezüglich enthaltenen Ansätzen (§ 5 Abs. 1 S. 3 ARegV),
- Differenz für Vergütungen für dezentrale Einspeisungen nach § 18 StromNEV,
- Änderung der volatilen Kostenanteile,
- Verzinsung der vorgenannten Differenzen (§ 5 Abs. 2 ARegV).

Überschreiten die erzielten Erlöse die zulässigen Erlösobergrenzen des letzten abgeschlossenen Kalenderjahres um mehr als 5 %, ist der Netzbetreiber gem. § 5 Abs. 3 ARegV verpflichtet, seine Netzentgelte nach Maßgabe des § 17 ARegV anzupassen; im umgekehrten Fall ist er gem. § 17 Abs. 2 ARegV berechtigt, seine Netzentgelte anzupassen.

Gemäß § 5 Abs. 4 ARegV ermittelt die Regulierungsbehörde den Saldo des Regulierungskontos im letzten Jahr der Regulierungsperiode für die vorangegangenen fünf Kalenderjahre. Der Saldo auf dem Regulierungskonto wird dann durch gleichmäßig über die folgende Regulierungsperiode verteilte Zu- oder Abschläge ausgeglichen. Die Erlösobergrenzen werden innerhalb der Regulierungsperiode aufgrund der Änderung der jährlich verbuchten Differenzen nicht angepasst.

---

die beeinflussbaren und dauerhaft nicht beeinflussbaren Kostenanteile (§ 11 ARegV) und das Qualitätselement (§ 18 ARegV).

267 Vgl. auch Elspas/Rosin/Burmeister (2007), S. 330.

268 Vgl. Bundesnetzagentur (2011), S. 3; PwC (2012), Abschnitt 6.6, S. 278.

3.2 Informationsmöglichkeiten der Regulierungsbehörden

3.2.1 Informationstechnische Bedeutung der Abschlussprüfung

Die Wirkungsweise der Regulierungsbehörden im Rahmen der Netzentgeltregulierung ist abhängig von ihren Möglichkeiten, die Netzbetreiber in Übereinstimmung mit ihrem Gesetzesauftrag zu kontrollieren; hierfür sind umfassende Informationen unerlässlich.

Die Datenbeschaffung der Regulierungsbehörden wird im Rahmen der Prüfung des Jahresabschlusses gem. § 6b Abs. 1 EnWG, der Prüfung der Einhaltung der Pflichten zur buchhalterischen Entflechtung gem. § 6b Abs. 3 EnWG sowie der Informationspflichten gem. § 6b Abs. 7 EnWG auch umfassend durch den Abschlussprüfer unterstützt. Da sowohl § 6b Abs. 1 und 2 EnWG als auch deren Vorgängervorschriften in der praktischen Relevanz und für die Sicherung der Informationsfunktion eher unbedeutend sind und die Tätigkeitsabschlüsse letztmals nur im Rahmen des EnWG 1998 zu veröffentlichen waren, kann der Abschlussprüfer seit der Implementierung der buchhalterischen Entflechtung auch künftig im Rahmen der Vorschriften des § 6b EnWG eher als Erfüllungsgehilfe der Regulierungsbehörden gelten.[269]

Bei der Prüfung der Tätigkeitsabschlüsse hat der Abschlussprüfer gem. § 6b Abs. 5 EnWG neben dem Vorhandensein getrennter Konten auch zu prüfen, ob die Wertansätze und die Zuordnung der Konten sachgerecht und nachvollziehbar sind und der Grundsatz der Stetigkeit beachtet worden ist.

Nach dem Verständnis des IDW[270] umfasst die Prüfung der buchhalterischen Entflechtung auch die Fragenkreise, ob

- die Tätigkeiten sachgerecht abgegrenzt wurden,
- die Leistungsbeziehungen zwischen den Tätigkeiten zutreffend abgebildet wurden,
- zulässigerweise von einer direkten Zuordnung von Konten abgesehen und die Schlüsselung von Konten sachgerecht und für Dritte nachvollziehbar vorgenommen wurde,

---

269 Das IDW sieht es ähnlich: „An dem Ergebnis über die Prüfung der Einhaltung der Pflichten zur internen Rechnungslegung und somit an der Erweiterung des Bestätigungsvermerks sind im Wesentlichen die Regulierungsbehörden interessiert, weil ihnen nach § 54 Abs. 2 Nr. 4 EnWG die Überwachung der Vorschriften zur Entflechtung obliegt"; vgl. IDW (2011), S. 6. Auch das IDW verwendet hier noch den Begriff der „internen Rechnungslegung", obwohl das Schreiben § 6b EnWG betraf.

270 Vgl. zu dieser Aufstellung IDW EPS 610 n.F., Tz. 8 und 9, (in: IDW (2012e)).

- die Angaben gem. § 6b Abs. 3 S. 7 EnWG in allen wesentlichen Belangen angemessen sind,
- die Tätigkeitsabschlüsse ordnungsgemäß aus den getrennten Konten abgeleitet und unter Beachtung der für Kapitalgesellschaften geltenden Vorschriften aufgestellt wurden und
- die Verfahrensdokumentation geprüft wurde, sofern eine Schlüsselung von Konten vorgenommen wurde.

Dieses Verständnis folgt offensichtlich den Vorstellungen des Gesetzgebers, der die für die Zuordnung der Gegenstände, Aufwendungen und Erträge zu den einzelnen Konten einschließlich der Abschreibungsmethoden angewandten Regeln dargelegt wissen wollte:[271] „Damit liegen der Regulierungsbehörde aussagekräftige Netzdaten für eine mögliche Überprüfung der Netznutzungsentgelte vor".[272]

Gemäß § 6b Abs. 5 S. 3 EnWG ist im Bestätigungsvermerk gem. § 322 HGB anzugeben, ob die Vorgaben nach § 6b Abs. 3 EnWG eingehalten worden sind. Außerdem ist über das Ergebnis aus der Erweiterung des Prüfungsgegenstandes um die Prüfung der buchhalterischen Entflechtung in einem gesonderten Abschnitt des Prüfungsberichts („Feststellungen zur Entflechtung in der internen Rechnungslegung nach § 6b Abs. 3 EnWG") zu berichten.[273] Da es sich bei der Regelung des § 6b EnWG um eine rechnungslegungsbezogene gesetzliche Vorschrift handelt, ist bei wesentlichen Beanstandungen der buchhalterischen Entflechtung insoweit der Bestätigungsvermerk gem. § 322 Abs. 4 S. 1 HGB einzuschränken[274] und hierüber in der vorangestellten Berichterstattung gem. § 321 Abs. 1 S. 3 HGB zu berichten.[275]

Offensichtlich wollte der Gesetzgeber die Rolle des Abschlussprüfers als Erfüllungsgehilfen der Regulierungsbehörden weiter ausbauen, wenn er jetzt in § 6b Abs. 6 EnWG bestimmt, dass die Behörde zusätzliche Bestimmungen treffen kann, „die vom Prüfer im Rahmen der Jahresabschlussprüfung über die nach Absatz 1 anwendbaren Prüfungsvoraussetzungen hinaus zu berücksichtigen sind. Sie kann insbesondere zusätzliche Schwerpunkte für die Prüfungen festlegen".

Da die Gesetzesbegründung keine ergänzenden Erläuterungen enthält, bleibt unklar, was mit den „Bestimmungen über den Inhalt der Prüfung" gemeint sein könnte. Zu denken ist hier an die Prüfungsdurchführung (z.B. die Vorgabe von Prüfungsschwerpunkten oder einer lückenlosen Prüfung für bestimmte Prü-

271 Vgl. BT-Drs. 15/3917, S. 55.

272 Ebd., S. 55.

273 Vgl. IDW EPS 610 n.F., Tz. 17, (in: IDW (2012e)).

274 Vgl. ebd.; Förschle/Küster in: Beck Bil-Komm. (2012), § 322 HGB, Tz. 50-51; Hell/Küster in: HdR (2012), § 322 HGB, Tz. 32.

275 Vgl. IDW EPS 610 n.F., Tz. 17, (in: IDW (2012e)); Winkeljohann/Poullie in: Beck Bil-Komm. (2012), § 321 HGB, Tz. 32-33; Kuhner/Päßler in: HdR (2012), § 321 HGB, Tz. 29.

fungsgebiete), den Inhalt des Prüfungsberichts oder Schwerpunkte der Berichterstattung. Die Ermächtigung der Regulierungsbehörde durch § 6b Abs. 6 EnWG darf jedenfalls nicht die allgemeinen Berufspflichten (Unabhängigkeit, Gewissenhaftigkeit, Verschwiegenheit und Eigenverantwortlichkeit) des Abschlussprüfers gem. § 43 Abs. 1 WPO verletzen.[276]

Es ist zu vermuten, dass die Regulierungsbehörde diese Ermächtigung gezielt unter Berücksichtigung ihrer spezifischen Erfahrungen unternehmensindividuell nutzen wird; auf allgemeine und i.S. eines mehrjährigen Prüfungsplans im Voraus veröffentlichte Prüfungsschwerpunkte dürfen die betroffenen Unternehmen kaum hoffen können. Ungeregelt und damit ungeklärt ist auch die Frage, in welchem zeitlichen Stadium der Prüfung die Regulierungsbehörde von ihrer Ermächtigung Gebrauch machen wird. Dies betrifft zum einen das Unternehmen und seine Aufstellung des Jahresabschlusses (z.B. im Zusammenhang mit Fast-Close-Abschlüssen) und zum anderen den Abschlussprüfer für den gesamten Bereich der Prüfungsplanung. Unklar ist auch, inwieweit die betroffenen Unternehmen zumindest auf Abstimmungen zwischen den Regulierungsbehörden vertrauen dürfen. Die Rückwirkungen auf den Prüfungsauftrag sind – wenn aufgrund der eben erwähnten zeitlichen Unschärfen überhaupt möglich – bei der Vereinbarung des Prüfungshonorars zu berücksichtigen. Da es sich um eine gesetzliche Prüfungserweiterung handelt, können die Unternehmen kaum darauf hoffen, dass sich die Regulierungsbehörden an den Kosten für diesen erweiterten Prüfungsauftrag beteiligen werden (vgl. dazu im Einzelnen Abschnitt 3.2.2.5, S. 101).[277]

3.2.2 Datenbeschaffungsmöglichkeiten der Regulierungsbehörden

3.2.2.1 Gesetzliche Rahmenbedingungen

Das EnWG formulierte mit fortschreitender Novellierung bzw. fortschreitender Regulierung der Energieversorgungunternehmen immer umfangreichere Berichtspflichten gegenüber den Regulierungsbehörden, aber auch gegenüber Dritten; von zentraler Bedeutung ist hierbei § 69 EnWG.[278]

Bereits die §§ 25 bis 28 StromNEV und §§ 24 bis 28 GasNEV sahen im Rahmen des Vergleichsverfahrens gem. § 21 Abs. 3 EnWG umfassende Mittei-

276 Diese Probleme erkennt auch der VKU, der sich deutlich gegen diese Änderungsabsicht ausspricht (vgl. VKU (2011), S. 10-11).

277 Vgl. IDW (2011), S. 8; BDEW (2011b), Themenpapier S. 21.

278 Vgl. hierzu als Überblick Koenig/Schreiber/Schellberg (2007), S. 32-35; Britz (2006), S. 1-4.

lungs- und Dokumentationspflichten der Betreiber von Elektrizitäts- bzw. Gasversorgungsnetzen gegenüber den Regulierungsbehörden vor; sie führen zusammengefasst zu[279]

- Informationen über die Einzel- und Gemeinkosten des Elektrizitätsübertragungs- oder Elektrizitätsverteilernetzes bzw. des Gasfernleitungs- oder Gasverteilernetzes einschließlich der zugrunde gelegten Schlüssel und der Grundsätze der Kostenverteilung,
- Informationen über die Einnahmen aus der Zuweisung der auf den Verbindungsleitungen zwischen nationalen Übertragungsnetzen verfügbaren Kapazitäten sowie die Verwendung dieser Einnahmen,
- Informationen zum Verhältnis von Einzel- zu Gemeinkosten und zur Kostenstruktur,
- (z.T. redundante) Informationen durch die gem. § 28 StromNEV bzw. GasNEV vorzulegende Dokumentation sowie der
- Mitteilung der für die Elektrizitäts- bzw. Gasversorgungsnetze geltenden Netzentgelte und deren Änderungen.

Diese bereits umfassenden Informationen für die Regulierungsbehörden wurden durch § 28 Abs. 1 S. 2 Nr. 5 StromNEV bzw. GasNEV noch dahingehend erweitert, dass die vorzulegende Dokumentation auch „den vollständigen Prüfungsbericht des Wirtschaftsprüfers zum Jahresabschluss nebst allen Ergänzungsbänden" enthalten muss.[280]

Auch aus § 27 Abs. 1 ARegV ergeben sich für die Regulierungsbehörden umfassende Datenerhebungsbefugnisse und entsprechend umfangreiche Auskunfts-

279 Vgl. dazu auch die Veröffentlichungen der Beschlusskammern der Bundesnetzagentur im Internet. Für Elektrizität den Link: http://www.bundesnetzagentur.de/cln_1931/DE/DieBundesnetzagentur/Beschlusskammern/BK8/BK8NavNode.html und für Gas den Link: http://www.bundesnetzagentur.de/cln_1931/DE/DieBundesnetzagentur/Beschlusskammern/BK9/bk9neu_node.html

280 Die BR-Drs. 312/10, S. 11, begründet die Vorlage des Prüfungsberichts wie folgt: Der „vorzulegende vollständige Prüfbericht des Wirtschaftsprüfers zum Jahresabschluss nebst allen zugehörigen Ergänzungsbänden stellt sicher, dass bei einer Überprüfung der Kalkulation durch die Regulierungsbehörde ohne Weiteres die der Erstellung des Jahresabschlusses zu Grunde liegenden Aspekte und Einschätzungen nachvollzogen werden können; dies gilt insbesondere für die Kostenzuordnung zu den einzelnen Unternehmenssparten (Vertrieb, Netz etc.). Insofern ergänzt der Prüfbericht den nach § 10 Absatz 5 EnWG vorzulegenden Jahresabschluss um wesentliche und für die Kostenprüfung notwendige Informationen". Mit „Prüfbericht" dürfte der Prüfungsbericht gem. § 321 HGB gemeint sein, dem der Gesetzgeber bzgl. seines Informationsgehalts offensichtlich eine etwas übersteigerte Erwartungshaltung entgegenbringt. Es bleibt zu hoffen, dass sich die Regulierungsbehörden mit einem Prüfungsbericht begnügen, denn der Abschlussprüfer hat den Prüfungsbericht schon gem. § 6b Abs. 7 S. 5 EnWG den Regulierungsbehörden einzureichen. Damit erhalten die Regulierungsbehörden den Jahresabschluss, den Lagebericht und den Bestätigungsvermerk zum dritten Mal (vgl. Abschnitt 2.4, S. 77).

pflichten für die Netzbetreiber; zu ermitteln sind u.a. Daten für die Durchführung der Kostenprüfung nach § 6 ARegV, der wiederum auf die einschlägigen Vorschriften der StromNEV und GasNEV verweist, für die Ermittlung der Effizienzwerte, für die Bestimmung des Qualitätselements, ferner Daten zur Anpassung der Erlösobergrenze und zur Ausgestaltung des Erweiterungsfaktors. Die für die Durchführung der Kostenprüfung erhobenen Daten sind für die Bestimmung der Erlösobergrenze gem. § 11 Abs. 1, 3 und 4 ARegV in nicht beeinflussbare, vorübergehend nicht beeinflussbare und beeinflussbare Kosten aufzuteilen.

Darüber hinaus haben die Netzbetreiber gem. § 28 ARegV gegenüber der Regulierungsbehörde umfangreiche Mitteilungspflichten zu erfüllen: Sie umfassen etwa Mitteilungen zu den Anpassungen der Erlösobergrenzen nach § 4 Abs. 3 ARegV sowie den Anpassungen zugrunde liegenden Änderungen von nicht beeinflussbaren Kostenanteilen nach § 4 Abs. 3 S. 1 Nr. 2 ARegV, außerdem zu den zur Führung des Regulierungskontos nach § 5 ARegV und zur Überprüfung der Netzentgelte nach § 17 ARegV notwendigen Daten.

2.2.2.2 Eigene Datenerhebungen der Regulierungsbehörden

Gemäß § 29 Abs. 1 EnWG i.V.m. § 32 Abs. 1 Nr. 11 ARegV sowie § 27 Abs. 1 S. 2 Nr. 1 ARegV und § 6 Abs. 1 S. 2 ARegV i.V.m. § 29, 30 Abs. 1 Nr. 4 GasNEV bzw. § 28, § 29 und § 30 Abs. 1 Nr. 6 StromNEV können die Beschlusskammern der Bundesnetzagentur[281] Umfang, Zeitpunkt und Form der zu erhebenden Daten, insbesondere die zulässigen Datenträger und Übertragungswege, festlegen.

2.2.2.2.1 Datenerhebungen der Beschlusskammer 9 (Kostenprüfung Gas)

Die Beschlusskammer 9 der Bundesnetzagentur – zuständig für die Regulierung der Netzentgelte im **Gasbereich** – fasste am 20. April 2011 den auch im Internet veröffentlichten Beschluss BK9-11/605-1 „wegen der Vorgaben zur Durchführung der Kostenprüfung zur Bestimmung des Ausgangsniveaus der Betreiber von Gasversorgungsnetzen i.S.d. § 3 Nr. 6 EnWG für die zweite Regulierungsperiode nach § 6 Abs. 1 ARegV“[282]; der Beschluss wurde wortgleich von den Landesregulierungsbehörden übernommen.

Unter dem gleichen Datum wurden außerdem die „Anforderungen an Struktur und Inhalt des nach § 6 Abs. 1 S. 2 ARegV i.V.m. § 28 GasNEV vorzulegenden

281 Gemäß § 69 Abs. 1 S. 1 EnWG werden Entscheidungen das EnWG betreffend von den Beschlusskammern getroffen.
282 BK9-11/605-1 (2011).

Berichts samt Anhang (Anlage K1)“[283] festgelegt. Der Bericht „muss einen sachkundigen Dritten in die Lage versetzen, ohne weitere Informationen die Kostenartenrechnung vollständig nachvollziehen zu können. Der Bericht nebst Anhang ist in der in dieser Anlage vorgesehenen Gliederungsstruktur zu erstellen. Die erforderlichen Nachweise sind beizufügen“.[284] In den detaillierten Anforderungen (15 Seiten) wird mehrfach betont, dass es sich hier nur um Mindestanforderungen handele. Wesentlicher Bestandteil des Berichts ist der Excel-basierte Erhebungsbogen.

Die Betreiber von Gasversorgungsnetzen waren verpflichtet, diese zur Bestimmung des Ausgangsniveaus nach § 6 Abs. 1 ARegV erforderlichen Unterlagen (insbesondere die Erhebungsbögen) bis zum 1. Juli 2011 bei der Bundesnetzagentur schriftlich und elektronisch einzureichen; Ausnahmen bestanden für Betreiber von Gasversorgungsnetzen, die einen Antrag auf Teilnahme am vereinfachten Verfahren nach § 24 ARegV gestellt hatten.

Den Erläuterungen zur Überleitungsrechnung der Bilanz in den Erhebungsbögen zufolge waren neben den Werten der Bilanz des Gesamtunternehmens für das Kalenderjahr 2010 und 2009 die Werte der Bilanz getrennt nach **Sparten** (Strom, Gas und sonstige Sparten) und nach **Tätigkeiten** (Gasverteilung, Gasfernleitung und Sonstige Aktivitäten) darzustellen: Je Sparte und Tätigkeit mussten die durch Schlüsselung zugeordneten Werte und die sich durch das BilMoG ergebenden Effekte gesondert angegeben werden; in einem weiteren Schritt die Hinzurechnungen und Kürzungen für die Überleitung zur kalkulatorischen Eigenkapitalverzinsung. Entsprechende Angaben wurden auch für die GuV-Rechnung erhoben.

Neben den verwendeten Schlüsseln und deren Änderungen war die Zuordnung der Gemeinkosten in quantitativer und qualitativer Hinsicht zu dokumentieren und zu erläutern; Änderungen mussten begründet werden. Die Bildung der verwendeten Schlüssel und etwaige Kombinationen verschiedener Schlüssel waren zunächst allgemein und hinsichtlich der Art und der Funktion des einzelnen Schlüssels detailliert zu erläutern. Dabei war anhand der konkret verwendeten Mengengerüste darzustellen, wie der jeweilige Schlüssel gebildet wurde. Tabellarisch musste aufgezeigt werden, welcher Anteil der Aufwendungen unmittelbar zugeordnet werden konnte und welcher Anteil nach welchem Schlüssel zugeordnet wurde. Insbesondere das Verfahren zur direkten Zuordnung (interne Leistungsverrechnung) war in der jeweiligen Position detailliert qualitativ und quantitativ zu erläutern.[285]

Vergleichbar detaillierte Informationen wurden für den Anlagen- und Rückstellungsspiegel erhoben. Weitere Datenerhebungen betrafen einen ausführlichen

283 Anlage K1 Gas (2011).

284 Vgl. zu den folgenden Ausführungen im Einzelnen Anlage K1 Gas (2011), S. 2.

285 Vgl. ebd., S. 12-13.

Betriebsabrechnungsbogen und Datenerfassungstabellen für die kalkulatorische Eigenkapitalverzinsung und die kalkulatorischen Abschreibungen sowie zusätzliche Informationen zum Netz und zur Konzessionsabgabe.[286]

3.2.2.2.2 Datenerhebungen der Beschlusskammer 8 (Kostenprüfung Strom)

Aufgrund der in Abschnitt 3.2.2.2 (S. 95) erwähnten gesetzlichen Ermächtigung fasste die Beschlusskammer 8 der Bundesnetzagentur – zuständig für die Regulierung der Netzentgelte im **Elektrizitätsbereich** – am 16. Mai 2012 den dem Beschluss der Beschlusskammer 9 ähnlichen und gleichfalls im Internet veröffentlichten Beschluss BK8-12-001 „wegen der Vorgaben zur Durchführung der Datenerhebung für die Kostenprüfung zur Bestimmung des Ausgangsniveaus der Betreiber von Elektrizitätsversorgungsnetzen i.S.d. § 3 Nr. 2 EnWG für die zweite Regulierungsperiode nach § 6 Abs. 1 ARegV“[287]; den Beschluss übernahmen die Landesregulierungsbehörden ebenfalls wortgleich.

Unter dem gleichen Datum wurden außerdem die „Anforderungen an Struktur und Inhalt des nach § 6 Abs. 1 S. 2 ARegV i.V.m. § 28 StromNEV vorzulegenden Berichts samt Anhang (Anlage K1)“[288] festgelegt. Auch hier muss der Bericht „einen sachkundigen Dritten in die Lage versetzen, ohne weitere Informationen die Kostenartenrechnung vollständig nachvollziehen zu können. Der Bericht nebst Anhang ist in der in dieser Anlage vorgesehenen Gliederungsstruktur zu erstellen. Die erforderlichen Nachweise sind neben dem vollständigen Prüfungsbericht des Wirtschaftsprüfers zum Jahresabschluss des Basisjahres nebst allen zugehörigen Ergänzungsbänden in elektronischer und schriftlicher Form beizufügen“.[289] In den wiederum detaillierten Anforderungen (25 Seiten) wird mehrfach deren Mindestcharakter betont. Wesentlicher Bestandteil auch dieses Berichts ist der Excel-basierte Erhebungsbogen.

Die Betreiber von Elektrizitätsversorgungsnetzen i.S.d. § 3 Nr. 2 EnWG in der Zuständigkeit der Bundesnetzagentur hatten, sofern sie keinen Antrag auf Teilnahme am vereinfachten Verfahren nach § 24 ARegV gestellt hatten, den Excel-basierten Erhebungsbogen bis zum 30. Juni 2012 vollständig, schriftlich und elektronisch der Bundesnetzagentur zu übermitteln.

Nach den Erläuterungen zur Überleitungsrechnung der Bilanz in den Erhebungsbögen waren außer den Werten der Bilanz des Gesamtunternehmens für das Kalenderjahr 2011[290] die Werte der Bilanz getrennt nach **Sparten** (Strom,

286 Vgl. ebd., S. 13-15.
287 BK8-12-001 (2012).
288 Anlage K1 Strom (2012).
289 Ebd., S. 2.
290 Zusätzlich waren noch Erhebungsbögen für die Jahre 2007 bis 2010 zu bearbeiten.

Gas und sonstige Sparten) und nach **Aktivitäten** (Stromverteilung[291] und Sonstige Aktivitäten) darzustellen: Je Sparte und Aktivität waren die durch Schlüsselung zugeordneten Werte und die sich durch das BilMoG ergebenden Effekte gesondert anzugeben. Ferner mussten Hinzurechnungen und Kürzungen für die Überleitung zur kalkulatorischen Eigenkapitalverzinsung angegeben werden. Entsprechende Angaben wurden auch für die GuV-Rechnung verlangt.

Für die Dokumentierung der Schlüssel und deren Änderungen musste die Zuordnung der Gemeinkosten in quantitativer und qualitativer Hinsicht dokumentiert und erläutert werden; Änderungen waren zu begründen. Die Bildung der verwendeten Schlüssel und etwaige Kombinationen verschiedener Schlüssel mussten zunächst allgemein und hinsichtlich der Art und der Funktion des einzelnen Schlüssels detailliert erläutert werden, wobei anhand der verwendeten Mengengerüste die Bildung des jeweiligen Schlüssels darzustellen war. In einer Tabelle war abzubilden, welcher Anteil der Aufwendungen unmittelbar zugeordnet werden konnte und welcher Anteil nach welchem Schlüssel zugeordnet wurde. Auch hier musste das Verfahren zur direkten Zuordnung (interne Leistungsverrechnung) in der jeweiligen Position detailliert qualitativ und quantitativ erläutert werden.[292]

Vergleichbar detaillierte Informationen mussten ebenfalls für den Anlagen- und Rückstellungsspiegel beigebracht werden, außerdem ein ausführlicher Betriebsabrechnungsbogen und Datenerfassungstabellen für die kalkulatorische Eigenkapitalverzinsung und die kalkulatorischen Abschreibungen sowie zusätzliche Informationen zum Netz und zur Konzessionsabgabe.[293]

3.2.2.2.3 Wertung der Datenerhebungen der Regulierungsbehörden

Die Datenbeschaffungsmöglichkeiten der Regulierungsbehörden und die Qualität der daraus zu generierenden Daten gehen mithin weit über die durch den Auftraggeber der Jahresabschlussprüfung oder durch den Abschlussprüfer gem. § 6b Abs. 7 EnWG den Regulierungsbehörden zu übermittelnden Daten hinaus. Der Bericht gem. § 6 Abs. 1 S. 2 ARegV i.V.m. § 28 GasNEV bzw. StromNEV „muss einen sachkundigen Dritten in die Lage versetzen, ohne weitere Informationen die Kostenartenrechnung vollständig nachvollziehen zu können".[294] Der Wert der Tätigkeitsabschlüsse kann vor dem Hintergrund der beschriebenen umfassenden Informationsmöglichkeiten für die Regulierungsbehörden daher kaum im Informationsgehalt bestehen, sondern nur darin, dass die Zahlen der Tätigkeits-

291 Für Übertragungsnetzbetreiber bestehen besondere Erhebungsbögen.

292 Vgl. zu den Ausführungen im Einzelnen Anlage K1 Strom (2012), S. 19-21.

293 Vgl. zu den Ausführungen im Einzelnen Anlage K1 Strom (2012), S. 21 und S. 25.

294 Anlage K1 Gas (2011), S. 2, sowie Anlage K1 Strom (2012), S. 2.

abschlüsse vom Abschlussprüfer geprüft wurden und als Abstimmungsbasis für die Daten in den Erhebungsbögen für den Strom- und Gasbereich herangezogen werden können.

In diesem Zusammenhang ist es allerdings unerklärlich, wie die Regulierungsbehörden so manchen Tätigkeitsabschluss der Anlage A8 (S. 176) mit dem streng nach dem Bilanzgliederungsschema des § 266 HGB strukturierten Erhebungsbogen überhaupt abstimmen konnten.

3.2.2.3 Informationsmöglichkeit gem. § 6b Abs. 3 S. 7 EnWG

Die Regulierungsbehörden sind bzw. waren nicht sonderlich an den gem. § 6b Abs. 3 S. 7 EnWG zu sammelnden Informationen bzw. an den bereits gem. § 10 Abs. 3 S. 7 EnWG 2005 gesammelten Informationen interessiert, so dass diese auch nicht mit den Tätigkeitsabschlüssen einzureichen waren, da sie über sehr viel umfassendere Informationen verfügen (vgl. Abschnitte 3.2.2.2.1, S. 95, und 3.2.2.2.2, S. 97). Es mutet daher schon fast unverständlich an, wieso diese Informationen bisher überhaupt gesammelt werden mussten, denn die vom Energieversorgungsunternehmen für eigene Informations- und Dokumentationszwecke zu erstellende Verfahrensdokumentation der buchhalterischen Entflechtung geht weit über diese Informationen hinaus.

Die Vorschrift hatte auch keinen Sinn als unterstützende Maßnahme für den Abschlussprüfer; der Abschlussprüfer weiß, welche Unterlagen er vom zu prüfenden Unternehmen als Prüfungsunterlage anfordern muss und wie er die Prüfungsdurchführung und die Prüfungsergebnisse in seinen Arbeitspapieren zu dokumentieren hat.[295] Die Sammlung (und Veröffentlichung) dieser Informationen war nur unter Geltung des § 9 Abs. 3 EnWG 1998 sinnvoll, als die Tätigkeitsabschlüsse schon einmal im Anhang veröffentlicht werden mussten und diese Informationen als „Minimal-Anhang“ der Tätigkeitsabschlüsse ebenfalls zu veröffentlichen waren. Aufgrund der bestenfalls als nachlässig zu bezeichnenden Gesetzesnovellierung kann aus der Formulierung des § 6 Abs. 3 S. 7 EnWG keine Veröffentlichungspflicht abgeleitet werden (vgl. Abschnitt 2.2.4, S. 68).

3.2.2.4 Eine gescheiterte Änderung des Energiewirtschaftsgesetzes

Divergierende Bilanzierungsauffassungen zwischen den Regulierungsbehörden und den Energieversorgungsunternehmen oder zumindest Bilanzierungsirritationen auf Seiten der Regulierungsbehörden mögen vielleicht auch Anlass für

---

295 Vgl. IDW PS 450, Tz. 51, (in: IDW (2012e)); IDW PS 460 n.F., Tz. 7-8, (in: IDW (2012e)).

den nur in einem nichtveröffentlichten Referentenentwurf des Gesetzes zur Änderung des EnWG enthaltenen § 6b Abs. 6 S. 1 EnWG-RE 2011 gewesen sein: „Die Regulierungsbehörde kann einheitliche Kriterien für die Sachgerechtigkeit von Wertansätzen und der Zuordnung der Konten durch Festlegung gegenüber den betroffenen Unternehmen bestimmen".[296]

Das IDW kritisierte zu Recht, dass diese angestrebte Änderung den Eindruck erwecken könne, „dass die zuständige Regulierungsbehörde im Hinblick auf die Ermittlung von Wertansätzen ermächtigt werden soll, anstelle der Bilanzierenden das Handelsgesetzbuch (HGB) auszulegen".[297] Auch wenn sich „einheitliche Kriterien für die Sachgerechtigkeit von Wertansätzen" nach den Vorstellungen der Regulierungsbehörden vielleicht nur auf den Tätigkeitsabschluss auswirken sollten, müssten diese Kriterien aber wegen des Grundsatzes der Maßgeblichkeit des Jahresabschlusses für die Tätigkeitsabschlüsse zunächst im Jahresabschluss angewendet werden. Damit würde aber in eine ureigene Vorstands- oder Geschäftsführungsaufgabe eingegriffen, denn verantwortlich für die Aufstellung des Jahresabschlusses und des Lageberichts sind gem. § 264 Abs. 1 S. 1 und 2 HGB „die gesetzlichen Vertreter" der Kapitalgesellschaft; sie handeln bei der Aufstellung unter eigener Verantwortung.[298]

Der Gesetzgeber hat durch diese juristisch unpassende und richtigerweise zurückgezogene Formulierung eine Chance vertan, die Regulierungsbehörden – allen voran natürlich die Bundesnetzagentur – als Meinungsführer für die deduktive oder hermeneutische Entwicklung von Grundsätzen ordnungsmäßiger Buchführung für Tätigkeitsabschlüsse[299] zu installieren; so bleibt es dabei, dass die Regulierungsbehörden eher nur ein „gewisses Unverständnis" im Hinblick auf die Bilanzierung von Zuordnungsdifferenzen als Ausgleichsposten äußern können. Fraglich ist allerdings, ob die Regulierungsbehörden diese Meinungsführerschaft inhaltlich überhaupt hätten ausfüllen können.

An diesem Unverständnis tragen die Regulierungsbehörden eine erhebliche Mitschuld, denn die Ausgleichsposten haben sich in gewisser Weise verselbstständigt – sie werden noch nicht einmal in den umfangreichen Datenerhebungen (vgl. Anlage K1 Gas und Anlage K1 Strom) gesondert abgefragt. Die Verselbstständigung dieser Ausgleichsposten geht aber noch weiter, da sie – wegen der „Formblattstrenge" der Anlagen K1 Gas und Strom – sogar in das Gliederungsschema des § 266 HGB gepresst werden und nicht gesondert gezeigt werden müs-

296 EnWG-RE 2011, S. 17.

297 IDW (2011), S. 7; das IDW nennt noch weitere Argumente gegen diese beabsichtigte Änderung.

298 Vgl. zu den wenigen durch Gesetz oder Vertrag zugelassenen Ausnahmen ADS (1995), § 264 HGB, Tz. 25.

299 Diese Chance wurde aber schon mit der Broschüre Bundesnetzagentur (2006a) nicht genutzt, die weitgehend nur die bereits veröffentlichten Quellen heranzog und wenige neue Erkenntnisse brachte.

sen, sondern in irgendwelchen Bilanzposten (vgl. Abschnitt 3.3, S. 104) ausgewiesen oder vielleicht auch verrechnet werden.[300]

Dieses Verhalten der Regulierungsbehörden ist nicht nachvollziehbar: Auf der einen Seite verspüren sie „Unverständnis" bezüglich der Ausgleichsposten, wenn sich diese vermutlich im Rahmen des besonderen Auskunftsverlangens gem. § 69 Abs. 1 S. 1 Nr. 1 EnWG mal kurz zeigen; auf der anderen Seite muss der Netzbetreiber einen Ausgleichsposten weder in der Anlage K1 Gas noch in der Anlage K1 Strom gesondert angeben.

3.2.2.5 Eine scheinbar gelungene Änderung des Energiewirtschaftsgesetzes

§ 6b Abs. 6 EnWG bestimmt, dass die Regulierungsbehörde zusätzliche Bestimmungen treffen kann, „die vom Prüfer im Rahmen der Jahresabschlussprüfung über die nach Absatz 1 anwendbaren Prüfungsvoraussetzungen hinaus zu berücksichtigen sind. Sie kann insbesondere zusätzliche Schwerpunkte für die Prüfungen festlegen". Vgl. zu den sich daraus ergebenden Problemen für die Abschlussprüfung Abschnitt 3.2.1 (S. 91).

Bisher hat nur die LRegB Baden-Württemberg am 29. Februar 2012 gem. § 6b Abs. 6 EnWG zusätzliche Bestimmungen festgelegt, die im Rahmen der Prüfung des Jahresabschlusses für das Geschäftsjahr 2011 von Energieversorgungsunternehmen zu berücksichtigen sind.[301] Die Festlegungen betreffen die „Festlegung Prüfungsschwerpunkt Schlüsselung von Gemeinkosten (Strom)" und die „Festlegung Datenerhebung Kostenprüfung Teil I (Strom), Teil I: Dokumentation der Schlüsselung von Gemeinkosten".

Nach dem Tenor der Festlegungen der LRegB Baden-Württemberg haben vertikal integrierte Energieversorgungsunternehmen i.S.v. § 3 Nr. 38 EnWG, die ein Elektrizitätsverteilernetz i.S.d. § 3 Nr. 3 EnWG mit Ausnahme von geschlossenen Verteilernetzen i.S.v. § 110 EnWG betreiben, im Rahmen der Abschlussprüfung ihres Jahresabschlusses des im Kalenderjahr 2011 abgeschlossenen Geschäftsjahres die Schlüsselung von Gemeinkosten (und -erträgen) einschließlich der internen Leistungsverrechnung als Schwerpunkt prüfen sowie darüber berichten zu lassen, sofern sie nicht der LRegB Baden-Württemberg zum Zwecke der Kostenprüfung (Basisjahr 2011) die Schlüsselung der Gemeinkosten einschließlich der internen Leistungsverrechnung darlegen.[302]

---

300 Die Ausgleichsposten sind damit gewissermaßen zur „dunklen Materie" der Netzentgeltregulierung geworden.

301 Die Festlegungen der LRegB Baden-Württemberg (2012) bestehen aus den 21-seitigen Feststellungen und einem 23-seitigen Anlagenband.

302 Vgl. im Einzelnen die Festlegungen der LRegB Baden-Württemberg (2012), S. 2; die Praxiserfahrungen zeigen, dass die betroffenen Unternehmen überwiegend von der Alternative Ge-

Die Stellungnahmen des IDW und des VfEW gaben insbesondere zu bedenken, dass in das Regelungsgeflecht zur Jahresabschlussprüfung (gesetzliche Anforderungen an Wirtschaftsprüfer und deren Haftung, IDW-Standards) keine zusätzlichen und widersprechenden Vorgaben durch die Landesregulierungsbehörde eingepasst werden könnten, weil hierdurch die Unabhängigkeit, Gewissenhaftigkeit und Eigenverantwortlichkeit des Abschlussprüfers gefährdet werden könnten. Das IDW wies darauf hin, dass es sich bei den zusätzlichen Prüfungsschwerpunkten gem. § 6b Abs. 6 EnWG nur um eine Vertiefung dessen handeln könne, was ohnehin Gegenstand der Jahresabschlussprüfung gem. § 317 ff. HGB i.V.m. § 6b Abs. 5 EnWG sei.[303] Der VfEW kritisierte, dass die Berichterstattung des Abschlussprüfers eine Darstellung aller aufwands- und umsatzrelevanter Geschäftsfelder und Organisationseinheiten sowie eine vollständige Identifikation aller internen Leistungsverrechnungen gewährleisten solle – vor dem Hintergrund einer auf Stichproben basierenden Abschlussprüfung eine Unmöglichkeit.[304]

Die Bedenken wies die LRegB Baden-Württemberg als nicht zutreffend zurück, da sie keine inhaltlichen Vorgaben zur Beurteilung und Bewertung der Kostenschlüsselung mache. Die Regelung, dass die Kostenschlüsselung in einer mit den Bestimmungen der Festlegung vergleichbaren Art und Weise zu prüfen sei, solle verdeutlichen und gewährleisten, dass alle relevanten Geschäftsfelder unter Berücksichtigung der energiewirtschaftlichen Besonderheiten berücksichtigt würden, was aber ohnehin vom Prüfer im Rahmen der Prüfung nach § 6 Abs. 3 EnWG – selbstverständlich im Rahmen der Berufsgrundsätze – zu berücksichtigen sei. Die Regelung stehe daher nicht im Widerspruch zu den Berufsgrundsätzen der Wirtschaftsprüfer.[305]

Bei der Anlage „Anforderungen an Struktur und Inhalt der Dokumentation der Kostenschlüsselung" handelt es sich „ausdrücklich um Mindestanforderungen, die um weitere, aus der Sicht des Netzbetreibers für die Erstellung der Dokumentation der Kostenschlüsselung relevante Darlegungen im Sinne einer vollständigen Nachvollziehbarkeit ergänzt werden können".[306] Die LRegB Baden-

brauch machen und die Schlüsselung der Gemeinkosten einschließlich der internen Leistungsverrechnung darlegen.

303 Vgl. IDW (2012a), S. 1.

304 Vgl. VfEW (2012), S. 5-6, der auch darauf hinwies, dass die Festlegungen der LRegB Baden-Württemberg (2012), anstatt die Begriffe des § 6b EnWG (Tätigkeiten und Tätigkeitsbereiche) zu verwenden, mit „Geschäftsfelder" und „Organisationseinheiten" wieder neue Begrifflichkeiten einführen würden (vgl. zu den bereits bestehenden Abgrenzungsschwierigkeiten Abschnitt 2.2.3.3, S. 22). Die Festlegungen der LRegB Baden-Württemberg (2012) verwenden nur einmal den Begriff „Tätigkeiten" – der Begriff „Tätigkeitsbereiche" wird nicht verwendet.

305 Vgl. Festlegungen der LRegB Baden-Württemberg (2012), S. 16-17.

306 Ebd., Anlage, S. 3.

Württemberg definiert in der Anlage nach ihrem Verständnis sogar unbestimmte Rechtsbegriffe wie „verursachungsgerecht", „sachgerecht", „vollständig" und „nachvollziehbar".[307] Unter anderem soll dargelegt werden, ob es sich bei den gebuchten Kosten um Einzelkosten (direkte Zuordnung) oder um Gemeinkosten (indirekte Zuordnung) nach § 4 Abs. 4 StromNEV handelt. Kernelement der Dokumentation der Kostenschlüsselung sei hierbei die Darstellung der Schlüssel einschließlich ihrer Begründung. Ausgehend von der Schlüsseldokumentation sind stets auch ggf. angesetzte interne Leistungs- bzw. Verrechnungspreise zu dokumentieren. So handelt es sich nach Auffassung der LRegB Baden-Württemberg bei internen Leistungs- bzw. Verrechnungspreisen letztlich um eine Form der Schlüsselung[308] – hier irrt die Behörde (vgl. Abschnitt 2.2.3.5, S. 27).

Es ist davon auszugehen, dass die Initiative und die Festlegungen der LRegB Baden-Württemberg im Rahmen des § 6b Abs. 6 EnWG 2012 bundesweite Bedeutung erlangen werden (vgl. Abschnitt 4.4, S. 149, und Anlage A7, S. 173).

3.2.3 Zwischenergebnis: Erkenntniswert der Informationen

Wie die Ausführungen in den Abschnitten 3.2.1 (S. 91) und 3.2.2 (S. 93) zeigen, wurden die Informationsmöglichkeiten der Regulierungsbehörden in den vergangenen Jahren kontinuierlich ausgeweitet, und doch scheinen deren Informationsbedürfnisse noch nicht gestillt zu sein. Unbeirrt sammeln die Regulierungsbehörden ein- und dieselben Informationen redundant über mehrere Informationskanäle.[309] Und wie die Festlegungen der LRegB Baden-Württemberg (2012) zeigen, ist dieser Informationshunger getragen von dem Ziel, insbesondere das System der direkten und indirekten Zuordnung sowie der Leistungsverrechnung und seine Auswirkung auf die Tätigkeitsabschlüsse zu durchschauen. Es darf wohl vermutet werden, dass Tätigkeitsabschlüsse mit Ausgleichsposten – quasi als geheimnisvollster Ausfluss der buchhalterischen Entflechtung – nicht unwesentlich diesen Informationshunger angefacht haben. Da davon ausgegangen werden kann, dass die Tätigkeitsabschlüsse in Anlage A8 (S. 176) keine Einzelfälle sind, wird überdies deutlich, dass das EnWG 2011 kein Licht ins Dunkel gebracht hat, so dass die Regulierungsbehörden das Geheimnis solcher Tätigkeitsabschlüsse trotz aller Informationen auch künftig nicht lösen werden.

307 Vgl. ebd., Anlage, S. 7-8.

308 Vgl. ebd., Anlage, S. 11-16.

309 Vgl. Abschnitt 2.4 (S. 77) zu den redundanten Informationskanälen für den Jahresabschluss und Prüfungsbericht.

3.3 Bedeutung der Tätigkeitsabschlüsse für die Kalkulation der Netzentgelte

Die Netzbetreiber werden bestrebt sein, ihre Netztätigkeiten mit Eigenkapital unter Berücksichtigung der in Abschnitt 3.1.3 (S. 86) dargestellten kalkulatorischen Verzinsungseffekte auszustatten. Denn wie das folgende Beispiel von OTTO/ZÖCKLER[310] in Abb. 10 zeigt, sind für die Höhe der Netzentgelte die kalkulatorische Eigenkapitalverzinsung und damit die Ausstattung der Tätigkeiten mit Eigenkapital, daneben aber auch das Zusammenspiel von Umlaufvermögen und Abzugskapital entscheidend:

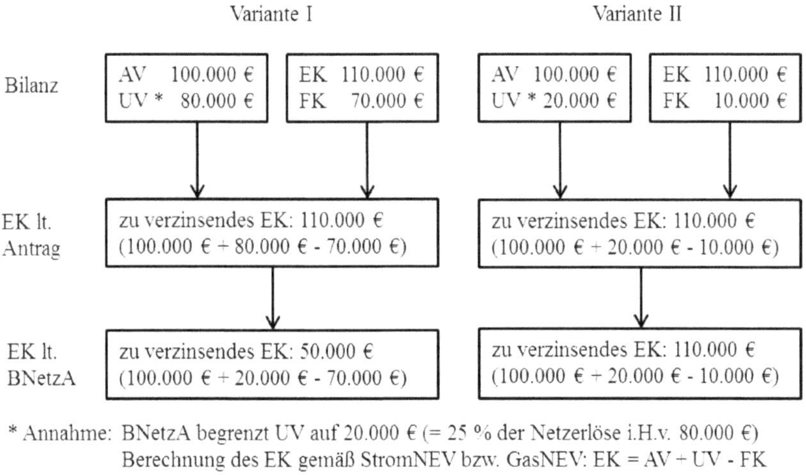

Abb. 10: Auswirkungen der Bilanzpostenzuordnung auf die Eigenkapitalverzinsung

Ein Netzbetreiber, der einen hohen Anteil Abzugskapital (= zugeordnetes Fremdkapital), also Rückstellungen und Verbindlichkeiten, in der Bilanz ausweist, benötigt grundsätzlich einen entsprechend hohen Anteil Umlaufvermögen zum Ausgleich der Bilanz. Da jedoch das Umlaufvermögen – ohne Berücksichtigung der korrespondierenden Passiva – durch die Regulierungsbehörden in der Praxis auf ein Zwölftel oder ein Viertel begrenzt wird (in Abb. 10 aus Vereinfachungsgründen 25 %), wird es vollständig durch Reduzierung des Eigenkapitals gekürzt, weil das Abzugskapital in vollem Umfang erhalten bleibt (Variante I in Abb. 10).[311] Somit ist es im Interesse des Netzbetreibers sinnvoll, das Abzugs-

310 Das Beispiel wurde PwC (2012), Abschnitt 6.7.2, S. 284, entnommen.

311 Diese Vorgehensweise der Regulierungsbehörden beruht auf dem BGH-Beschluss vom 3. März 2009, Az.: EnVR 79/07. Danach darf die Regulierungsbehörde „im Rahmen der Eigenka-

kapital auf das Notwendige zu begrenzen, um eine Kürzung des zu verzinsenden betriebsnotwendigen Eigenkapitals zu verhindern bzw. abzumildern.[312]

Jeder Netzbetreiber wird aus verständlichem Eigeninteresse versuchen, die in diesem Beispiel (Abb. 10) beschriebenen Zusammenhänge zu berücksichtigen, d.h. also die negativen Implikationen einer zu starken Kürzung des Umlaufvermögens und eines zu hohen Abzugskapitals (Variante I in Abb. 10) möglichst zu vermeiden oder zumindest die Folgen einer solchen Bilanzierung schon bei der Aufstellung der Tätigkeitsbilanz zu antizipieren (Variante II in Abb. 10). Grundsätzlich fließt in den Netztätigkeiten bilanziertes Anlage- oder Umlaufvermögen – sofern als betriebsnotwendig anerkannt – in die Eigenkapitalverzinsung ein und wirkt sich daher positiv auf die Netzentgelte aus. Der Netzbetreiber wird natürlich daran interessiert sein, das Eigenkapital bis zu der Kappungsgrenze von 40 % in den regulierten Netztätigkeiten auszuweisen (vgl. Abschnitt 3.1.3, S. 86).

Wesentliche Möglichkeiten, diese Zusammenhänge für die Kalkulation der Netzentgelte zu nutzen, ergeben sich bereits aufgrund der Maßgeblichkeit des Jahresabschlusses für den Tätigkeitsabschluss auf der **Ebene des Jahresabschlusses** und einer hier entsprechend ausgeübten Bilanzpolitik.[313] Neben der eher langfristig wirkenden Investitionspolitik sind hierfür insbesondere bzgl. der Beeinflussung des Umlaufvermögens und des Abzugskapitals im Basisjahr die eher kurzfristig greifenden sachverhaltsgestaltenden Maßnahmen geeignet.

Durch diese sachverhaltsgestaltenden Maßnahmen kann die Momentaufnahme des Jahresabschlusses über die Bilanzierungs- und Bewertungswahlrechte hinaus z.B. durch die Wahl von Zahlungsterminen (Einzug von Forderungen, Ausgleich von Verbindlichkeiten, Anforderung bzw. Leistung von An- und Vorauszahlungen), die Beschaffungspolitik (Beeinflussung des Lagerabgangs oder -zugangs, Eigentumsübergang bei Vermögensgegenständen, Aktivierung von Baumaßnahmen, Abgrenzung von Erhaltungsaufwendungen und Herstellungskosten) oder die Kreditpolitik (Gewährung, Aufnahme oder Tilgung von Krediten, Rückzahlung wenige Tage nach dem Bilanzstichtag) zielorientiert beeinflusst werden.[314] Im Prüfungsbericht ist gem. § 321 Abs. 2 S. 4 HGB auf eine gleichgerichtete Ausübung von zulässigen Bilanzierungs- und Bewertungsmethoden,

---

pitalverzinsung Umlaufvermögen des Betreibers eines Energieversorgungsnetzes nur insoweit in Ansatz bringen, als dieses betriebsnotwendig ist. Der Antragsteller hat die für die Prüfung der Betriebsnotwendigkeit maßgeblichen Umstände darzulegen".

312 Vgl. dazu auch Maqua/Kühn (2011), S. 233.

313 Zum Begriff und zu den grundsätzlichen Instrumenten der Bilanzpolitik vgl. Heinhold (1993), Sp. 525-543; Lexikon der Rechnungslegung und Abschlußprüfung (1998), S. 135-136.

314 Vgl. Winkeljohann/Poullie in: Beck Bil-Komm. (2012), § 321 HGB, Tz. 61; und IDW PS 450, Tz. 94-95, (in: IDW (2012e)); Heinhold (1993), Sp. 533-535; Bertram in: Haufe Bil.-Komm. (2012), § 321 HGB, Tz. 116-117; Ebke in: MünchKomm HGB (2008), § 321 HGB, Tz. 52, mit weiteren Beispielen.

durch die wesentliche Änderungen und Entwicklungen der wirtschaftlichen Lage verborgen werden, sowie auf die Auswirkungen bilanzpolitisch motivierter Sachverhaltsgestaltungen einzugehen. Spätestens bei sachverhaltsgestaltenden Maßnahmen wären „einheitliche Kriterien für die Sachgerechtigkeit von Wertansätzen“ der Regulierungsbehörden nicht umsetzbar gewesen (vgl. Abschnitt 3.2.2.4, S. 99).[315]

Diese bilanzpolitischen Möglichkeiten im Jahresabschluss werden ergänzt durch eine Bilanzpolitik auf **Ebene des Tätigkeitsabschlusses**. Im Sinne einer solchen Bilanzpolitik können entweder die in Abschnitt 2.2.3.5 (S. 27) dargestellten Zuordnungsmethoden angewendet werden, z.B. die „unechten“ Wahlrechte – ohne Durchbrechung des Stetigkeitsgrundsatzes – bei einer „betriebsbedingten“ Neuermittlung der Schlüssel, oder die in Abschnitt 2.2.3.7 (S. 35) dargestellten Praxisverfahren der Zuordnung des Eigen- und Fremdkapitals, wenn z.B. das Eigenkapital mit einem Festbetrag (z.B. eine bestimmte Relation zum Anlagevermögen) angesetzt und nicht als Residualgröße ermittelt wird.

Zu diesen bilanzpolitischen Maßnahmen auf der Ebene des Tätigkeitsabschlusses gehört damit auch der Ausweis der Ausgleichsposten (vgl. die Thesen und Aussagen in Abschnitt 2.2.3.8.3, S. 48).[316] Es kann zwar nicht davon ausgegangen werden, dass Ausgleichsposten bewusst gesteuert werden, aber zumindest ist zu vermuten, dass die Netzbetreiber die Freiheitsgrade bei der Aufstellung der Tätigkeitsabschlüsse ausnutzen und Ausgleichsposten auch bilanzpolitisch einsetzen und zuordnen, um damit unter Beachtung der in Abb. 10 dargestellten Zusammenhänge den **Netztätigkeiten** möglichst viel Anlage- und Umlaufvermögen und damit aber auch mehr Eigenkapital – z.B. als Festbetrag oder in einem festen prozentualen Verhältnis zum Anlagevermögen[317] (vgl. Abschnitt 2.2.3.8.4, S. 64) – zuzuordnen, um die kalkulatorische Eigenkapitalverzinsung zu erhöhen; die Verbreitung von Ausgleichsposten in den Beispielen der Anlage A8 (S. 176) bestätigt jedenfalls diese Einschätzung. Vgl. hier insbesondere die Erläuterungen der E.ON Thüringer Energie AG, Erfurt, der EMB Energie Mark Brandenburg GmbH, Potsdam, und der SpreeGas Gesellschaft für Gasversorgung und Energiedienstleistung mbH, Cottbus, die u.a. erkennen lassen, dass das Eigenkapital im Verhältnis zum Anlagevermögen verteilt wurde. Der systemimmanente Mangel der buchhalterischen Entflechtung kann so in einen systemimmanenten Vorteil bei der Netzentgeltregulierung transferiert werden.

---

315 So auch in anderem Zusammenhang Kuhner/Päßler in: HdR (2012), § 321 HGB, Tz. 59.

316 Ergänzend zu den bilanzpolitischen Möglichkeiten sei hier auch noch der Shared-Service-Ansatz erwähnt (vgl. PwC (2012), Abschnitt 6.7.3, S. 285-287).

317 Die Beachtung der im zweiten Kapitel erarbeiteten neuen Grundsätze ordnungsmäßiger Buchführung für Tätigkeitsabschlüsse wird daher wahrscheinlich zu größeren Schwankungen des Eigenkapitals führen; die Verhinderung eines volatilen Eigenkapitals kann jedoch kein ernsthaftes Argument für die Beibehaltung der Zuordnungsmethoden der Praxis sein.

Der Ausweis des Ausgleichspostens im Tätigkeitsabschluss kollidiert zwar zunächst mit der „Formblattstrenge“ der Anlagen K1 Gas und K1 Strom, da der Ausgleichsposten hier in das Bilanzgliederungsschema des § 266 HGB gezwängt werden muss (vgl. die Abschnitte 3.2.2.2.1 (S. 95) und 3.2.2.2.2, S. 97); die Zuordnung zu dem einen oder anderen Bilanzposten lässt sich aber erfahrungsgemäß im Bericht über die Ermittlung der Netzentgelte gem. § 28 Abs. 1 GasNEV bzw. StromNEV entsprechend erläutern und begründen.

Auch wenn die systemimmanenten Mängel der buchhalterischen Entflechtung aufgrund der Zuordnungsmethoden (vgl. Abschnitt 2.2.3.5, S. 27) bestehen bleiben, führt nur eine Zuordnung der Aktiv- und Passivposten unter Beachtung der in Abschnitt 2.2.3.9 (S. 67) dargestellten Ergebnisse im Grundsatz zu richtig ermittelten Netzkosten. Nur dadurch kann grundsätzlich eine betriebswirtschaftlich fundierte Gesamtfinanzierung aller Tätigkeiten abgebildet werden: entweder im Rahmen der direkten und indirekten Zuordnung (vgl. Abschnitt 2.2.3.5.1, S. 29) durch eine adäquate Eigenkapitalausstattung im Verhältnis der zugeordneten Vermögensgegenstände, Schulden und Rechnungsabgrenzungsposten (es gelten also die horizontalen und vertikalen Finanzierungsregeln) oder im Rahmen der Leistungsverrechnung durch den Liefer- und Leistungsaustausch oder die Finanzierungsmaßnahmen (vgl. Abschnitt 2.2.3.5.2, S. 31). Die Eigenkapitalausstattung und die Finanzierung im Rahmen der Leistungsverrechnung müssen hierbei immer einem Drittvergleich standhalten können, d.h. nur wenn die Finanzierung einer Tätigkeit auch bei einem rechtlich selbstständigen Unternehmen vom Markt akzeptiert werden würde,[318] kann sie als ordnungsmäßig angesehen werden.[319] Die als Forderungen und Verbindlichkeiten gegen andere Tätigkeiten ausgewiesenen Ausgleichsposten (vgl. Anlage A8, S. 176) bleiben Zuordnungsdifferenzen und können nicht – quasi automatisch – als interne Finanzierungen interpretiert werden,[320] denn wie die Ergebnisse des zweiten Kapitels (S. 78) gezeigt haben, ist zunächst die direkte und indirekte Zuordnung durchzuführen und das Eigenkapital als Residualgröße zu ermitteln und dann erst im Rahmen der Leistungsverrechnung über Finanzierungsmaßnahmen zu entscheiden.

318 Vgl. Perridon/Steiner/Rathgeber (2009), S. 561-566.

319 Für Finanzierungsmaßnahmen sind Zinsaufwendungen und korrespondierende Zinserträge zwischen den Tätigkeiten zu berechnen; als Zinssatz empfiehlt sich die Durchschnittsverzinsung der Fremdmittel (ggf. nach Ausscheidung objektspezifisch zugeordneter Darlehen), vgl. PwC (2012), Abschnitt 6.5.2, S. 273.

320 So aber Otto/Zöckler in: PwC (2012), Abschnitt 6.7.2, S. 285.

3.4 Zwischenergebnis

Die Netzentgelte werden unter Anwendung der Anreizregulierung reguliert. Durch die verschiedenen Novellierungen des EnWG, der ARegV sowie der StromNEV und GasNEV wurden die gesetzlichen Möglichkeiten der Regulierungsbehörden zur Beschaffung von Daten bei den betroffenen Energieversorgungsunternehmen deutlich ausgeweitet.

Vor dem Hintergrund der Informationsmöglichkeiten der Regulierungsbehörden wird der Abschlussprüfer zunehmend zum Erfüllungsgehilfen der Regulierungsbehörden. Durch die eigenen Datenbeschaffungsmöglichkeiten können sich die Regulierungsbehörden unabhängig von den Vorarbeiten des Abschlussprüfers ein eigenes Bild über die Gesetzmäßigkeit der Rechnungslegung und der buchhalterischen Entflechtung sowie der Tätigkeitsabschlüsse verschaffen. Das erklärt auch, weshalb die Regulierungsbehörden keinen Bedarf an den gem. § 6b Abs. 3 S. 7 EnWG oder den entsprechenden Vorgängervorschriften zu sammelnden Informationen haben und diese Informationen bisher beim zur buchhalterischen Entflechtung verpflichteten Unternehmen verblieben.

Es ist davon auszugehen, dass die systemimmanenten Freiheitsgrade der buchhalterischen Entflechtung sowie die sich aufgrund der fehlerhaften Gesetzesanwendung und -auslegung der Vorschriften zur buchhalterischen Entflechtung ergebenden Ausgleichsposten nebst der anderen Praxisverfahren der Eigen- und Fremdkapitalzuordnung (vgl. Abschnitt 2.2.3.8, S. 45) von den Netzbetreibern zwar nicht bewusst gesteuert, aber im Zweifel im Hinblick auf die Kalkulation der Netzentgelte bei der kalkulatorischen Eigenkapitalverzinsung eingesetzt werden. Obwohl die Regulierungsbehörden den Ausgleichsposten eher kritisch gegenüberstehen, ist es ihnen nicht gelungen, das ansatzweise erkannte Problem in den Griff zu bekommen (vgl. die Äußerungen in Abschnitt 2.2.3.8.3.3, S. 55).

Die **originäre Informationsfunktion** der buchhalterischen Entflechtung wird also zweifach konterkariert: unmittelbar durch nicht den handelsrechtlichen Rechnungslegungsvorschriften entsprechende Tätigkeitsabschlüsse (vgl. Abschnitt 2.2.3.9, S. 67) und mittelbar durch die nicht ordnungsmäßige Ermittlung des Saldos auf dem Regulierungskonto und damit bei der Kalkulation der Netzentgelte.

Das folgende **vierte Kapitel** untersucht, wie die **derivative Informationsfunktion** durch die unzureichende originäre Informationsfunktion und die unterschiedliche bilanzielle Behandlung der Salden auf dem Regulierungskonto beeinträchtigt wird, und zeigt Lösungsmöglichkeiten auf, wie diese Beeinträchtigung behoben und die Informationsfunktion der Rechnungslegung und der buchhalterischen Entflechtung gemäß EnWG verbessert und mit dem derzeit geltenden

Rechtsrahmen in einem geschlossenen Informationssystem – bestehend aus Jahresabschluss, Netzentgeltregulierung und Tätigkeitsabschluss – insgesamt gesichert und abgebildet werden kann.

4 Derivative Informationsfunktion der Rechnungslegung und buchhalterischen Entflechtung gemäß Energiewirtschaftsgesetz

Die Ergebnisse des zweiten Kapitels (S. 78) haben gezeigt, dass die **originäre Informationsfunktion** der buchhalterischen Entflechtung durch nicht den handelsrechtlichen Rechnungslegungsvorschriften entsprechende Tätigkeitsabschlüsse beeinträchtigt wird. Die „Weiterverarbeitung" dieser Tätigkeitsabschlüsse im Rahmen der im dritten Kapitel (S. 81) dargestellten Netzentgeltregulierung verhindert – auch bei den handelsrechtlichen Rechnungslegungsvorschriften entsprechenden Tätigkeitsabschlüssen – wegen der Abbildung oder Nichtabbildung des Regulierungskontosaldos im Jahres- und Tätigkeitsabschluss eine umfassende Information über die Vermögens-, Finanz- und Ertragslage des Netzbetreibers und konterkariert damit die **derivative Informationsfunktion** der Rechnungslegung und buchhalterischen Entflechtung gemäß EnWG; dadurch wird die **gesamte Informationsfunktion** des EnWG geschmälert.

Im nächsten Abschnitt 4.1 soll zunächst untersucht werden, welche Möglichkeiten bestehen, die Beeinträchtigung der originären Informationsfunktion durch nicht den handelsrechtlichen Rechnungslegungsvorschriften entsprechende Tätigkeitsabschlüsse zu verhindern. Abschnitt 4.2 (S. 123) fragt sodann nach Lösungsmöglichkeiten für die auf jeden Fall unbefriedigende Abbildung oder Nichtabbildung des Regulierungskontosaldos im Jahresabschluss und analysiert, in welcher Weise das Regulierungskonto die Informationsfunktion der Rechnungslegung und der buchhalterischen Entflechtung gemäß EnWG unterstützen kann.

4.1 Durchbrechung des Stetigkeitsgrundsatzes und Änderung oder Ersetzung von Abschlüssen zur Sicherung der derivativen Informationsfunktion

Die Durchbrechung des Stetigkeitsgrundsatzes ist von der Änderung eines fehlerfreien oder eines fehlerbehafteten Abschlusses (vgl. dazu Abschnitt 4.1.2, S. 115) und der Ersetzung eines nichtigen Abschlusses (vgl. dazu Abschnitt 4.1.3, S. 119) zu unterscheiden.[321] Die Änderung oder die Ersetzung eines Abschlusses

321 Darüber sollte auch nicht die Bezeichnung des DRS 13 (2002) „Grundsatz der Stetigkeit und Berichtigung von Fehlern" täuschen, der anscheinend schon aufgrund seines Titels diese

hat ihre Verursachung in der Vergangenheit und wirkt bei der Berichtigung oder Ersetzung des Abschlusses in der Regel auch in die Vergangenheit zurück. Die Durchbrechung des Stetigkeitsgrundsatzes knüpft dagegen nicht zwingend an die Vergangenheit an und wirkt sich ausschließlich auf die Zukunft aus.

4.1.1 Durchbrechung des Stetigkeitsgrundsatzes

Bei der Durchbrechung des Stetigkeitsgrundsatzes ist zu unterscheiden, ob der Grundsatz nur im Tätigkeitsabschluss oder auch im Jahresabschluss durchbrochen wird.

4.1.1.1 Durchbrechung des Stetigkeitsgrundsatzes im Jahresabschluss

Der Stetigkeitsgrundsatz bzgl. der Anwendung der Bilanzierungsmethoden wurde als wesentlicher Grundsatz ordnungsmäßiger Buchführung weitgehend in § 246 Abs. 3 HGB für die Ansatzmethoden, in § 252 Abs. 1 Nr. 6 HGB für die Bewertungsmethoden, in § 265 Abs. 1 S. 1 HGB für die Ausweis- bzw. Darstellungsmethoden und in § 297 Abs. 3 S. 2 HGB für die Konsolidierungsmethoden kodifiziert.

Die Beachtung des Stetigkeitsgrundsatzes dient der Vergleichbarkeit zeitlich aufeinander folgender Jahresabschlüsse eines Unternehmens. Der Grundsatz ist im Hinblick auf die stetige Beibehaltung der Bilanzierungsgrundsätze in sachlicher (materieller) und zeitlicher (formeller) Hinsicht zu beachten. Unter sachlicher Stetigkeit ist die Beibehaltung der Bilanzierungsgrundsätze in Bezug auf gleichartige Sachverhalte und unter zeitlicher Stetigkeit die Beibehaltung der in der vorangegangenen Periode angewandten Bilanzierungsgrundsätze zu verstehen.[322] Bilanzierungsgrundsätze sind „angewandte Ansatz-, Ausweis-, Bewertungs- und Konsolidierungsvorschriften und -methoden“.[323]

Unterscheidung nicht vornimmt. Die vom Bundesministerium der Justiz gem. § 342 Abs. 2 HGB bekanntgemachten Standards des DRSC in deutschsprachiger Fassung haben die Vermutung für sich, Grundsätze ordnungsmäßiger Buchführung der Konzernrechnungslegung zu sein – auch wenn diese Vermutung verfassungsrechtlich oder gesetzessystematisch kritisiert werden kann. Nach Förschle in: Beck Bil-Komm. (2012), § 342 HGB, Tz. 18, m.w.N., entfalten die DRS auch für den Jahresabschluss und die Grundsätze ordnungsmäßiger Buchführung eine Ausstrahlungswirkung.

322 Vgl. DRS 13 (2002), Tz. 8; Förschle/Kroner in: Beck Bil-Komm. (2012), § 246 HGB, Tz. 125; Kußmaul in: HdR (2012), § 246 HGB, Tz. 18; Winkeljohann/Büssow in: Beck Bil-Komm. (2012), § 252 HGB, Tz. 56, und § 265 HGB, Tz. 3; Fülbier/Kuschel/Selchert in: HdR (2012), § 252 HGB, Tz. 119-120; Hütten/Lorson in: HdR (2012), § 265 HGB, Tz. 6-8.

323 DRS 13 (2002), Tz. 6; das Stetigkeitsgebot für die Ansatzmethoden gem. § 246 Abs. 3 HGB wurde erst durch das BilMoG in das HGB eingeführt.

Eine Durchbrechung des Stetigkeitsgrundsatzes ist nur in begründeten Ausnahmefällen zulässig. Solche Ausnahmefälle sind nach dem DRS 13 die Änderungen der rechtlichen Gegebenheiten (Gesetze, Richtlinien, Rechtsprechung), Anpassungen an geänderte oder neue DRS, die Verbesserung der Darstellung der Vermögens-, Finanz- und Ertragslage bei strukturellen Veränderungen im Konzern und die Anpassung an konzerneinheitliche Bilanzierungsgrundsätze bei der erstmaligen Einbeziehung in den Konzernabschluss.[324] Ähnlich auch WINKELJOHANN/BÜSSOW, die zusätzlich noch den Übergang oder den Verzicht auf vereinfachte Bewertungsverfahren, wesentliche technische Neuerungen, eine wesentliche Änderung des Beschäftigungsgrads oder der Finanz- und Kapitalstruktur nennen.[325]

4.1.1.2 Durchbrechung des Stetigkeitsgrundsatzes im Tätigkeitsabschluss

Die Prüfung der Einhaltung des Stetigkeitsgrundsatzes wird im Rahmen der Prüfung der Tätigkeitsabschlüsse ausdrücklich gem. § 6b Abs. 5 S. 2 EnWG verlangt.[326] Die Regulierungsbehörden äußern sich eher verhalten zu einer Durchbrechung des Stetigkeitsgrundsatzes: Die Bundesnetzagentur führt lediglich aus, dass für den Bereich der Kontenschlüsselung das Stetigkeitsgebot des Handelsrechts zu beachten und ein Abweichen von den angewandten Schlüsselungsmethoden nur in sachlich begründeten Ausnahmefällen möglich ist; Anpassungen der Schlüsselung (Verteilungsverhältnis) sollen sachgerecht und nachvollziehbar sein.[327] Die Anforderungen an Struktur und Inhalt des nach § 6 Abs. 1 S. 2 ARegV i.V.m. § 28 GasNEV bzw. § 28 StromNEV vorzulegenden Berichts samt Anhang (vgl. Abschnitt 3.2.2.2, S. 95) gehen nicht auf die Stetigkeit ein, sondern verlangen nur, dass Änderungen der im Geschäftsjahr verwendeten Schlüssel gegenüber den Vorjahresschlüsseln detailliert zu erläutern und zu begründen sind. Die handelsrechtlich begründbaren Durchbrechungen des Stetigkeitsgrundsatzes dürften damit auch den Regulierungsbehörden genügen.

Wenn der Stetigkeitsgrundsatz aufgrund der in Abschnitt 4.1.1.1 (S. 112) dargestellten Ausnahmefälle bereits im Jahresabschluss durchbrochen wurde, wirkt sich dies aufgrund des Grundsatzes der Maßgeblichkeit (vgl. Abschnitt 2.2.3.6, S. 34) auch auf den Tätigkeitsabschluss aus.

---

324 Vgl. ebd., Tz. 8.

325 Vgl. Winkeljohann/Büssow in: Beck Bil-Komm. (2012), § 252 HGB, Tz. 61; ausführlich Fülbier/Kuschel/Selchert in: HdR (2012), § 252 HGB, Tz. 119-120.

326 Ellerich (2006), S. 639, weist darauf hin, dass der Stetigkeitsgrundsatz auch für den Fall des Übergangs auf eine neue Fassung des EnWG zu beachten ist.

327 Vgl. Bundesnetzagentur (2006a), S. 32.

Unabhängig davon lassen sich die vom DRSC entwickelten Grundsätze für die Durchbrechung des Stetigkeitsgrundsatzes – auch aufgrund der für sie bestehenden Vermutung, Grundsätze ordnungsmäßiger Buchführung der Konzernrechnungslegung zu sein – auf die Tätigkeitsabschlüsse übertragen, ohne dass zuvor der Jahresabschluss geändert werden muss (z.B. Änderung der direkten oder indirekten Zuordnung), sofern nicht der Grundsatz der Maßgeblichkeit des Jahresabschlusses für den Tätigkeitsabschluss durchbrochen wird.

Nach Auffassung des DRSC und des IDW sowie der o.a. Literaturmeinungen ist die Durchbrechung des Stetigkeitsgrundsatzes u.a. auch dann sachlich gerechtfertigt, wenn die Abweichung durch eine Änderung der rechtlichen Gegebenheiten (insbesondere Änderungen von Gesetz und Satzung oder der Rechtsprechung) veranlasst wurde.[328] Im Hinblick auf die Tätigkeitsabschlüsse gehören zu diesen Änderungen der rechtlichen Gegebenheiten auch Verlautbarungen der Regulierungsbehörden (z.B. Bundesnetzagentur (2006a) und Bundesnetzagentur (2011b)) sowie bekanntgewordene Beschlüsse, Interpretationen oder Verfahrensänderungen der Regulierungsbehörden, z.B. der Beschluss BK9-11/605-1 (2011) und die Anlage K1 Gas (2011) (vgl. Abschnitt 3.2.2.2.1, S. 95) oder der Beschluss BK8-12-001 (2012) und die Anlage K Strom (2012) (vgl. Abschnitt 3.2.2.2.2, S. 97) im Verhältnis zu allen Netzbetreibern sowie auch nur an den einzelnen Netzbetreiber gerichtete Mitteilungen. Eine solche Einzelmitteilung kann eine Änderung der direkten und indirekten Zuordnung begründen, wenn die Regulierungsbehörden aufwandsgleiche Kosten nicht anerkannt haben und die Bewertung deshalb für die nächste Regulierungsperiode angepasst werden soll.

Auch der Ausnahmefall der Verbesserung der Darstellung der Vermögens-, Finanz- und Ertragslage bei strukturellen Veränderungen im Konzern i.S.d. DRS 13, Tz. 8c, ist auf Tätigkeitsabschlüsse übertragbar, wenn etwa die Strukturen und damit z.B. auch der Leistungsaustausch zwischen den entflochtenen Tätigkeiten geändert werden müssen. Bei der Genehmigung der Netzentgelte haben die Regulierungsbehörden häufig aufwandsgleiche Kosten ihrer Höhe nach nicht anerkannt; auch Schlüsselungen hielten sie teilweise nicht für sachgerecht.[329] Die Netzbetreiber sind natürlich an einer Anerkennung der aufwandsgleichen Kosten zumindest in der nächsten Regulierungsperiode interessiert; eine Änderung des Leistungsaustausches kann z.B. mit einer strukturellen Veränderung der buchhalterisch entflochtenen Tätigkeiten begründet werden.

Auch DRS 13, Tz. 8d, als „Anpassung an konzerneinheitliche Bilanzierungsgrundsätze bei der erstmaligen Einbeziehung in den Konzernabschluss“[330], ist auf

328 Vgl. DRS 13 (2002), Tz. 8; IDW RS HFA 38, Tz. 15, (in: IDW (2012e)).

329 Vgl. PwC (2008), Abschnitt 5.6.1.1, S. 255.

330 DRS 13 (2002), Tz. 8d.

Tätigkeitsabschlüsse übertragbar, wenn zwischen den buchhalterisch entflochtenen Tätigkeiten betriebswirtschaftlich erforderliche Umstrukturierungen vorgenommen werden (z.B. „Gründung“ neuer Tätigkeiten), denen im Rahmen der buchhalterischen Entflechtung gefolgt werden muss.

Da insbesondere die Bilanzierung einer Zuordnungsdifferenz als Ausgleichsposten, aber auch die Zusammenfassung des Eigen- und Fremdkapitals oder der Ansatz des Eigenkapitals mit einem Festbetrag im Tätigkeitsabschluss nach dem Zwischenergebnis des zweiten Kapitels (S. 78) den handelsrechtlichen Rechnungslegungsvorschriften widersprechen, ist ein solcher Tätigkeitsabschluss fehlerhaft. Für fehlerhafte Tätigkeitsabschlüsse kann jedoch kein Stetigkeitsgrundsatz gelten, da der Stetigkeitsgrundsatz nur für fehlerfreie Abschlüsse zu beachten ist; die Änderung fehlerhafter Jahresabschlüsse durchbricht daher nicht den Stetigkeitsgrundsatz.

4.1.2 Änderung von Abschlüssen

Bei der Änderung von Abschlüssen ist zunächst ebenfalls zu unterscheiden, ob im Vorfeld auch der Jahresabschluss oder nur der Tätigkeitsabschluss geändert wurde.

4.1.2.1 Änderung des Jahresabschlusses

Die unveränderte Aufrechterhaltung des festgestellten und offengelegten Jahresabschlusses entspricht dem Interesse der Öffentlichkeit an einer verlässlichen Information über die wirtschaftlichen Verhältnisse eines Unternehmens. Grundsätzlich ist daher von der Bindungswirkung des festgestellten Jahresabschlusses auszugehen.[331]

Nach der Feststellung kann daher ein **fehlerfreier** Jahresabschluss nur noch unter bestimmten Voraussetzungen geändert werden. Die Änderung[332] festgestellter fehlerfreier Jahresabschlüsse ist nur möglich, wenn bedeutende rechtliche, wirtschaftliche oder steuerrechtliche Gründe vorliegen; dies gilt auch für erst nach Feststellung erlangte wertaufhellende Erkenntnisse.[333] Ein **fehlerhafter** Jahresabschluss, also ein gegen gesetzliche Vorschriften verstoßender Jahresabschluss, kann dagegen ohne weitere Voraussetzungen geändert (korrigiert) werden.[334]

---

331 Vgl. IDW RS HFA 6, Tz. 6, (in: IDW (2012e)).

332 Geändert wird der Inhalt oder die Form eines geprüften und testierten Abschlusses.

333 Vgl. IDW RS HFA 6, Tz. 9, (in: IDW (2012e)).

334 Vgl. ebd., Tz. 7 und 14; das IDW bezeichnet die Änderung fehlerhafter Jahresabschlüsse als Korrektur.

DRS 13, Tz. 6, definiert **Fehler** als „Unrichtigkeiten oder Verstöße gegen zwingende Bilanzierungsvorschriften“.[335] Fehler seien Rechenfehler, die fehlerhafte Anwendung von Bilanzierungsgrundsätzen sowie die Fehlinterpretation von Sachverhalten aufgrund bewusster Verstöße (z.B. Betrug oder Täuschung) oder aus Versehen (unbewusste Unrichtigkeit).

Zur Fehlerkorrektur finden sich folgende Grundsätze in DRS 13: „Fehler aus Vorperioden sind zu berichtigen. Die Auswirkungen aus der Korrektur von Fehlern sind grundsätzlich im Ergebnis der Berichtsperiode zu berücksichtigen“.[336] DRS 13 bestimmt außerdem: „Fehler einer früheren Periode, welche die Darstellung der Vermögens-, Finanz- und Ertragslage beeinträchtigen, erfordern die Änderung der betreffenden Abschlüsse aller Vorperioden, soweit sie nach Feststellung des Fehlers zu veröffentlichen sind oder freiwillig veröffentlicht werden“.[337] Daran schließt sich folgende Erläuterung an: „Ein Abschluss ist nur dann fehlerhaft, wenn der Kaufmann oder andere zur Rechnungslegung Verpflichtete bewusst oder fahrlässig gehandelt haben“.[338]

Auch nach Auffassung des IDW ist bei einem „fehlerhaften (gesetzwidrigen) Jahresabschluss“[339] die Fehlerbeseitigung selbst ein ausreichender Grund, um einen Jahresabschluss zu ändern.[340] „Ein Jahresabschluss ist allerdings nur dann fehlerhaft, wenn der Kaufmann den Gesetzesverstoß spätestens im Zeitpunkt der Feststellung bei pflichtgemäßer und gewissenhafter Prüfung hätte erkennen können; spätere wertaufhellende Erkenntnisse machen den festgestellten Abschluss nicht fehlerhaft“.[341]

Der Grundsatz in DRS 13, Tz. 6, steht zu den Erläuterungen in DRS 13, Tz. 6 und 27, in keinem logischen Widerspruch – dasselbe gilt für die Sichtweise des IDW. Der Grundsatz in DRS 13, Tz. 6, beschreibt die **objektiven** Sachverhalte des Fehlers, wohingegen die Erläuterungen in DRS 13, Tz. 27, als relativierendes Moment den **subjektiven** Vertrauenstatbestand beschreiben.[342] Ein Jahresabschluss ist damit nach den Grundsätzen ordnungsmäßiger Buchführung nicht fehlerhaft, wenn er zwar den objektiv bestehenden Verhältnissen nicht entspricht, aber ein pflichtgemäß und gewissenhaft handelnder Kaufmann „im Zeitpunkt der

335 DRS 13 (2002), Tz. 6.

336 Ebd., Tz. 25.

337 Ebd., Tz. 26.

338 Ebd., Tz. 27.

339 IDW RS HFA 6, Tz. 6, (in: IDW (2012e)).

340 Vgl. ebd., Tz. 14.

341 Ebd.

342 Die Definition des „Fehlers“ des Deutschen Instituts für Normung als „Nichterfüllung einer Anforderung“ ist zu eng (DIN EN ISO 9000 (2005), Abschnitt 3.6.2, S. 27). Die „Anforderung“ wird definiert als „Erfordernis oder Erwartung, das oder die festgelegt, üblicherweise vorausgesetzt oder verpflichtend ist“ (Ebd., Abschnitt 3.1.2, S. 19).

Aufstellung der Bilanz nach den ihm zur Verfügung stehenden Erkenntnismöglichkeiten von der Richtigkeit des Bilanzansatzes ausgehen durfte".[343]

4.1.2.2 Änderung des Tätigkeitsabschlusses

Wenn unter Beachtung der in Abschnitt 4.1.2.1 (S. 115) dargestellten Voraussetzungen der fehlerfreie oder fehlerhafte Jahresabschluss geändert wurde, wirkt sich diese Änderung aufgrund des Grundsatzes der Maßgeblichkeit (vgl. Abschnitt 2.2.3.6, S. 34) auch auf den Tätigkeitsabschluss aus. Diese Situation kann sich z.B. ergeben, wenn etwa für die Nichtanerkennung aufwandsgleicher Kosten eine Bilanzierung im Jahresabschluss ursächlich war und der Jahresabschluss unter den allgemeinen Voraussetzungen geändert wird. Fehlerfreie Jahresabschlüsse können nur geändert werden, wenn bedeutende rechtliche, wirtschaftliche, steuerrechtliche Gründe oder erst nach Feststellung erlangte wertaufhellende Erkenntnisse gegeben sind.[344]

Ein zur buchhalterischen Entflechtung verpflichtetes Unternehmen wird allerdings eine Änderung des Jahresabschlusses wegen seiner Interdependenzen zu anderen Jahresabschlusszielen[345] und seiner Öffentlichkeitswirkung kaum anstreben; daher wird sich die Strategie des Netzbetreibers auf die alleinige Änderung der Tätigkeitsabschlüsse konzentrieren.

Nach dem Zwischenergebnis in Abschnitt 2.2.3.9 (S. 67) stellen die Bilanzierung von Ausgleichsposten sowie deren Zusammenfassung oder Verrechnung mit anderen Bilanzposten, die fehlende Trennung in Eigen- und Fremdkapital oder der Ansatz des Eigenkapitals mit einem Festbetrag **objektiv** einen Fehler und damit einen Verstoß gegen zwingende handelsrechtliche Rechnungslegungsvorschriften dar. Der den Tätigkeitsabschluss Aufstellende konnte aber **subjektiv** darauf vertrauen, dass diese Bilanzierung den handelsrechtlichen Rechnungslegungsvorschriften entspricht und damit richtig ist, da BDEW und IDW mit ihren Äußerungen eine solche Bilanzierung für möglich erachtet haben[346] und sich die Regulierungsbehörden trotz vereinzelt geäußerter Bedenken ebenfalls nicht eindeutig gegen die Bilanzierung von Ausgleichsposten ausgesprochen haben[347] (vgl. Abschnitt 2.2.3.8.3.3, S. 55). Auch bei pflichtgemäßer und gewissenhafter Aufstellung und Prüfung musste der Aufsteller des Tätigkeitsabschlusses daher

343 Grottel/Schubert in: Beck Bil-Komm. (2012), § 253 HGB, Tz. 805.

344 Vgl. IDW RS HFA 6, Tz. 9 (in: IDW (2012e)).

345 Vgl. hierzu bereits grundlegend Leffson (1987), S. 38-41 und S. 59-63; Pfitzer/Oser/Lauer in: HdR (2012), Kap. 2, Tz. 5-17.

346 Vgl. BDEW (2008), S. 55-56; BDEW (2011c), S.45; IDW ERS ÖFA 2 n.F., Tz. 47, (in: IDW (2012e)).

347 Vgl. Bundesnetzagentur (2006a) und Bundesnetzagentur (2008).

nicht erkennen können, dass diese Bilanzierungsweise – und hier insbesondere die Bilanzierung von Ausgleichsposten – grundlegenden handelsrechtlichen Rechnungslegungsvorschriften widerspricht.

Ein Jahres- bzw. Tätigkeitsabschluss ist allerdings nur dann fehlerhaft, wenn der Gesetzesverstoß spätestens im Zeitpunkt der Feststellung bei pflichtgemäßer und gewissenhafter Prüfung hätte erkannt werden können; spätere wertaufhellende Erkenntnisse lassen den festgestellten Abschluss nicht fehlerhaft werden.[348] Für die Bilanzierung von Ausgleichsposten sowie deren Zusammenfassung oder Verrechnung mit anderen Bilanzposten oder die fehlende Trennung in Eigen- und Fremdkapital oder den Ansatz des Eigenkapitals mit einem Festbetrag dürften BDEW und IDW ihre derzeitigen Auffassungen eigentlich nicht länger aufrechterhalten.[349]

Die Forderung des DRSC, dass die Auswirkungen aus der Korrektur von Fehlern grundsätzlich im Ergebnis der Berichtsperiode zu berücksichtigen sind,[350] kann nicht für Tätigkeitsabschlüsse gelten, da die oben angesprochenen Fehler – insbesondere die Bilanzierung von Ausgleichsposten – nicht ergebniswirksam waren. Durch einen Ausgleichsposten wurde das Eigenkapital des rechtlich selbstständigen Unternehmens nur anders als ohne diesen Ausgleichsposten auf die entflochtenen Tätigkeiten verteilt; das Jahresergebnis ergibt sich regelmäßig aus der Tätigkeits-GuV-Rechnung (vgl. Abschnitt 2.2.3.8.3.1, S. 49). Dies sollte auch gelten, wenn Ausgleichsposten in Forderungen oder Verbindlichkeiten umgedeutet werden und diese dann verzinst werden, da das Gesamtergebnis des Unternehmens unverändert bleibt. Ergebniswirksam werden Ausgleichsposten erst im Rahmen der Netzentgeltkalkulation (vgl. Abschnitt 3.3, S. 104).

Ebenfalls nicht auf Tätigkeitsabschlüsse übertragbar ist die Forderung des DRSC, dass Fehler einer früheren Periode, die die Darstellung der Vermögens-, Finanz- und Ertragslage beeinträchtigen, durch Änderung aller veröffentlichten Abschlüsse der Vorperioden zu korrigieren sind. Die Tätigkeitsabschlüsse wurden bisher nicht veröffentlicht und konnten wegen des fehlenden Anhangs ohnehin nicht die Finanzlage der Tätigkeiten abbilden. Außerdem waren sie wegen der Durchbrechung des Buchungszusammenhangs und der damit fehlenden Bilanzidentität (vgl. Abschnitt 2.2.3.6, S. 34) erfolgsmäßig nicht mit den Vorjahren verknüpft.

---

348 Vgl. IDW RS HFA 6, Tz. 14, (in: IDW (2012e)).

349 Interessanterweise führt ausgerechnet IDW RS HFA 6, Tz. 28, (in: IDW (2012e)), aus: „Folgeänderungen dürfen nicht lediglich in Form von Ausgleichs- oder Sammelposten in der Bilanz und in der Gewinn- und Verlustrechnung (sowie ggf. auch im Anhang) vorgenommen werden".

350 Vgl. DRS 13 (2002), Tz. 25.

4.1.3 Nichtigkeit des Tätigkeitsabschlusses

Die Nichtigkeit eines Jahresabschlusses ist gem. § 256 AktG nur für den festgestellten Jahresabschluss einer Aktiengesellschaft und gem. § 256 i.V.m. § 278 Abs. 3 AktG für den festgestellten Jahresabschluss einer Kommanditgesellschaft auf Aktien gesetzlich geregelt. Ein gem. § 316 Abs. 1 S. 1 HGB prüfungspflichtiger, aber nicht geprüfter Jahresabschluss kann gem. § 316 Abs. 1 S. 2 HGB nicht festgestellt werden; ein dennoch festgestellter Jahresabschluss ist gem. § 256 Abs. 1 Nr. 2 AktG nichtig. Mangels besonderer Vorschriften ist § 256 AktG nach h.M. sinngemäß auch auf die GmbH anzuwenden, nicht aber auf den Konzernabschluss.[351] Die Vorschriften zur Nichtigkeit finden auch auf einen für Offenlegungszwecke nach § 325 Abs. 2a HGB aufgestellten Einzelabschluss keine Anwendung.[352]

Da gem. § 6b Abs. 3 S. 6 EnWG für die Aufstellung des Tätigkeitsabschlusses – im Gegensatz zum Einzelabschluss – die handelsrechtlichen Rechnungslegungsvorschriften zu beachten sind, hat ein Tätigkeitsabschluss für die buchhalterisch entflochtenen und fiktiv rechtlich selbstständigen Tätigkeiten denselben gesetzlichen Bedingungen zu folgen wie der Jahresabschluss für das nicht nur fiktiv rechtlich selbstständige Energieversorgungsunternehmen. Für einen Tätigkeitsabschluss, der als Jahresabschluss der fiktiv rechtlich selbstständigen Tätigkeit anzusehen ist und gegen handelsrechtliche Rechnungslegungsvorschriften verstößt, ist daher zu prüfen, ob er zumindest die **Bedingungen der Nichtigkeit** des § 256 AktG erfüllt.[353] Davon zu unterscheiden sind die **Folgen der Nichtigkeit** für Folgebeschlüsse, etwa der Gewinnverwendungsbeschluss oder die Dotierung von Rücklagen;[354] an den Tätigkeitsabschluss knüpfen keine weiteren gesellschaftsrechtlichen Folgeentscheidungen an.

§ 256 AktG stellt auf den objektiven Tatbestand der Verletzung von Vorschriften ab – Vorsatz oder Fahrlässigkeit sind also keine notwendigen Voraussetzungen.[355] Die Nichtigkeit tritt auch dann ein, „wenn die Nichtbeachtung einer Vorschrift auf einer versehentlich unrichtigen Erfassung des Tatbestands, der Unkenntnis einer Bestimmung oder einer irrtümlichen Auslegung beruht".[356] Bei einer Nichtigkeit des Jahresabschlusses ist eine „Änderung" im eigentlichen

351 Vgl. ADS (1995), § 256 AktG, Tz. 1; Hüffer in: MünchKomm AktG (2011), § 256 AktG, Tz. 88; Kalbfleisch in: HdR (2012), § 256 AktG, Tz. 4.

352 Vgl. WP Handbuch (2012), U 183.

353 Auf die Nichtigkeit des Jahresabschlusses soll hier nicht weiter eingegangen werden; sie hätte unmittelbar auch die Nichtigkeit der Tätigkeitsabschlüsse zur Folge.

354 Vgl. ADS (1995), § 256 AktG, Tz. 78.

355 Vgl. ebd., Tz. 3.

356 Ebd., Tz. 3.

Sinne nicht möglich.[357] Die Ersetzung eines nichtigen Jahresabschlusses durch einen ordnungsgemäßen Jahresabschluss gilt nach Auffassung des IDW daher auch nicht als Änderung, da einem nichtigen Jahresabschluss keine Rechtswirksamkeit zukommt.[358] Die Folgen der Nichtigkeit sind also deutlich gravierender und machen eine Unterscheidung zwischen einem **objektiven** Fehler und einem **subjektiven** Vertrauenstatbestand obsolet (vgl. Abschnitt 4.1.2, S. 115).

Ein Jahres- bzw. Tätigkeitsabschluss ist u.a. gem. § 256 Abs. 1 Nr. 1 AktG nichtig, wenn er Vorschriften verletzt, die ausschließlich oder überwiegend dem Gläubigerschutz dienen, oder gem. § 256 Abs. 4 AktG wegen des Verstoßes gegen Gliederungsvorschriften, wenn seine Klarheit und Übersichtlichkeit dadurch wesentlich beeinträchtigt werden.

Vorschriften i.S.d. § 256 Abs. 1 Nr. 1 AktG sind verletzt, wenn der Jahres- bzw. Tätigkeitsabschluss gegen gesetzliche Bestimmungen oder gegen Verordnungsrecht verstößt; zu diesen Vorschriften gehören auch die Grundsätze ordnungsmäßiger Buchführung, obwohl sie weder Gesetzesform noch gewohnheitsrechtliche Geltung erlangt haben.[359] Auch nichtkodifizierte Grundsätze ordnungsmäßiger Buchführung haben durch die Aufnahme in den Gesetzeswortlaut von §§ 238 und 243 HGB in Form eines unbestimmten Rechtsbegriffs selbst Gesetzesrang erhalten.[360] Die Vorschrift des § 256 Abs. 1 Nr. 1 AktG erfasst damit nach Art einer Generalnorm auch diejenigen Verstöße, die in den weiteren Vorschriften des § 256 AktG nicht besonders aufgeführt sind, aber den Gläubigerschutz berühren.[361]

Wegen der umfassenden Kodifikation der Grundsätze ordnungsmäßiger Buchführung in den handelsrechtlichen Vorschriften werden Verstöße gegen die allgemeinen Bewertungsgrundsätze des § 252 HGB jedoch nach Maßgabe des spezielleren § 256 Abs. 4 AktG (Gliederungsverstöße) und des § 256 Abs. 5 AktG (Bewertungsverstöße) beurteilt.[362]

Gliederungsvorschriften i.S.d. § 256 Abs. 4 AktG sind nicht nur die allgemeinen Grundsätze für die Gliederung gem. § 265 HGB oder die speziellen Grundsätze für die Gliederung der Bilanz gem. § 266 HGB usw., sondern auch bestimmte Ansatzvorschriften aus dem Ersten Abschnitt des Dritten Buchs des HGB, so auch § 246 Abs. 2 und § 247 HGB.[363] Der Jahres- bzw. Tätigkeitsab-

---

357 Vgl. Grottel/Schubert in: Beck Bil-Komm. (2012), § 253 HGB, Tz. 806.

358 Vgl. IDW RS HFA 6, Tz. 8, (in: IDW (2012e)).

359 Vgl. Hüffer in: MünchKomm AktG (2011), § 256 AktG, Tz. 15-16; Kalbfleisch in: HdR (2012), § 256 AktG, Tz. 12; ähnlich WP Handbuch (2012), U 186.

360 Vgl. ADS (1995), § 256 AktG, Tz. 12.

361 Vgl. ebd., Tz. 5.

362 Vgl. ebd., Tz. 12; Kalbfleisch in: HdR (2012), § 256 AktG, Tz. 12.

363 Vgl. ADS (1995), § 256 AktG, Tz. 35; ähnlich auch Kalbfleisch in: HdR (2012), § 256 AktG, Tz. 14. So auch WP Handbuch (2012), U 221: „Allgemein ist ein Gliederungsverstoß gegeben,

schluss ist nach dieser Vorschrift wegen eines Verstoßes gegen Gliederungsvorschriften allerdings nur dann nichtig, wenn seine Klarheit und Übersichtlichkeit dadurch wesentlich beeinträchtigt werden. Diese Voraussetzung wird von einem Tätigkeitsabschluss erfüllt, der Zuordnungsdifferenzen als Ausgleichsposten bilanziert oder mit anderen Bilanzposten zusammenfasst oder verrechnet, nicht zwischen Eigen- und Fremdkapital trennt oder das Eigenkapital mit einem Festbetrag ansetzt und die Zuordnungsdifferenz in den Verbindlichkeiten verrechnet; ein solcher Tätigkeitsabschluss wäre demzufolge gem. § 256 Abs. 4 AktG nichtig.

Unabhängig davon ist ein Tätigkeitsabschluss, der Ausgleichsposten bilanziert oder mit anderen Bilanzposten zusammenfasst oder verrechnet, auch gem. § 256 Abs. 1 Nr. 1 AktG nichtig, denn ein Ausgleichsposten ist kein Bilanzposten, sondern eine von den handelsrechtlichen Rechnungslegungsvorschriften nicht vorgesehene Zuordnungsdifferenz – nur Bilanzposten können falsch gegliedert werden. Der Fall, dass das Eigenkapital mit einem Festbetrag angesetzt und die Zuordnungsdifferenz in den Verbindlichkeiten erfasst wird, dürfte ebenfalls unter § 256 Abs. 1 Nr. 1 AktG zu subsumieren sein.[364]

Die Nichtigkeit kann allerdings gem. § 256 Abs. 6 S. 1 AktG nicht mehr geltend gemacht werden, wenn seit der Bekanntmachung im Bundesanzeiger gem. § 325 Abs. 2 HGB im Fall der Nichtigkeit gem. § 256 Abs. 1 Nr. 1 AktG drei Jahre und im Fall der Nichtigkeit gem. § 256 Abs. 4 AktG sechs Monate verstrichen sind und die sog. Heilung eingetreten ist.[365] Es soll hier nicht weiter problematisiert werden, dass Tätigkeitsabschlüsse erst wieder mit Geltung des EnWG 2011 im Bundesanzeiger zu veröffentlichen sind, denn aufgrund der fehlenden Bilanzidentität (vgl. Abschnitt 2.2.3.6, S. 34) werden die zur Nichtigkeit führenden Bilanzierungsentscheidungen mit jedem Tätigkeitsabschluss **neu** getroffen.

Da für die Tätigkeitsabschlüsse die handelsrechtlichen Rechnungslegungsvorschriften gelten und das HGB die Aufstellung gesetzeskonformer Jahresabschlüsse verlangt, „müssen nichtige Jahresabschlüsse grundsätzlich durch wirksame ersetzt werden".[366] Dies gilt dann auch für Tätigkeitsabschlüsse, die die Bedingungen der Nichtigkeit erfüllen.

Da bei einer Nichtigkeit des Jahresabschlusses eine **Änderung** im eigentlichen Sinne nicht möglich ist,[367] genügt es nach Auffassung des IDW, wenn der Fehler in dem letzten noch nicht festgestellten Jahresabschluss in laufender Rechnung korrigiert wird; die Änderung und deren Auswirkungen auf die Darstellung der

---

wenn Bilanz und/oder GuV nicht ausreichend tief gegliedert sind, wenn Vermögensgegenstände oder Verbindlichkeiten unzutreffenden Posten zugeordnet worden sind oder wenn Posten an unzutreffender Stelle ausgewiesen worden sind".

364 Ähnlich ADS (1995), § 256 AktG, Tz. 9.

365 Vgl. WP Handbuch (2012), U 244-246.

366 IDW HFA RS 6, Tz. 15, (in: IDW (2012e)).

367 Vgl. Grottel/Schubert in: Beck Bil-Komm. (2012), § 253 HGB, Tz. 806.

Vermögens-, Finanz- und Ertragslage des Unternehmens sollen einschließlich der quantitativen Auswirkungen auf die betroffenen Abschlussposten angemessen erläutert werden.[368] Diese Information entfällt bei einem Tätigkeitsabschluss, da er keinen Anhang enthält, und wegen des fehlenden Anhangs bereits in der Vergangenheit kein den tatsächlichen Verhältnissen entsprechendes Bild der Vermögens-, Finanz- und Ertragslage der Tätigkeit vermitteln konnte;[369] insbesondere ist wegen der fehlenden Bilanzidentität keine erfolgsmäßige Verknüpfung mit den Vorjahren gegeben.

4.1.4 Zwischenergebnis

Die Ergebnisse des zweiten und dritten Kapitels zeigen – und verifizieren damit die im ersten Kapitel formulierte Hypothese (S. 3) –, dass Tätigkeitsabschlüsse, die gegen handelsrechtliche Rechnungslegungsvorschriften verstoßen, ihre **originäre Informationsfunktion** nicht erfüllen – nicht für die Regulierungsbehörden und schon gar nicht für unternehmensexterne Adressatengruppen. Trotz dieser gravierenden Verstöße bilden die Tätigkeitsabschlüsse eine wesentliche Basis für das System der Netzentgeltregulierung und die Ermittlung des Regulierungskontosaldos.

Hinsichtlich der Sicherung der **derivativen Informationsfunktion** der Rechnungslegung und buchhalterischen Entflechtung war daher zunächst zu erörtern, wie solchen gegen handelsrechtliche Rechnungslegungsvorschriften verstoßenden Tätigkeitsabschlüssen begegnet werden kann. Die Untersuchung kam zu dem Ergebnis, dass der Stetigkeitsgrundsatz auf diese Tätigkeitsabschlüsse nicht anzuwenden ist, da er nur für fehlerfreie Abschlüsse zu beachten ist; die Bilanzierung einer Zuordnungsdifferenz als Ausgleichsposten, der nach den handelsrechtlichen Rechnungslegungsvorschriften nicht gebildet werden darf, ist keine Ansatzmethode gem. § 246 Abs. 3 S. 1 HGB, die durchbrochen werden könnte.

Nach den Ergebnissen des zweiten Kapitels (S. 78) ist ein Tätigkeitsabschluss, der Ausgleichsposten bilanziert, **objektiv** fehlerhaft, da er nicht den handelsrechtlichen Rechnungslegungsvorschriften entspricht. Der Tätigkeitsabschluss wurde aber nicht **subjektiv** fehlerhaft aufgestellt, weil der Bilanzierende darauf vertrauen konnte, dass die Bilanzierung von Ausgleichsposten den handelsrechtlichen Rechnungslegungsvorschriften entspricht, da BDEW und IDW die Bilanzierung von Ausgleichsposten für möglich erachteten und die Regulierungsbehörden dieser Auffassung nicht widersprachen.

---

368 Vgl. IDW HFA RS 6, Tz. 15, (in: IDW (2012e)).

369 Vgl. WP Handbuch (2012), F 80; SABI 3/1986 (in: IDW (2012e)).

Für einen Tätigkeitsabschluss gelten aber auch die Bedingungen der Nichtigkeit des § 256 AktG: Sofern er Eigen- und Fremdkapital nicht trennt, ist er gem. § 256 Abs. 4 AktG nichtig. Ein Tätigkeitsabschluss, der Ausgleichsposten bilanziert oder mit anderen Bilanzposten zusammenfasst oder verrechnet, ist gem. § 256 Abs. 1 Nr. 1 AktG ebenfalls nichtig, denn ein Ausgleichsposten ist kein Bilanzposten, sondern eine von den handelsrechtlichen Rechnungslegungsvorschriften nicht vorgesehene Zuordnungsdifferenz – nur Bilanzposten können falsch gegliedert werden. Entsprechendes gilt, wenn das Eigenkapital mit einem Festbetrag angesetzt und die Zuordnungsdifferenz in den Verbindlichkeiten erfasst wird.

Dass die Nichtigkeit gem. § 256 Abs. 6 S. 1 AktG nicht mehr geltend gemacht werden kann, wenn seit der Bekanntmachung im Bundesanzeiger gem. § 325 Abs. 2 HGB im Fall der Nichtigkeit gem. § 256 Abs. 1 Nr. 1 AktG drei Jahre und im Fall der Nichtigkeit gem. § 256 Abs. 4 AktG sechs Monate vergangen sind und die sog. Heilung eingetreten ist, ist eher unerheblich; denn wegen der fehlenden Bilanzidentität wird die Entscheidung für den Ansatz eines Ausgleichspostens bei jeder Aufstellung des Tätigkeitsabschlusses neu getroffen.

Da für Tätigkeitsabschlüsse die handelsrechtlichen Rechnungslegungsvorschriften für Kapitalgesellschaften zu beachten sind, müssen nichtige Tätigkeitsabschlüsse grundsätzlich durch fehlerfreie Tätigkeitsabschlüsse ersetzt werden.

4.2 Informationen zum Regulierungskonto zur Sicherung der derivativen Informationsfunktion

Weder das EnWG, die ARegV oder die StromNEV bzw. GasNEV noch ihre jeweiligen Begründungen enthalten Regelungen oder geben Raum für Interpretationsmöglichkeiten, wie der im Rahmen der Netzentgeltregulierung (vgl. dazu das Zwischenergebnis des dritten Kapitels, S. 108) ermittelte Saldo des Regulierungskontos im Jahres- oder Tätigkeitsabschluss des Energieversorgungsunternehmens abzubilden ist. Damit hat es der Gesetzgeber versäumt, durch eine eindeutige gesetzliche Regelung ein aus der **originären und derivativen Informationsfunktion** bestehendes geschlossenes System der Informationsermittlung und -vermittlung der Rechnungslegung und buchhalterischen Entflechtung im Beziehungsgeflecht zwischen Tätigkeitsabschluss, Netzentgeltregulierung und Jahresabschluss zu installieren.[370]

370 Auch in den Erläuterungen der Regulierungsbehörden zur Bestimmung des Regulierungskontosaldos finden sich keine Hinweise zur handelsrechtlichen Bilanzierung (vgl. Bundesnetzagentur (2011)).

Der einzige Hinweis zur Bilanzierung des Regulierungskontosaldos findet sich in einem Schreiben des IDW[371] an die Bundesnetzagentur. Das IDW vertritt hier die Auffassung, dass ein negativer Saldo zu passivieren ist, ein positiver Saldo aber nicht aktiviert werden darf.[372] Auch wenn diese Einschätzung unter Heranziehung des Realisationsprinzips begründet wurde, kann das Ergebnis für den positiven Saldo unter Informationsgesichtspunkten nicht befriedigen, denn durch die Netzentgeltregulierung wird in die handelsrechtliche Rechnungslegung eingegriffen, ohne dass die interessierte Öffentlichkeit über diese Folgewirkung ausreichend informiert wird.

Die Bedeutung der Bilanzierung des Regulierungskontosaldos für die Abbildung der Vermögens-, Finanz- und Ertragslage sollte nicht unterschätzt werden: Unter Berücksichtigung der Änderungsvorgabe gem. § 5 Abs. 3 ARegV können sich am Ende der ersten Regulierungsperiode kumulierte Mehr- oder Mindererlöse bei den Strom- oder Gasnetzbetreibern von fast 20 Prozentpunkten der durchschnittlichen Umsatzerlöse eines Geschäftsjahres ergeben (4 Jahre multipliziert mit < 5 %), in der zweiten Regulierungsperiode sogar von fast 25 Prozentpunkten. Von besonderer Bedeutung ist aber, dass der auf dem Regulierungskonto erfasste Saldo die in den Netzentgelten kalkulierten Gewinnbestandteile enthält und daher in voller Höhe ergebniswirksam ist, da die ihm zuzurechnenden Aufwendungen bereits im abgelaufenen Geschäftsjahr erfasst wurden.[373] Vor dem Hintergrund der Sicherung der Informationsfunktion der Rechnungslegung und buchhalterischen Entflechtung gemäß EnWG ist daher eine Information über den Saldo des Regulierungskontos im Regelfall unerlässlich.

Inwieweit dem Schreiben des IDW an die Bundesnetzagentur überhaupt eine rechtliche Bindungswirkung beigemessen werden kann, erscheint problematisch, handelt es sich doch lediglich um eine Meinungsäußerung eines Rechtssubjekts gegenüber einem anderen Rechtssubjekt. Die Auffassung des IDW wurde dennoch ohne jede weitere Diskussion für die Bilanzierung des Regulierungskontosaldos übernommen.

371 Vgl. IDW (2009).

372 Der Begriff „Saldo“ darf hierbei aufgrund des sog. „t-2-Versatzes“ gem. § 6 Abs. 1 S. 3 ARegV und der Regelung, dass der Netzbetreiber gem. § 5 Abs. 4 ARegV erst im letzten Jahr der Regulierungsperiode einen Bescheid erhält, in dem der kumulierte Saldo des Regulierungskontos für die vergangenen Geschäftsjahre festgestellt wird, nicht wortwörtlich verstanden werden. Den jeweiligen „Saldo“ muss das Unternehmen in einer Nebenrechnung ermitteln.

373 Dass der BDEW gegen die Nichtaktivierung nicht deutlich Position bezog, dürfte auch dem Umstand geschuldet sein, dass mit der Nichtaktivierung ein nicht unwesentlicher Steuerstundungseffekt für seine Mitgliedsunternehmen verbunden ist.

4.2.1 Negativer Regulierungskontosaldo

Ein negativer Saldo auf dem Regulierungskonto (die erzielbaren (tatsächlichen) Erlöse übersteigen die zulässigen Erlöse) verpflichtet den Netzbetreiber zur künftigen Entgeltabsenkung. Für diese Verpflichtung ist gem. § 249 Abs. 1 S. 1 1. Alt. HGB nach Auffassung des IDW eine Rückstellung für ungewisse Verbindlichkeiten in der Handelsbilanz zu passivieren; dies gilt auch bei einem sog. vertikal integrierten Energieversorgungsunternehmen.[374] In den Rückstellungsbetrag fließt auch die Verzinsung der Zu- und Abschläge gem. § 5 Abs. 4 S. 3 ARegV ein; der Gesamtbetrag der Rückstellung ist dann gem. § 253 Abs. 2 S. 1 und S. 4 HGB nach der RückAbzinsV abzuzinsen.

Fraglich ist, inwieweit gegenläufige Effekte aus der Buchung von positiven Beträgen auf dem Regulierungskonto (entgelterhöhende Sachverhalte) bei der Rückstellungsbildung zu berücksichtigen sind. Der Wortlaut des § 5 Abs. 4 ARegV unterscheidet nicht zwischen unterschiedlichen Spannungsebenen. Die Regulierungsbehörde ermittelt gem. § 5 Abs. 4 S. 1 ARegV den Saldo des Regulierungskontos **im letzten Jahr der Regulierungsperiode** (Gassektor: 2012 und 2017; Stromsektor: 2013 und 2018) **für die vorangegangenen fünf Kalenderjahre**, so dass die auf dem Regulierungskonto erfassten Sachverhalte zusammengefasst werden. Dieser Saldo wird dann gem. § 5 Abs. 4 S. 2 ARegV über die folgende Regulierungsperiode durch gleichmäßige Zu- bzw. Abschläge auf die Durchleitungsentgelte verteilt und dadurch ausgeglichen. Wenn auf dem Regulierungskonto gleichzeitig positive Beträge gebucht sind, die einen künftigen Anspruch des Netzbetreibers auf den Ansatz höherer Netzentgelte gegen alle künftigen Netzkunden darstellen, wird der Umfang der Verpflichtung des Netzbetreibers zur künftigen Entgeltabsenkung – also die Höhe der vorzunehmenden Abschläge – durch diese Zusammenfassung gemindert. Vorteile aus noch nicht realisierten künftigen Ansprüchen können bei der Bewertung der Rückstellungen für künftige Entgeltsenkungen aber nur berücksichtigt werden, wenn diese zwingend bei Erfüllung der Verpflichtung realisiert werden.

Nach Auffassung des IDW besteht indes dieser erforderliche kausale Zusammenhang nur spannungsebenenbezogen, wenn die Regulierungsbehörde bei der Kontenführung und Saldenbildung nach Spannungsebenen differenziert.[375] Künftige und damit noch nicht aktivierungsfähige Ansprüche gegen Dritte können unter diesen Voraussetzungen bei der Bewertung von Rückstellungen für ungewisse Verbindlichkeiten nur mindernd berücksichtigt werden, wenn zwischen dem Anspruch und der die Verbindlichkeit begründenden Verpflichtung eine wechselseitige – spannungsebenenbezogene – Kausalität

374 Vgl. IDW (2009), S. 2.

375 Vgl. IDW (2009), S. 3.

besteht, die den Eintritt des einen Sachverhalts ohne den anderen unmöglich macht.[376]

Der BDEW stellte dann in Abstimmung mit dem IDW klar, dass grundsätzlich sämtliche auf dem Regulierungskonto gebuchten Beträge saldiert werden und nicht nach Spannungsebenen im Strombereich bzw. Druckstufen im Gasbereich unterschieden wird. Dies „entspreche sowohl der Systematik der Anreizregulierung als auch dem Vorgehen der Regulierungsbehörden, die den Netzbetreibern lediglich den Jahressaldo des Regulierungskontos über alle Spannungsebenen und Druckstufen hinweg"[377] mitteile. Dieses Einverständnis des IDW ist zumindest inkonsequent, da er im Verrechnungsfall in einem **positiven Saldo** einen Vermögensgegenstand sieht, der die auszuweisende Verbindlichkeit für einen negativen Saldo verringert.

Die Rückstellung für ungewisse Verbindlichkeiten gem. § 249 Abs. 1 S. 1 1. Alt. HGB ist nicht nur im Jahresabschluss, sondern auch im Tätigkeitsabschluss zu passivieren, weil die Verpflichtung dem fiktiv rechtlich selbstständigen Unternehmen als Netzbetreiber zuzurechnen ist. Da diese Rückstellung gem. § 266 Abs. 3 B. 3 HGB unter den „Sonstigen Rückstellungen" auszuweisen ist, ist sie gem. § 285 Nr. 12 HGB im Anhang zu erläutern, wenn sie einen nicht unerheblichen Umfang hat und nicht gesondert ausgewiesen wird. Dieser erhebliche Umfang der Rückstellung kann im Tätigkeitsabschluss gegeben sein; es besteht aber keine Pflicht, einen Anhang zu einem Tätigkeitsabschluss aufzustellen oder gesondert im Rahmen der Veröffentlichung der Tätigkeitsabschlüsse zusätzliche Informationen zu veröffentlichen; ob diese Informationen im Rahmen von § 6b Abs. 3 S. 7 EnWG (vgl. Abschnitt 2.2.4, S. 68) freiwillig gegeben werden, darf bezweifelt werden.

Der negative Regulierungskontosaldo wird also lediglich innerhalb der sonstigen Rückstellungen im Jahresabschluss passiviert; ob er den „nicht unerheblichen Umfang" erreicht und die Anhangangabe gem. § 285 Nr. 12 HGB notwendig wird, ist fraglich. Im Regelfall werden weitergehende Information fehlen.

4.2.2 Positiver Regulierungskontosaldo

Für den umgekehrten Fall, dass auf dem Regulierungskonto ein positiver Saldo besteht – die zulässigen Erlöse übersteigen die erzielbaren (tatsächlichen) Erlöse – , kommt das IDW zu dem Ergebnis, dass dieser Betrag „einen künftigen Anspruch des Netzbetreibers auf den Ansatz höherer Netznutzungsentgelte gegen

376 Vgl. IDW RS HFA 4, Tz. 19, (in: IDW (2012e)).
377 BDEW (2011a), S. 53-54.

alle künftigen Netzkunden" darstellt und daher aufgrund des Realisationsprinzips der Ansatz eines Aktivpostens aus künftigen, zum jeweiligen Bilanzstichtag nicht realisierten Ansprüchen ausscheidet.[378] Interessanterweise hat sich das IDW unter Hinweis auf das Realisationsprinzip aber nicht gegen die Aktivierung von Zuordnungsdifferenzen als Ausgleichsposten ausgesprochen.

Dem IDW ist zuzustimmen, wenn es argumentiert, dass der Netzbetreiber keine Ansprüche aus vergangenen Rechtsbeziehungen (und Zeiträumen) gegen seine Netzkunden hat, da die veröffentlichten und geforderten Netzentgelte – unterstellt – im Rahmen des Leistungsaustausches vollständig entrichtet und damit die vertraglichen Verpflichtungen ausgeglichen wurden. Diskussionswürdig ist allerdings die Auffassung des IDW, dass die künftigen Ansprüche des Netzbetreibers zwar ihre wirtschaftliche Ursache in der Vergangenheit haben, aber erst durch die in der Zukunft zu kalkulierenden und einzufordernden Netzentgelte des Netzbetreibers realisiert werden. Das IDW kommt in diesem Zusammenhang ausdrücklich zu dem Schluss, dass diesem Ergebnis auch nicht entgegensteht, dass beim Verkauf eines Netzes zum Ertragswert der Anspruch auf eine erhöhte Erlösobergrenze für die Netzentgelte kaufpreiserhöhend Berücksichtigung finden kann.[379]

Das Realisationsprinzip bildet zusammen mit dem Imparitätsprinzip das wesentliche Fundament des in § 252 Abs. 1 Nr. 4 HGB verankerten Vorsichtsprinzips,[380] das nach dem eindeutigen Willen des Gesetzgebers[381] als allgemeiner Bewertungsgrundsatz aber erst bei der Bewertung und nicht bereits bei der Frage des Ansatzes eines Bilanzpostens zum Tragen kommen soll. Nach WINKELJOHANN/BÜSSOW ist das Vorsichtsprinzip jedoch als traditioneller Grundsatz ordnungsmäßiger Buchführung anzusehen, „der in allen Fragen der Bilanzierung und Bewertung zu beachten ist".[382] Als Folge dieses allgemeinen Grundsatzes dürfen nur solche Vermögensgegenstände „aktiviert werden, die sich konkretisiert, im Rechtsverkehr einen feststehenden Inhalt und im Handelsverkehr einen bestimmten Wert haben".[383]

378 Vgl. IDW (2009), S. 2.

379 Vgl. dazu im Einzelnen IDW (2009), S. 2.

380 Vgl. ADS (1995), § 252 HGB, Tz. 63; Fülbier/Kuschel/Selchert in: HdR (2012), § 252 HGB, Tz. 75; Winkeljohann/Büssow in: Beck Bil-Komm. (2012), § 252 HGB, Tz. 29; Avella/Brinkmann in: Haufe Bil.-Komm. (2012), § 252 HGB, Tz. 91.

381 Vgl. ADS (1995), § 248 HGB, Tz. 23; Baetge/Fey/Weber/Sommerhoff in: HdR (2012), § 248 HGB, Tz. 36; Gelhausen/Fey/Kämpfer (2009), Tz. E 1-2. § 252 HGB ist mit „Allgemeine Bewertungsgrundsätze" überschrieben und der erste Paragraph des mit „Bewertungsvorschriften" überschriebenen Dritten Titels des Zweiten Unterabschnitts des Ersten Abschnitts des Dritten Buchs des HGB.

382 Winkeljohann/Büssow in: Beck Bil-Komm. (2012), § 252 HGB, Tz. 29.

383 Ebd.; vgl. auch ADS (1995), § 252 HGB, Tz. 73; Fülbier/Kuschel/Selchert in: HdR (2012), § 252 HGB, Tz. 76.

Unabhängig von dieser Wertung ist gesetzessystematisch aber nicht das Vorsichtsprinzip die zentrale Vorschrift für die Bilanzierung oder Nichtbilanzierung eines Postens der Bilanz oder der GuV-Rechnung, sondern das Vollständigkeitsgebot gem. § 246 Abs. 1 S. 1 HGB.[384] Die Bedeutung der Unterscheidung zwischen Ansatz und Bewertung wird besonders deutlich bei der Bilanzierung von Erinnerungs- oder Merkposten.[385]

Auch wegen der erheblichen materiellen Bedeutung (vgl. Abschnitt 4.2, S. 123) des (positiven) Saldos auf dem Regulierungskonto soll die Auffassung des IDW eingehender geprüft und untersucht werden, ob nicht auch ein positiver Saldo des Regulierungskontos handelsrechtlich aktiviert werden kann oder sogar muss. Als mögliche Aktivposten für einen positiven Saldo auf dem Regulierungskonto kommt unter Berücksichtigung der §§ 247 und 266 HGB ein Ausweis als Forderung, als immaterieller Vermögensgegenstand des Anlagevermögens oder als immaterieller Vermögensgegenstand des Umlaufvermögens in Betracht.

4.2.2.1 Aktivierung des positiven Regulierungskontosaldos als Forderung

4.2.2.1.1 Aktivierung des positiven Regulierungskontosaldos als Forderung mit Gegenleistung

Forderungen sind Ansprüche eines Gläubigers gegen einen bestimmten Schuldner auf eine erzwingbare (Geld- oder Sach-)Leistung. Der Anspruch des einen Vertragspartners ist eine Verpflichtung des anderen Vertragspartners; es ist also Gegenseitigkeit gegeben.[386]

Forderungen entstehen üblicherweise im Rahmen von Schuldverhältnissen erst mit der Erbringung einer Leistung, denn mit einer Gegenleistung verbundene Forderungen sind – wenn sich Leistung und Gegenleistung ausgeglichen gegenüberstehen – nicht bereits bei Vertragsabschluss zu buchen; erst die einseitige (Teil-)Vertragserfüllung (Lieferung oder sonstige Leistung) führt im Regelfall zu einem Geschäftsvorfall und damit zu einer Forderung.[387] Forderungen, die aus vertraglichen Schuldverhältnissen im Rahmen der gewöhnlichen Geschäfts-

384 Erster Paragraph des mit „Ansatzvorschriften“ überschriebenen Zweiten Titels des Zweiten Unterabschnitts des Ersten Abschnitts des Dritten Buchs des HGB.

385 Vgl. ADS (1995), § 246 HGB, Tz. 77; Förschle/Kroner in: Beck Bil-Komm. (2012), § 246 HGB, Tz. 2; Kußmaul in: HdR (2012), § 246 HGB, Tz. 2.

386 Vgl. ADS (1995), § 253 HGB, Tz. 54; Grottel/Gadek in: Beck Bil-Komm. (2012), § 255 HGB, Tz. 250-252; Poullie (2010a) in: HdJ, Abt. II/6, Tz. 1.

387 Vgl. Naumann/Breker (2003) in: HdJ, Abt. I/7, Tz. 176-179; Grottel/Gadek in: Beck Bil-Komm. (2012), § 255 HGB, Tz. 252; Poullie (2010a) in: HdJ, Abt. II/6, Tz. 103.

tätigkeit stammen, gehören zu den Geschäftsvorfällen, die in der GuV-Rechnung als „Umsatzerlöse“ und in der Bilanz als „Forderungen aus Lieferungen und Leistungen“ auszuweisen sind.[388] Das Anschaffungswertprinzip (erfolgsneutrale Vermögensumschichtung) wird in diesen Fällen durch das Realisationsprinzip (erfolgswirksame Vermögensumschichtung) verdrängt.[389]

Wenn die Netzkunden der Netzbetreiber die im Preisblatt veröffentlichten, geforderten Netzentgelte vollständig im Rahmen des Leistungsaustausches entrichtet haben, sind sie ihrer Vertragsverpflichtung nachgekommen; die Forderung des Netzbetreibers aus dem Vertragsverhältnis wurde erfüllt.[390] Ein Anspruch gegen die Regulierungsbehörden und damit eine Aktivierung als Forderung scheidet aus, da die Regulierungsbehörden zu keinem Zeitpunkt Vertragspartner geworden sind.

4.2.2.1.2 Aktivierung des positiven Regulierungskontosaldos als Forderung ohne Gegenleistung

Ansprüche, die sich nicht aus einem Austauschverhältnis ergeben, können auch ohne Leistungserbringung aufgrund der jeweiligen den Rechtsanspruch begründenden bürgerlichen oder öffentlichen Anspruchsgrundlage entstehen und sind nach Handelsrecht als „Sonstige Vermögensgegenstände“ zu aktivieren, sofern sie sich dem Grunde und der Höhe nach aufgrund formalrechtlicher oder wirtschaftlicher Gründe konkretisiert haben; solche Forderungen ergeben sich z.B. aus unerlaubten Handlungen, positiver Vertragsverletzung oder Gewährleistungen.[391]

Ob ein bilanzierungsfähiger Vermögensgegenstand vorliegt, bestimmt sich nicht ausschließlich nach juristischen[392], sondern auch nach wirtschaftlichen Kriterien, hier nach dem in § 252 Abs. 1 Nr. 4 HGB konkretisierten und bereits angesprochenen Realisationsprinzip. Für den Zeitpunkt der Buchung des Geschäftsvorfalls und damit der Buchung der Forderung ist also entscheidend, ob die Forderung in bestimmbarer Höhe mit hinreichender Sicherheit entstanden

388 Vgl. ADS (1995), § 266 HGB, Tz. 120; Ellrott/Roscher in: Beck Bil-Komm. (2012), § 247 HGB, Tz. 75; Poullie (2010a) in: HdJ, Abt. II/6, Tz. 103; Dusemond/Heusinger-Lange/Knop in: HdR (2012), § 266 HGB, Tz. 83.

389 Vgl. Grottel/Gadek in: Beck Bil-Komm. (2012), § 255 HGB, Tz. 252.

390 Vgl. IDW (2009), S. 2.

391 Vgl. ADS (1995), § 266 HGB, Tz. 134; Ellrott/Roscher in: Beck Bil-Komm. (2012), § 247 HGB, Tz. 120; Poullie (2010a) in: HdJ, Abt. II/6, Tz. 126; Dusemond/Heusinger-Lange/Knop in: HdR (2012), § 266 HGB, Tz. 87.

392 Den Zeitpunkt der rechtlichen Entstehung der Forderung als frühestmöglichen Zeitpunkt der Forderungsbuchung legt Leffson (1987), S. 247-250, zugrunde.

ist.[393] Bei einer Forderung ohne Gegenleistung wird dies allerdings im Regelfall zur Voraussetzung haben, dass die Forderung auch rechtlich entstanden ist, nicht jedoch, dass sie auch bereits unbestritten vom Schuldner – u.U. durch Richterspruch – bestätigt ist.[394]

Die Regulierungsbehörde ermittelt den Saldo des Regulierungskontos gem. § 5 Abs. 4 ARegV. In ihren Erläuterungen zur Bestimmung des Regulierungskontosaldos führt die Bundesnetzagentur aus, dass jedem Netzbetreiber für jedes Kalenderjahr „eine Mitteilung zum Stand seines Regulierungskontos (in Form eines Kontoauszugs), die einen rein informatorischen Charakter hat", zugestellt wird; im letzten Jahr der Regulierungsperiode erhält der Netzbetreiber außerdem „einen Bescheid, in dem der für die vergangenen Kalenderjahre aufgelaufene kumulierte Saldo des Regulierungskontos festgestellt wird".[395]

Durch die „Mitteilung" oder den „Bescheid" wird jedoch kein auf einem Gesetz oder einer anderen Rechtsgrundlage bestehender öffentlich-rechtlicher Leistungsanspruch begründet.[396] Die Mitteilung oder der Bescheid stellen also keinen begünstigenden Verwaltungsakt dar, der eine Forderungsaktivierung rechtfertigen könnte.[397] Anders als etwa bei Ansprüchen auf Subventionen formulieren das EnWG und die ARegV keine Voraussetzungen, die am Abschlussstichtag zu erfüllen sind, damit ein Rechtsanspruch auf eine Leistung entsteht.

Die Aktivierung eines „Sonstigen Vermögensgegenstandes" kommt aus den in Abschnitt 4.2.2.1.1 (S. 128) genannten Gründen nicht in Frage. Es scheidet aber auch ein Anspruch gegenüber den Regulierungsbehörden aus, da keine Anspruchsgrundlage nach bürgerlichem oder öffentlichem Recht für die Aktivierung einer Forderung ohne Gegenleistung gegeben ist.

4.2.2.1.3 Aktivierung des positiven Regulierungskontosaldos als erst nach dem Abschlussstichtag rechtlich entstehende Forderung

Von Sonderfällen abgesehen, die hier nicht weiter untersucht werden müssen,[398] gibt es eine weitere, jedoch nur selten zur Anwendung kommende Forderungskategorie: Forderungen, die vor dem Entstehen eines Rechtsanspruchs eingebucht

393 Vgl. ADS (1995), § 246 HGB, Tz. 172; Ballwieser in: MünchKomm HGB (2008), § 246 HGB, Tz. 60-62; Ballwieser in: MünchKomm HGB (2008), § 252 HGB, Tz. 72-74; Kußmaul in: HdR (2012), § 246 HGB, Tz. 7-8.

394 Vgl. Poullie (2010a) in: HdJ, Abt. II/6, Tz. 13.

395 Bundesnetzagentur (2011), S. 2.

396 Weder das EnWG noch die ARegV verwenden im Zusammenhang mit dem Regulierungskonto den Begriff „Mitteilung" oder „Bescheid".

397 Vgl. dazu auch ADS (1995), § 246 HGB, Tz. 175.

398 Dies sind z.B. Forderungen auf Kapitaleinlagen oder aus Kapitalerträgen, vgl. Poullie (2010a) in: HdJ, Abt. II/6, Tz. 18-19.

werden, obwohl sie erst nach dem Abschlussstichtag rechtlich entstehen. Die Zulässigkeit der Aktivierung dieser wirtschaftlich begründeten Ansprüche vor dem Zeitpunkt ihres rechtlichen Entstehens wird gem. § 268 Abs. 4 S. 2 HGB durch die Pflicht zur Erläuterung derartiger Vermögensgegenstände im Anhang – wenn sie größeren Umfangs sind – ausdrücklich anerkannt.

Die Aktivierung einer solchen Forderung hängt ebenfalls davon ab, dass sie nach dem Realisationsprinzip als realisiert anzusehen ist.[399] Damit wäre jedoch kein Kriterium der Abgrenzung von den anderen Forderungen gegeben. Zur Auslegung der Voraussetzung fehlender rechtlicher Entstehung ist daher Art. 18 der 4. EG-Richtlinie heranzuziehen, der nicht von einer fehlenden rechtlichen Entstehung ausgeht, sondern als Wahlrecht der Mitgliedsstaaten vorsieht, dass Erträge, die erst nach dem Abschlussstichtag fällig werden, unter den Forderungen ausgewiesen werden können.[400] Abzustellen ist daher insbesondere auf Beträge, die einerseits aufgrund des Realisationsprinzips bereits als entstanden zu gelten haben und andererseits erst nach dem Abschlussstichtag in Rechnung gestellt werden können bzw. fällig sind, also sog. antizipative Posten.[401] In Betracht kommen insbesondere noch nicht fällige Erträge aus Beteiligungen sowie Provisionen, Rabatte, Boni, Umsatzprämien usw., die auf der Grundlage der Umsatzzahlen des abgelaufenen Jahres bemessen werden[402] – nicht aber ein positiver Regulierungskontosaldo.

4.2.2.1.4 Auffassung des IDW

Zum positiven Saldo auf dem Regulierungskonto stellt das IDW fest, dass der Netzbetreiber keine Ansprüche gegen seine Netzkunden aus vergangenen Rechtsbeziehungen geltend machen kann, wenn die im Preisblatt veröffentlichten, geforderten Netzentgelte vollständig im Rahmen des Leistungsaustausches entrichtet wurden. Auch wenn der auf dem Regulierungskonto ausgewiesene positive Saldo wirtschaftlich in der Vergangenheit verursacht ist, kann der sich daraus ableitende künftige Anspruch des Netzbetreibers erst durch die künftigen Durchleitungsleistungen realisiert werden. Aufgrund des Realisationsprinzips scheidet damit nach Auffassung des IDW der Ansatz eines Aktivpostens

---

399 Vgl. ADS (1995), § 268 HGB, Tz. 106; Ellrott/Krämer in: Beck Bil-Komm. (2012), § 268 HGB, Tz. 94; Poullie (2010a) in: HdJ, Abt. II/6, Tz. 33-34.

400 Vgl. 4. EG-Richtlinie (1978).

401 Vgl. ADS (1995), § 268 HGB, Tz. 104; Ellrott/Krämer in: Beck Bil-Komm. (2012), § 268 HGB, Tz. 93-95; Knop/Zander in: HdR (2012), § 268 HGB, Tz. 203-204; Ballwieser in: MünchKomm HGB (2008), § 246 HGB, Tz. 62; Poullie (2010a) in: HdJ, Abt. II/6, Tz. 34-35.

402 Vgl. ADS (1995), § 268 HGB, Tz. 106; Ellrott/Krämer in: Beck Bil-Komm. (2012), § 268 HGB, Tz. 94; Knop/Zander in: HdR (2012), § 268 HGB, Tz. 205; Poullie (2010a) in: HdJ, Abt. II/6, Tz. 35.

aus künftigen, zum jeweiligen Bilanzstichtag nicht realisierten Ansprüchen aus.[403]

Das IDW verwendet in seinem Schreiben an die Bundesnetzagentur nicht den Begriff „Forderung“, sondern nur den Begriff „Aktivposten“. Die Ausführungen lassen aber den Schluss zu, dass das IDW sich in erster Linie zur Aktivierung einer Forderung geäußert hat. Der Auffassung des IDW ist zuzustimmen (vgl. die Begründung in den Abschnitten 4.2.2.1.1, S. 128, bis 4.2.2.1.3, S. 130).

Lediglich der Passus, dass diesen Ausführungen auch nicht entgegenstehe, „dass bei einem Verkauf eines Netzes ggf. der Anspruch auf künftige Umsetzung einer um Mindererlöse der Vergangenheit erhöhten Erlösobergrenze in Netzentgelte kaufpreiserhöhend Berücksichtigung finden kann (z.B. wenn ein Netz zum Ertragswert verkauft wird)“[404], lässt vermuten, dass das IDW einen positiven Regulierungskontosaldo zumindest im Ansatz unter dem Gesichtspunkt einer Aktivierung als **immateriellen Vermögensgegenstand** bedacht, diesen Gedanken dann aber sofort wieder verworfen hat. Ob der Auffassung des IDW zur Nichtaktivierung des positiven Regulierungskontosaldo als immateriellen Vermögensgegenstand zuzustimmen ist, soll in den beiden folgenden Abschnitten untersucht werden.

4.2.2.2 Aktivierung des positiven Regulierungskontosaldos als immaterieller Vermögensgegenstand des Anlagevermögens

Das HGB definiert den Begriff „Vermögensgegenstand“ nicht und damit auch keine Abgrenzung zwischen einem materiellen und einem immateriellen Vermögensgegenstand. Im Bereich der Rechnungslegung dominiert daher die negative Abgrenzung der immateriellen von den materiellen und finanziellen Vermögensgegenständen, da diese beiden letztgenannten Vermögensgegenstände zumindest ausführlich vom Gesetzgeber im HGB beschrieben werden. Die immateriellen Vermögensgegenstände umfassen insofern die Werte, die nicht den materiellen oder finanziellen Vermögensgegenständen zuzuordnen sind.[405]

Zu den materiellen Vermögensgegenständen gehören körperliche Gegenstände oder Güter wie Grundstücke, Gebäude oder Maschinen. Den finanziellen Vermögensgegenständen oder Werten sind „in Geldeinheiten ausgedrückte Stellver-

403 Vgl. IDW (2009), S. 2.

404 Ebd., S. 2.

405 Vgl. Dawo (2003), S. 5; vgl. auch ausführlich Kußmaul in: HdR (2012), Kap. 6, Tz. 1-15. DRS 12 (2002). Nach Koss (2010), Tz. 846K, ist der Vermögensgegenstand durch folgende Eigenschaften gekennzeichnet: „(1) Es handelt sich um eine Sache (körperlicher Gegenstand, § 90 BGB) oder um ein Recht; (2) Dieser ist selbstständig bewertbar und (3) selbstständig verwertbar (verkehrsfähig)“.

treter anderer realer Güter"[406] wie Beteiligungen oder Forderungen zuzurechnen. Von den materiellen oder finanziellen Vermögensgegenständen kamen lediglich die Forderungen in Betracht, um den positiven Saldo des Regulierungskontos zu erfassen (vgl. Abschnitt 4.2.2.1, S. 128).

Der DRSC definiert immaterielle Vermögenswerte ohne Beschränkung auf das Anlagevermögen als „identifizierbare, in der Verfügungsmacht des Unternehmens stehende, nicht-monetäre Vermögenswerte ohne physische Substanz, welche für die Herstellung von Produkten oder das Erbringen von Dienstleistungen, die entgeltliche Überlassung an Dritte oder für die eigene Nutzung verwendet werden können". Identifizierbarkeit ist gegeben, „wenn der immaterielle Vermögenswert selbstständig verwertbar und der dem immateriellen Vermögenswert innewohnende Nutzen von dem zukünftigen Nutzen anderer Ressourcen abgrenzbar ist und demnach auf andere Wirtschaftssubjekte durch Veräußerung, Tausch, entgeltliche Überlassung oder Lizenzierung übertragen werden kann".[407]

Im Jahr 1985 wurde durch das **BiRiLiG** mit § 248 Abs. 2 HGB erstmals eine Vorschrift zu den immateriellen Vermögensgegenständen des Anlagevermögens in das HGB aufgenommen: „Für immaterielle Vermögensgegenstände des Anlagevermögens, die nicht entgeltlich erworben wurden, darf ein Aktivposten nicht angesetzt werden". Damit wurden ein Aktivierungsverbot für nicht entgeltlich erworbene und eine Aktivierungspflicht für entgeltlich erworbene immaterielle Vermögensgegenstände des Anlagevermögens in das HGB eingeführt.

Das **BilMoG** fasste im Jahr 2009 § 248 Abs. 2 HGB neu: „Selbst geschaffene immaterielle Vermögensgegenstände des Anlagevermögens können als Aktivposten in die Bilanz aufgenommen werden. Nicht aufgenommen werden dürfen selbst geschaffene Marken, Drucktitel, Verlagsrechte, Kundenlisten oder vergleichbare immaterielle Vermögensgegenstände des Anlagevermögens". Unverändert werden die immateriellen Vermögensgegenstände des Anlagevermögens nicht definiert.

Das BilMoG führte damit ein Aktivierungswahlrecht für selbst geschaffene bzw. nicht entgeltlich erworbene immaterielle Vermögensgegenstände des Anlagevermögens ein, behielt aber auch ein Aktivierungsverbot für bestimmte immaterielle Vermögensgegenstände des Anlagevermögens bei. Die Pflicht zur Aktivierung von entgeltlich erworbenen immateriellen Vermögensgegenständen des Anlagevermögens blieb unverändert.

Das bisherige Aktivierungsverbot beruhte auf der – dem Gedanken des Gläubigerschutzes entspringenden – Überlegung, dass selbst geschaffenen immateriellen Vermögensgegenständen des Anlagevermögens „aufgrund ihrer Unkörperlichkeit sowie der regelmäßig nicht eindeutig zurechenbaren Herstellungskosten

406 Dawo (2003), S. 5.
407 DRS 12 (2002), Tz. 7.

und der hohen Unsicherheit hinsichtlich ihrer künftigen Nutzungsdauer nur schwer ein objektivierter Wert zugewiesen werden kann".[408] Zur Erläuterung der eingeschränkten Aufrechterhaltung des bisherigen Aktivierungsverbots werden in der Gesetzesbegründung Aufwendungen für Werbemaßnahmen angeführt, die sowohl einer Marke als auch dem selbst geschaffenen Unternehmenswert zugeordnet werden können.[409] Das Aktivierungsverbot lässt sich dementsprechend auch als Ausprägung des Vorsichtsprinzips gem. § 252 Abs. 1 Nr. 4 HGB verstehen.[410] Unsicherheiten ergeben sich aber nicht nur aus dem Nachweis der Existenz und des Wertes der immateriellen Vermögensgegenstände des Anlagevermögens, sondern auch aus Problemen der Abgrenzung zu anderen Bilanzposten sowie der Bestimmung ihrer Werthaltigkeit im Zeitablauf.[411]

Diese Schwierigkeiten ließen sich ansatzweise bei einem entgeltlichen Erwerb beherrschen, da die Anschaffungskosten zumindest eine gewisse Objektivierung bezüglich des Ansatzwertes gewährleisteten; diese Objektivierung ist nicht gegeben, wenn die Bewertung bei selbst geschaffenen immateriellen Vermögensgegenständen des Anlagevermögens an die Herstellungskosten anknüpft.[412] Ein entgeltlicher Erwerb ist dann gegeben, wenn der Erwerb im Rahmen eines gegenseitigen Vertrags nach den §§ 320 ff. BGB stattfindet und das Entgelt als Gegenleistung für den Übergang des Vermögensgegenstandes in das wirtschaftliche Eigentum des Bilanzierenden erbracht wurde.[413]

Die Aufhebung des Aktivierungsverbots für nicht entgeltlich erworbene selbst geschaffene immaterielle Vermögensgegenstände des Anlagevermögens durch das BilMoG ist nach Auffassung des Gesetzgebers in der zunehmenden Bedeutung der immateriellen Vermögensgegenstände im Wirtschaftsleben begründet, die insbesondere auf den in Deutschland schon weit fortgeschrittenen Wandel von der produktions- zur wissensbasierten Gesellschaft zurückzuführen ist.[414] Eine Aktivierung ist aber nur möglich, wenn die Vermögensgegenstandseigenschaft des selbst geschaffenen immateriellen Vermögensgegenstands des Anlagevermögens bejaht werden kann.[415] „Vom Vorliegen eines Vermögensgegenstandes ist auszugehen, wenn das selbst erstellte Gut nach der Verkehrsauffassung einzeln

408 BT-Drs. 16/10067, S. 49-50.

409 Vgl. ebd., S. 50.

410 Vgl. ADS (1995), § 248 HGB, Tz. 14.

411 Ähnlich Kuhner (2007) in: HdJ, Abt. II/1, Tz. 54.

412 Vgl. ADS (1995), § 248 HGB, Tz. 14; Kuhner (2007) in: HdJ, Abt. II/1, Tz. 196-197; Baetge/Fey/Weber/Sommerhoff in: HdR (2012), § 248 HGB, Tz. 28-30.

413 Vgl. Kuhner (2007) in: HdJ, Abt. II/1, Tz. 206-208; Baetge/Fey/Weber/Sommerhoff in: HdR (2012), § 248 HGB, Tz. 31.

414 Vgl. BT-Drs. 16/10067, S. 49.

415 Vgl. BT-Drs. 16/12407, S. 85; BT-Drs. 16/10067, S. 50.

verwertbar ist".[416] Da keine Auswirkungen auf die steuerliche Gewinnermittlung bestehen und zur Gewährung des Gläubigerschutzes eine Ausschüttungssperre in § 268 Abs. 8 HGB installiert wurde, steht nach Auffassung des ARBEITSKREISES „Immaterielle Werte im Rechnungswesen" als Begründung für die Novellierung des § 248 Abs. 2 HGB „eindeutig die Stärkung der Informationsfunktion des Jahres- und Konzernabschlusses im Vordergrund".[417]

Ohne die Subsumtion eines positiven Regulierungskontosaldos unter die immateriellen Vermögensgegenstände des Anlagevermögens gem. § 248 Abs. 2 HGB im Einzelnen zu prüfen, scheitert eine Aktivierung schon aus anderen – offensichtlicheren – Gründen: Der positive Regulierungskontosaldo erfüllt nicht die entscheidende Voraussetzung für einen Vermögensgegenstand des Anlagevermögens, weil er nicht aufgrund einer Zweckbestimmung, die sich aus dem Willen des Kaufmanns ableitet,[418] dazu bestimmt ist, gem. § 247 Abs. 2 HGB „dauernd dem Geschäftsbetrieb zu dienen".

4.2.2.3 Aktivierung des positiven Regulierungskontosaldos als immaterieller Vermögensgegenstand des Umlaufvermögens

4.2.2.3.1 Aktivierung des positiven Regulierungskontosaldos als immaterieller Vermögensgegenstand des Umlaufvermögens dem Grunde nach

Das **Vollständigkeitsgebot des § 246 Abs. 1 S. 1 HGB** verlangt von jedem Kaufmann, dass er – neben anderen Bilanz- und GuV-Posten – sämtliche Vermögensgegenstände in seinem Jahresabschluss ausweist;[419] die ausgewiesenen Vermögensgegenstände müssen die **Vermögensgegenstandseigenschaft** erfüllen.[420] Nach diesem Verständnis entsteht ein (immaterieller) Vermögensgegenstand, wenn er zum Bilanzstichtag in seiner Existenz formal hinreichend sicher bestimmt werden kann und einer selbstständigen Bewertbarkeit zugänglich ist (abstrakte Aktivierungsfähigkeit = Erfüllung der Merkmale eines Vermögens-

416 BT-Drs. 16/10067, S. 50.

417 Arbeitskreis (2008), S. 1813.

418 Vgl. ADS (1995), § 247 HGB, Tz. 107; Kozikowski/F. Huber in: Beck Bil-Komm. (2012), § 247 HGB, Tz. 354; ähnlich Hütten/Lorson in: HdR (2012), § 247 HGB, Tz. 45. Auch wenn dem (positiven) Regulierungskontosaldo ein längerfristiger Charakter nicht völlig abgesprochen werden kann, darf nicht verkannt werden, dass er wie bei einem Verrechnungskonto mindestens jährlichen Schwankungen unterliegt, auch von Jahr zu Jahr sein Vorzeichen wechseln kann und vom bilanzierenden Unternehmen im Sinne der betrieblichen Zweckbestimmung und des kaufmännischen Willens nicht durch Vermögensumschichtung oder Faktoreinsatz gezielt für die langfristige Nutzung im Unternehmen erworben wurde.

419 Vgl. ADS (1995), § 246 HGB, Tz. 1.

420 Vgl. Kuhner (2007) in: HdJ, Abt. II/1, Tz. 122.

gegenstandes); er ist zu aktivieren, wenn der Bilanzierung keine Aktivierungsverbote entgegenstehen (konkrete Aktivierungsfähigkeit = Aktivierbarkeit aufgrund gesetzlicher Vorschriften).[421]

Die immateriellen Vermögensgegenstände des Umlaufvermögens werden im Gegensatz zu den immateriellen Vermögensgegenständen des Anlagevermögens im Handelsrecht nicht ausdrücklich erwähnt. Da das Aktivierungsverbot gem. § 248 Abs. 2 HGB i.d.F. vor BilMoG aber nur für nicht entgeltlich erworbene immaterielle Vermögensgegenstände des Anlagevermögens bestand, galt bisher im Umkehrschluss, dass immaterielle Vermögensgegenstände des Umlaufvermögens – gerade im Hinblick auf das Vollständigkeitsgebot des § 246 Abs. 1 S. 1 HGB – schon immer aktivierungspflichtig waren,[422] unabhängig davon, ob sie selbst geschaffen oder entgeltlich erworben wurden; an dieser Sichtweise hat sich auch durch die Novellierung des § 248 Abs. 2 HGB i.d.F. des BilMoG nichts geändert.[423] Die Ausführungen der einschlägigen Kommentare zu den immateriellen Vermögensgegenständen des Umlaufvermögens enden jedoch regelmäßig bei der Feststellung dieser unbestrittenen Aktivierungspflicht. Vermutlich weil die Bedenken, die bereits immateriellen Vermögensgegenständen des Anlagevermögens entgegengebracht wurden (vgl. Abschnitt 4.2.2.2, S. 132), auch auf die immateriellen Vermögensgegenstände des Umlaufvermögens übertragen werden können. Im Folgenden ist daher zu prüfen, unter welchen Voraussetzungen ein immaterieller Vermögensgegenstand des Umlaufvermögens die abstrakte und konkrete Aktivierungsfähigkeit besitzt, in welcher Höhe eine Aktivierung ohne Verstoß gegen das Vorsichtsprinzip des § 252 Abs. 1 Nr. 4 HGB möglich ist und ob die Bewertungsgrundsätze des § 253 Abs. 4 HGB beachtet wurden.[424]

---

421 Vgl. ADS (1995), § 246 HGB, Tz. 22 m.w.N.; Kußmaul in: HdR (2012), § 246 HGB, Tz. 5-11; Kuhner (2007) in: HdJ, Abt. II/1, Tz. 122; Dawo (2003), S. 50-51 m.w.N.

422 Vgl. ADS (1995), § 248 HGB, Tz. 23; Förschle/Usinger in: Beck Bil-Komm. (2012), § 248 HGB, Tz. 14; Hennrichs in: MünchKomm AktG (2003), § 248 HGB, Tz. 12; Baetge/Fey/Weber/Sommerhoff in: HdR (2012), § 248 HGB, Tz. 35.

423 Vgl. Förschle/Usinger in: Beck Bil-Komm. (2012), § 248 HGB, Tz. 14; Gelhausen/Fey/Kämpfer (2009), Tz. E 34, Baetge/Fey/Weber/Sommerhoff in: HdR (2012), § 248 HGB, Tz. 35. Der Gesetzgeber begründet die Novellierung des § 248 Abs. 2 HGB in BT-Drs. 16/10067. S. 49 u.a. wie folgt: „Die Aufhebung des Verbots der Aktivierung nicht entgeltlich erworbener selbst geschaffener immaterieller Vermögensgegenstände des Anlagevermögens trägt der zunehmenden Bedeutung der immateriellen Vermögensgegenstände im Wirtschaftsleben Rechnung, die insbesondere auf den in Deutschland schon weit fortgeschrittenen Wandel von der produktions- zur wissensbasierten Gesellschaft zurückzuführen ist. Ziel ist es, die immateriellen Vermögensgegenstände stärker als bisher in den Fokus der Abschlussadressaten zu rücken. Insbesondere innovative mittelständische Unternehmen sowie Unternehmen, die erst am Beginn ihrer wirtschaftlichen Entwicklung stehen („start up's"), erhalten so die Möglichkeit, ihre Außendarstellung zu verbessern".

424 Vgl. ADS (1995), § 248 HGB, Tz. 23.

Für die Aktivierung dem Grunde nach ist die aus dem Vollständigkeitsgebot des § 246 Abs. 1 S. 1 HGB abgeleitete **abstrakte Aktivierungsfähigkeit** und die damit verbundene selbstständige Verwertbarkeit entscheidend. Auch dem Gesetzgeber zufolge ist ein Vermögensgegenstand nur gegeben, „wenn das selbst erstellte Gut nach der Verkehrsauffassung einzeln verwertbar ist"[425] und damit das Kriterium der selbstständigen Verwertbarkeit erfüllt ist. Voraussetzung für die Aktivierung eines immateriellen Vermögensgegenstandes des Umlaufvermögens ist daher gem. § 246 Abs. 1 HGB die Erfüllung der Vermögensgegenstandseigenschaft durch eine nachweisbare Möglichkeit der selbstständigen Verwertbarkeit im Rahmen einer unternehmensexternen Verwertung.[426] Bei der unternehmensexternen Verwertung lassen sich nach KUHNER vier verschiedene Ausprägungen unterscheiden.

Die engste Ausprägung der unternehmensexternen Verwertung ist die **konkrete Einzelveräußerbarkeit** oder **konkrete selbstständige Verkehrsfähigkeit** des immateriellen Vermögensgegenstandes; sie ist dann gegeben, wenn die Möglichkeit besteht, den immateriellen Vermögensgegenstand im Rechtsverkehr zu übertragen, also z.B. an einen Dritten im Rahmen eines Kaufvertrages zu veräußern.[427] Günstige Mitarbeiterverträge oder Mitarbeiterfähigkeiten erfüllen diese Aktivierungsvoraussetzung nicht, da sie sich nur auf den originären Geschäfts- oder Firmenwert auswirken.[428] Der derivative Geschäfts- oder Firmenwert ist jedoch ein aktivierungspflichtiger Vermögensgegenstand, der aber nicht ohne das Unternehmen veräußert werden kann. Diese Ausprägung der unternehmensexternen Verwertung wird inzwischen als zu eng abgelehnt, da bei konsequenter Anwendung die Aktivierung von Vermögensgegenständen unterbleiben muss, deren Ansatz angemessen ist.[429]

Eine weniger enge Ausprägung der unternehmensexternen Verwertung ist mit der **abstrakten Veräußerungsfähigkeit** oder **abstrakten selbstständigen Verkehrsfähigkeit** verbunden. Abstrakt veräußerungsfähig – und damit aktivierbar – ist ein immaterieller Vermögensgegenstand dann, wenn er veräußerbar ist oder

---

425 BT-Drs. 16/10067, S. 50.

426 Vgl. Kuhner (2007) in: HdJ, Abt. II/1, Tz. 122 m.w.N.; ähnlich Kußmaul in: HdR (2012), § 246 HGB, Tz. 6-8; Brebeck/Herrmann (2007), S. 68-69; Dawo (2003), S. 56-60; Scholz (2003), S. 25-27; Schmidbauer (2003), S. 2037; Moxter (1987), S. 1849-1850. ADS (1995), § 246 HGB, Tz. 26-30, diskutiert neben den Kriterien der Einzelbeschaffbarkeit, Einzelveräußerbarkeit, Einzelverwertbarkeit und Einzelbewertbarkeit auch noch – jeweils mit Recht ablehnend – die Merkmale der Entgeltlichkeit, der Bilanzierbarkeit und der Einlagefähigkeit, wobei abschließend die Einzelveräußerbarkeit, ergänzt durch die Einzelverwertbarkeit, als Definitionsmerkmal bejaht wird.

427 Vgl. Kuhner (2007) in: HdJ, Abt. II/1, Tz. 125; Stieler (1999), S. 10-11; ausführlich Scholz (2003), S. 25-30.

428 Vgl. Gelhausen/Fey/Kämpfer (2009), Tz. E 59.

429 Vgl. Stieler (1999), S. 10, m.w.N.

wenn ein Gut für einen Dritten prinzipiell geeignet ist. Sogar gesetzliche oder vertragliche Veräußerungsverbote oder der Mangel an potenziellen Käufern stehen einer Aktivierbarkeit nicht entgegen.[430]

Nach einem noch weitergehenden Verständnis der unternehmensexternen Verwertung ist die Aktivierbarkeit im Rahmen der **abstrakten** oder **selbstständigen Verwertbarkeit** möglich, wenn „beliebige Verfügungsrechte an der Nutzung eines Gegenstands sich durch einen Rechtsakt Dritten entgeltlich übertragen lassen".[431] Diesem Aktivierungsansatz steht auch nicht entgegen, wenn die ausschließlich interne Nutzung von immateriellen Vermögensgegenständen die Vermutung nahelegt, dass keine abstrakte Verwertbarkeit gegeben ist, sondern lediglich Ausprägungen des Unternehmenswertes gegeben sind. Ebenso hindert die bedingte Nutzbarkeit, z.B. bei einem dokumentierten Produktionsablauf, nicht die Annahme der abstrakten Verwertbarkeit.[432] Ein immaterieller Vermögensgegenstand ist auch dann abstrakt verwertbar und damit aktivierbar, wenn er nicht durch ein Recht geschützt ist (z.B. ungeschützte Erfindungen) oder erst im Falle der Unternehmenszerschlagung aus dem Vermögensgegenstand flüssige Mittel zur Schuldendeckung realisiert werden können.[433]

Der weiteste Rahmen der unternehmensexternen Verwertung für die Aktivierung als immaterieller Vermögensgegenstand ist die **Einzelvollstreckbarkeit**, d.h. wenn auf einen Vermögensgegenstand erst in der Zwangsvollstreckung (im Gegensatz zum „normalen" Geschäftsverkehr) zugegriffen werden kann.[434]

Für die Rechtfertigung der handelsrechtlichen Aktivierung genügt es, wenn eines der Kriterien durch den zu aktivierenden immateriellen Vermögensgegenstand erfüllt wird.[435] Die vier Ausprägungen der unternehmensexternen Verwertung lassen sich auch unter dem Gesichtspunkt der bilanziellen **Greifbarkeit** des Steuerrechts im Rahmen der Gesamtveräußerung zusammenführen:[436] „Zukünftige Forderungen sind abstrakt aktivierungsfähig, wenn mit ihrer Entstehung zu rechnen ist, bzw. der Rechtsgrund der Forderung bereits entstanden ist".[437] Entscheidend für die Aktivierbarkeit ist, ob ein fremder Dritter dem durch den immateriellen Vermögensgegenstand repräsentierten Vorteil einen Wert beilegen

430 Vgl. Kuhner (2007) in: HdJ, Abt. II/1, Tz. 127; Dawo (2003), S. 57-58; ähnlich Brebeck/Herrmann (2007), S. 69.

431 Kuhner (2007) in: HdJ, Abt. II/1, Tz. 128; vgl. auch Scholz (2003), S. 35-36.

432 Ähnlich Gelhausen/Fey/Kämpfer (2009), Tz. E 60.

433 Vgl. ADS (1995), § 246 HGB, Tz. 40; zustimmend Arbeitskreis (2008), S. 1816; vgl. auch Stieler (1999), S. 11, m.w.N.

434 Vgl. Kuhner (2007) in: HdJ, Abt. II/1, Tz. 131; Scholz (2003), S. 32-33.

435 Vgl. Kuhner (2007) in: HdJ, Abt. II/1, Tz. 136.

436 Vgl. ausführlich Dawo (2003), S. 62-67, sowie Kuhner (2007) in: HdJ, Abt. II/1, Tz. 140; Schmidbauer (2003), S. 2037; Moxter (1987), S. 1849-1850.

437 Scholz (2003), S. 70.

würde; sofern der fremde Dritte den Vorteil nicht anerkennt und nicht bereit ist, den Vorteil zu vergüten, kann der immaterielle Vermögensgegenstand auch nicht als Vermögensgegenstand gelten.[438]

Den Gesichtspunkt der bilanziellen Greifbarkeit im Rahmen der Gesamtveräußerung spricht das IDW auch in seinem Schreiben an die Bundesnetzagentur an, wenn „bei einem Verkauf eines Netzes ggf. der Anspruch auf künftige Umsetzung einer um Mindererlöse der Vergangenheit erhöhten Erlösobergrenze in Netzentgelte kaufpreiserhöhend Berücksichtigung finden kann (z.B. wenn ein Netz zum Ertragswert verkauft wird)“.[439] Das IDW verneint unter Rückgriff auf ihre Begründung zur Nichtaktivierung des positiven Regulierungskontosaldos als Forderung allerdings, dass die grundsätzlichen Voraussetzungen für eine Aktivierbarkeit als immaterieller Vermögensgegenstand (des Umlaufvermögens) wegen der Nichterfüllung des Realisationsprinzips vorhanden seien. Gerade die kaufpreiserhöhende Berücksichtigung ist aber entscheidende Voraussetzung für die Identifizierbarkeit und die Aktivierung eines immateriellen Vermögenswertes, „wenn der immaterielle Vermögenswert selbstständig verwertbar und der dem immateriellen Vermögenswert innewohnende Nutzen von dem zukünftigen Nutzen anderer Ressourcen abgrenzbar ist und demnach auf andere Wirtschaftssubjekte durch Veräußerung, Tausch, entgeltliche Überlassung oder Lizenzierung übertragen werden kann“.[440]

Die Schlussfolgerung des IDW, unter Heranziehung des Realisationsprinzips die Aktivierung eines positiven Regulierungskontosaldos zu verneinen, erscheint nicht zwingend. In gewisser Weise widerspricht sich das IDW auch, wenn andererseits sämtliche auf dem Regulierungskonto gebuchten Beträge – und damit auch die positiven Salden – verrechnet werden können und dabei nicht nach Spannungsebenen im Strombereich bzw. Druckstufen im Gasbereich unterschieden wird (vgl. Abschnitt 4.2.1, S. 125).[441]

Selbst wenn für den positiven Regulierungskontosaldo die o.a. Kriterien der abstrakten Aktivierungsfähigkeit erfüllt sind, scheidet die Aktivierungspflicht jedoch aus, wenn nicht auch die **konkrete Aktivierungsfähigkeit** gegeben ist – sie ist von möglichen Aktivierungsverboten für diesen Vermögensgegenstand abhängig. Gesetzliche Aktivierungsverbote bestehen für die Aktivposten des § 248 Abs. 1 und Abs. 2 S. 2 HGB sowie für den originären Geschäfts- oder Firmenwert.[442]

---

438 Vgl. Dawo (2003), S. 67; Kuhner (2007) in: HdJ, Abt. II/1, Tz. 132: „Gemeinsam ist den handelsrechtsdogmatischen Restriktionen zur abstrakten Aktivierbarkeit die Anknüpfung an die unternehmensexterne Übertragbarkeit von Verfügungsrechten“.

439 IDW (2009), S. 2.

440 DRSC (2002), Tz. 7.

441 Vgl. BDEW (2011a), S. 53-54.

442 Vgl. ADS (1995), § 246 HGB, Tz. 453; Kußmaul in: HdR (2012), § 246 HGB, Tz. 17; Förschle/Kroner in: Beck Bil-Komm. (2012), § 246, Tz. 87.

Im Fall des positiven Regulierungskontosaldos ist daher allenfalls diskussionswürdig, ob es sich bei ihm nicht um einen originären Geschäfts- oder Firmenwert handelt, für den unverändert ein Aktivierungsverbot gilt, denn nur für den derivativen Geschäfts- oder Firmenwert besteht gem. § 246 Abs. 1 S. 4 HGB ein Aktivierungsgebot. An dieser Einschätzung haben auch die Streichung des Bilanzierungsverbots für nicht entgeltlich erworbene immaterielle Vermögensgegenstände des Anlagevermögens in § 246 Abs. 2 HGB a.F. und die nunmehr geltende allgemeine Aktivierungspflicht gem. § 246 Abs. 1 S. 1 HGB nichts geändert.[443] Der entgeltlich erworbene Geschäfts- oder Firmenwert gilt gem. § 246 Abs. 1 S. 4 HGB als „zeitlich begrenzt nutzbarer Vermögensgegenstand" – damit beendet der Gesetzgeber pragmatisch die Diskussion, ob es sich bei dem entgeltlich erworbenen Geschäfts- oder Firmenwert um einen immateriellen Vermögensgegenstand, eine Bilanzierungshilfe oder um einen „Wert eigener Art" handelt.[444]

Den Grund für die eingeschränkte Aufrechterhaltung des bisherigen Aktivierungsverbots begründet der Gesetzgeber damit, dass die Herstellungskosten den in § 248 Abs. 2 S. 2 HGB genannten selbst geschaffenen immateriellen Vermögensgegenständen des Anlagevermögens nicht zweifelsfrei zugerechnet und sie damit nicht selbstständig bewertet werden können; eine Abgrenzung zwischen den zu aktivierenden Aufwendungen und den für die Entwicklung des gesamten Unternehmens anfallenden Aufwendungen, die sich dann auf den selbst geschaffenen Geschäfts- oder Firmenwert auswirken, ist daher nicht zweifelsfrei möglich. Die geforderte Abgrenzungsmöglichkeit ist also auch weniger kostenrechnerisch als vielmehr inhaltlich zu verstehen.[445] Die Vorschrift stellt eine Ausprägung des Vorsichtsprinzips dar, denn danach waren bisher schon einem Vermögensgegenstand nicht zweifelsfrei zurechenbare Aufwendungen aufwandswirksam zu erfassen.[446] Erst durch den Verkauf des Unternehmens wird das Bündel von geschäftswertbildenden Faktoren, das nicht weiter zerlegt werden kann, als kapitalisierte Überrendite realisiert.[447]

Anders verhält es sich bei dem Regulierungskontosaldo, denn die Regulierungsbehörde ermittelt den Saldo des Regulierungskontos gem. § 5 Abs. 4 ARegV in einem gesetzlich geregelten Verfahren. Auch in ihren Erläuterungen zur Bestimmung des Regulierungskontosaldos führt die Bundesnetzagentur aus, dass jeder Netzbetreiber für jedes Kalenderjahr „eine Mitteilung zum Stand sei-

---

443 Vgl. Gelhausen/Fey/Kämpfer (2009), Tz. E 8.

444 Vgl. ADS (1995), § 255 HGB, Tz. 271-272 m.w.N.; Kozikowski/F. Huber in: Beck Bil-Komm. (2012), § 247 HGB, Tz. 400; Gelhausen/Fey/Kämpfer (2009), Tz. E 8.

445 Vgl. Gelhausen/Fey/Kämpfer (2009), Tz. E 81.

446 Vgl. BT-Drs. 16/10067, S. 50.

447 Vgl. Kozikowski/F. Huber in: Beck Bil-Komm. (2012), § 247 HGB, Tz. 406 m.w.N.

nes Regulierungskontos (in Form eines Kontoauszugs)" erhält. Im letzten Jahr der Regulierungsperiode erhält der Netzbetreiber außerdem „einen Bescheid, in dem der für die vergangenen Kalenderjahre aufgelaufene kumulierte Saldo des Regulierungskontos festgestellt wird".[448]

Dass der positive Regulierungskontosaldo nach Auffassung des Gesetzgebers einen **Vermögenswert** darstellt, ist daran erkennbar, dass er den durchschnittlich gebundenen Betrag des Regulierungskontos gem. § 5 Abs. 2 ARegV mit dem auf die letzten zehn abgeschlossenen Kalenderjahre bezogenen Durchschnitt der von der Deutschen Bundesbank veröffentlichten Umlaufrendite festverzinslicher Wertpapiere inländischer Emittenten verzinst wissen will – mit Wirkung für alle künftigen Netzkunden. Gemäß § 5 Abs. 4 ARegV sind auch die Zu- und Abschläge über die folgende Regulierungsperiode zum Ausgleich des Saldos auf dem Regulierungskonto entsprechend zu verzinsen.

Nicht nur der negative, sondern auch der positive Saldo des Regulierungskontos wird also in einem gesetzlich geregelten Verfahren ermittelt. Damit kann der Saldo des Regulierungskontos aber eindeutig abgegrenzt und sicher von einem selbst geschaffenen Geschäfts- oder Firmenwert oder von aktivierten Aufwendungen, deren Werthaltigkeit erst durch eine spätere Veräußerung nachgewiesen werden kann, unterschieden werden.

Der DRSC vertritt folgende **Ansatzregel** für immaterielle Vermögenswerte des Anlagevermögens: „Ein immaterieller Vermögenswert ist anzusetzen, wenn er entgeltlich erworben worden ist und die folgenden Kriterien erfüllt sind:

a) Es ist wahrscheinlich, dass dem Unternehmen der künftige wirtschaftliche Nutzen, der diesem Vermögenswert zugeordnet werden kann, zufließt, und
b) er ist verlässlich bewertbar".[449]

Die Voraussetzung der Entgeltlichkeit ist mit der Umsetzung des BilMoG für die immateriellen Vermögensgegenstände des Anlagevermögens entfallen und galt im Umkehrschluss auch nie für die immateriellen Vermögensgegenstände des Umlaufvermögens – der positive Regulierungskontosaldo erfüllt damit auch die Ansatzregel des DRSC, der in seinen Empfehlungen de lege ferenda auf das Kriterium der Entgeltlichkeit verzichtete.[450]

Der positive Regulierungskontosaldo ist nach dem Ergebnis dieses Abschnitts als immaterieller Vermögensgegenstand des Umlaufvermögens dem Grunde nach zu aktivieren. Im Übrigen ist die Auffassung des IDW nicht nachvollziehbar, dass bei **Geltung von identischen handelsrechtlichen Rechnungslegungs-**

448 Bundesnetzagentur (2011), S. 2.
449 DRS 12 (2002), Tz. 8; der Begriff „Vermögenswert" umfasst auch den Begriff „Vermögensgegenstand"; vgl. DRS 12 (2002), Tz. 7.
450 Vgl. DRS 12 (2002), Tz. A3.

vorschriften für den Jahresabschluss und den Tätigkeitsabschluss einerseits die Bilanzierung eines im Rahmen eines gesetzlich geregelten Verfahrens ermittelten **Vermögenswertes** unter Rückgriff auf das Realisationsprinzip verneint und andererseits die Bilanzierung einer **Zuordnungsdifferenz** als Ausgleichsposten im Tätigkeitsabschluss als gesetz- und ordnungsmäßig bejaht wird.

4.2.2.3.2 Aktivierung des positiven Regulierungskontosaldos als immaterieller Vermögensgegenstand des Umlaufvermögens der Höhe nach

Wenn die Aktivierung eines positiven Saldos auf dem Regulierungskonto als immaterieller Vermögensgegenstand des Umlaufvermögens dem Grunde nach möglich ist, stellt sich die Frage nach der Höhe des Bewertungsansatzes. Während für die einschlägigen Kommentare die Pflicht zur Aktivierung immaterieller Vermögensgegenstände des Umlaufvermögens aufgrund der schlüssigen Begründung aus dem Umkehrschluss von § 248 Abs. 2 HGB schon immer unstrittig war, verweisen sie bezüglich der Bewertung nur allgemein auf das Vorsichtsprinzip des § 252 Abs. 1 Nr. 4 HGB und auf die allgemeinen Bewertungsgrundsätze des § 253 HGB.[451] Unter Rückgriff auf diesen Grundsatz der Vorsicht dürfen nach Ansicht von WINKELJOHANN/BÜSSOW Vermögensgegenstände nur aktiviert werden, wenn sie „sich konkretisiert, im Rechtsverkehr einen feststehenden Inhalt und im Handelsverkehr einen bestimmten Wert haben“.[452]

Auch für immaterielle Vermögensgegenstände des Umlaufvermögens gilt § 253 HGB, der für die Zugangsbewertung vorschreibt, dass Vermögensgegenstände „höchstens mit den Anschaffungs- oder Herstellungskosten“ anzusetzen sind. Während der Geltung des § 248 Abs. 2 HGB a.F. konnten sich für immaterielle Vermögensgegenstände des Anlagevermögens lediglich Anschaffungskosten ergeben; erst mit § 248 Abs. 2 HGB i.d.F. des BilMoG waren auch Vorschriften zu den Herstellungskosten für die selbst geschaffenen immateriellen Vermögensgegenstände des Anlagevermögens zu beachten.

Die Bewertung ist davon abhängig, ob für den positiven Regulierungskontosaldo Anschaffungs- oder Herstellungskosten aufgewendet wurden. Der von der Regulierungsbehörde mitgeteilte positive Regulierungskontosaldo ist ein künftiger Anspruch des Netzbetreibers auf den Ansatz höherer Netznutzungsentgelte gegenüber allen künftigen Netzkunden.[453] Wenn die Regulierungsvorschriften der AReGV nicht die Netzentgelte reguliert hätten, wäre dieser regulierte Betrag wie üblich in die Umsatzerlöse und in die Forderungen aus Lieferungen und

451 Vgl. z.B. ADS (1995), § 248 HGB, Tz. 23; Baetge/Fey/Weber/Sommerhoff in: HdR (2012), § 248 HGB, Tz. 36.

452 Winkeljohann/Büssow in: Beck Bil-Komm. (2012), § 252 HGB, Tz. 29.

453 So auch IDW (2009), S. 2.

Leistungen eingeflossen.[454] Unter Berücksichtigung der Zielsetzung der Energiebinnenmarktrichtlinien kann für den gesamten Komplex der Anreizregulierung unterstellt werden, dass der Gesetzgeber damit zwar die Netzentgelte regulieren, nicht aber den Einblick in die Vermögens-, Finanz- und Ertragslage der Netzbetreiber verschlechtern wollte, denn dieser Einblick sollte durch die Umsetzung des EnWG gerade verbessert werden (vgl. Abschnitt 2.1, S. 7). Für den positiven Regulierungskontosaldo gilt daher, dass er ähnlich **wie eine Forderung** – aber nicht als Forderung – im Rahmen eines Anschaffungsvorgangs i.S.d. § 255 Abs. 1 HGB „angeschafft" und nicht in einem Herstellungsprozess i.S.d. § 255 Abs. 2 HGB „hergestellt" wird.[455] Da der Saldo des Regulierungskontos außerhalb der handelsrechtlichen Vorschriften durch die ARegV „reguliert" wurde, erscheint der alleinige Rückgriff des IDW auf das Realisationsprinzip als zu eng.[456]

Der Rückgriff des IDW auf das Realisationsprinzip ist überdies grundsätzlich diskussionswürdig: Nach dem Realisationsprinzip des § 252 Abs. 1 Nr. 4 2. Halbs. HGB dürfen Gewinne nur ausgewiesen werden, „wenn sie am Abschlußstichtag realisiert sind". Als Zeitpunkt der Gewinnrealisation gilt nach Maßgabe der Grundsätze ordnungsmäßiger Buchführung der Zeitpunkt der Lieferungs- und Leistungserbringung;[457] er ist gegeben, wenn der Schwebezustand eines schwebenden Geschäfts beendet und die Hauptleistungspflicht erfüllt wird.[458] Für die Erbringung der Netzleistungen gelten zwar die Besonderheiten für Sukzessivlieferverträge, aber auch hier werden periodisch abgrenzbare Teillieferungen erbracht.[459] Es überrascht daher, wenn das IDW für den Fall des negativen Regu-

454 Dadurch unterscheidet sich die Regulierung durch die ARegV grundlegend von der Kalkulation zu Selbstkostenpreisen gem. § 5 VO PR 30/53, denn hier werden abschließend Kalkulationsvorgaben getroffen, ohne dass zu irgendeinem Zeitpunkt irgendeine Differenz zu einer anderen Kalkulation bzw. einem anderen Preis entstehen und fakturiert werden könnte.

455 Hierbei soll nicht verkannt werden, dass es im Gegensatz zu den Forderungen aus Lieferungen und Leistungen an einem Vertragspartner mangelt, von dem ein solcher Vermögensgegenstand „angeschafft" werden könnte; er ist aber auch nicht – im Gegensatz zu den immateriellen Vermögensgegenständen des Anlagevermögens – das Ergebnis eines „Herstellungsprozesses"; ähnlich ADS (1995), § 255 HGB, Tz. 119; Grottel/Gadek in: Beck Bil-Komm. (2012), § 255 HGB, Tz. 251. Die Voraussetzung der „Ausgabenwirksamkeit" und die Beschränkung der Bestandteile der Anschaffungskosten auf Ausgaben (vgl. Wohlgemuth (2011), in: HdJ, Abt. I/9, Tz. 9) erscheint daher bei einer erfolgswirksamen Forderungsaktivierung als zu eng.

456 § 252 Abs.1 Nr. 4 HGB verweist „namentlich" mit dem 1. Halbs. auf das Imparitätsprinzip und mit dem 2. Halbs. auf das Realisationsprinzip.

457 Vgl. ADS (1995), § 252 HGB, Tz. 82; Winkeljohann/Büssow in: Beck Bil-Komm. (2012), § 252 HGB, Tz. 43-44; vgl. ADS (1995), § 252 HGB, Tz. 82; Fülbier/Kuschel/Selchert in: HdR (2012), § 252 HGB, Tz. 90-91; Ballwieser in: MünchKomm. HGB (2008), 252 HGB, Tz. 74-76.

458 Vgl. Kozikowski/Schubert in: Beck Bil-Komm. (2012), § 249 HGB, Tz. 56; vgl. ADS (1995), § 249 HGB, Tz. 150; Fülbier/Kuschel/Selchert in: HdR (2012), § 252 HGB, Tz. 92.

459 Vgl. Kozikowski/Schubert in: Beck Bil-Komm. (2012), § 249 HGB, Tz. 54; Bolsenkötter/Dau/Zuschlag (2004), S. 477, IDW PH 9.314.1, Tz. 1.

lierungskontosaldos einerseits im Ergebnis zu einer Rückstellung für ungewisse Verbindlichkeiten gem. § 249 Abs. 1 S. 1 1. Alt. HGB und nicht zu einer Rückstellung für drohende Verluste aus schwebenden Geschäften gem. § 249 Abs. 1 S. 1 2. Alt. HGB[460] kommt – das IDW die Hauptleistung damit also als **realisiert** ansieht – und andererseits der künftige Anspruch des Netzbetreibers, also der positive Regulierungskontosaldo, „jedoch erst durch die künftigen Durchleitungsleistungen des Netzbetreibers realisiert“[461] werden soll. Diese Einschätzung steht auch in Widerspruch zu der Aussage in IDW PH 9.314.1: „Mit der Entnahme von Energie oder Wasser aus dem Versorgungsnetz durch Kunden und/oder dem Betrieb eines Versorgungsnetzes hat das Energie- oder Wasserversorgungsunternehmen seine Lieferungsverpflichtung erfüllt (Sukzessivlieferungsvertrag)“.[462] Dieser Auffassung dürften sich auch die Regulierungsbehörden angeschlossen haben, denn ansonsten müsste sich die Frage aufdrängen, wieso die Regulierungsbehörden im Rahmen der Netzentgeltregulierung eine Leistung zugrunde legen, die überhaupt nicht erbracht, bzw. einen Wert berücksichtigen und verzinsen, der überhaupt nicht realisiert wurde. Die Sichtweise des IDW kann auch nicht mit dem Imparitätsprinzip gem. § 252 Abs. 1 Nr. 4 1. Halbs. HGB begründet werden, denn die sich hieraus ergebende Verlustantizipation führt ebenfalls zu einer Rückstellung für drohende Verluste gem. § 249 Abs. 1 S. 1 2. Alt. HGB[463] und nicht zu einer Rückstellung für ungewisse Verbindlichkeiten gem. § 249 Abs. 1 S. 1 1. Alt. HGB. BALLWIESER bringt es auf den Punkt, wenn er feststellt, dass „Verbindlichkeitsrückstellungen an realisierte Erträge der Vergangenheit anknüpfen“[464] – eine Rückstellung für ungewisse Verbindlichkeiten gem. § 249 Abs. 1 S. 1 1. Alt. HGB ergibt sich jedoch erst dann, wenn die zurechenbaren Aufwendungen diese realisierten Erträge, und ein Vermögensgegenstand, wenn die realisierten Erträge die zurechenbaren Aufwendungen übersteigen. Die für die erfolgsmäßige Erfassung der Aufwendungen und Erträge ursächliche Hauptleistung des Netzbetreibers wird also durch die Netzleistungen mit der „Ent-

460 Vgl. IDW (2009), S. 2. Zu den unterschiedlichen Voraussetzungen dieser Rückstellungen vgl. ADS (1995), § 249 HGB, Tz. 43, 135; Kozikowski/Schubert in: Beck Bil-Komm. (2012), § 249 HGB, Tz. 24, 51; Ballwieser in: MünchKomm. HGB (2008), § 249 HGB, Tz. 61; Naumann (1989), S. 87-96.

461 IDW (2009), S. 2.

462 IDW PH 9.314.1, Tz. 1; das IDW führt in Tz. 12 weiter aus: „Da es sich bei der Belieferung von Energie oder Wasser um Sukzessivlieferungsverträge handelt, ist es bei Vorliegen eines sachgerechten Abgrenzungsverfahren zulässig, bereits den Gewinn zu realisieren und den abgegrenzten Verbrauch zwischen Ablese- und Abschlussstichtag trotz noch ausstehender Abrechnung in dem Posten „Forderungen aus Lieferungen und Leistungen“ auszuweisen“.

463 Vgl. ADS (1995), § 252 HGB, Tz. 92-93; Winkeljohann/Büssow in: Beck Bil-Komm. (2012), § 252 HGB, Tz. 35-36; Ballwieser in: MünchKomm. HGB (2008), § 252 HGB, Tz. 96; Naumann (1989), S. 310; WP Handbuch (2012), E 150-151.

464 Ballwieser in: MünchKomm. HGB (2008), § 249 HGB, Tz. 61.

nahme von Energie oder Wasser aus dem Versorgungsnetz durch Kunden“[465] erbracht, lediglich abgerechnet wird in künftigen Geschäftsjahren – dies ist jedoch nichts ungewöhnliches. Die künftige Abrechnung der Forderungen ist aufgrund des gesetzlich geregelten Verfahrens ihrer Ermittlung auch mit keiner Unsicherheit behaftet oder etwa als auflösend oder aufschiebend bedingt einzustufen.[466]

Wenn bereits entscheidende Argumente für die Aktivierung des positiven Regulierungskontosaldos dem **Grunde nach** aus den gesetzlichen Regelungen der ARegV und dem Verfahren der Saldoermittlung abgeleitet werden konnten, so gilt dies auch für die Beachtung des Vorsichtsprinzips und die Aktivierung des Regulierungskontosaldos der **Höhe nach** – insofern sei auf die Argumentation in Abschnitt 4.2.2.3.1 (S. 135) verwiesen. Aufgrund des Lex-specialis-Grundsatzes gilt dies auch für die Verzinsung des Regulierungskontosaldos gem. § 5 Abs. 2 ARegV, obwohl die handelsrechtliche Bilanzierung eine Verzinsung von Vermögensgegenständen nur bei den Herstellungskosten gem. § 255 Abs. 3 S. 2 HGB kennt. Statt der Bezugnahme auf das Realisationsprinzip im Zusammenhang mit der Bewertung eines immateriellen Vermögensgegenstandes des Umlaufvermögens der Höhe nach ist die Beachtung des übergeordneten Vorsichtsprinzips des § 252 Abs. 1 Nr. 4 HGB und der allgemeinen Bewertungsmaßstäbe der §§ 253 und 255 HGB zielführender.

Für die Ermittlung der Höhe der Anschaffungskosten des positiven Regulierungskontosaldos erscheint es daher zunächst nachteilig, dass zwischen der Feststellung der Mehr- oder Mindererlöse aufgrund der Veränderung des Regulierungskontosaldos eine zeitliche Differenz von zwei Jahren liegt (sog. „t-2“-Versatz)[467] und der Netzbetreiber gem. § 5 Abs. 4 ARegV erst im letzten Jahr der Regulierungsperiode einen Bescheid erhält, in dem der kumulierte Saldo des Regulierungskontos für die vergangenen Geschäftsjahre festgestellt wird.[468]

Die Höhe des handelsrechtlichen Ansatzes des Regulierungskontosaldos kann trotzdem ordnungsgemäß ermittelt werden, da der Netzbetreiber u.a. umfangreiche Mitteilungspflichten zu erfüllen hat. So hat er z.B. der Regulierungsbehörde gem. § 28 Nr. 2 ARegV die zur Führung des Regulierungskontos nach § 5 ARegV notwendigen Daten, insbesondere die nach § 4 ARegV zulässigen und die tatsächlich erzielten Erlöse des abgelaufenen Kalenderjahres, jeweils zum 30. Juni des darauf folgenden Kalenderjahres,[469] und gem. § 28 Nr. 3 ARegV die zur Überprüfung der Netzentgelte nach § 17 ARegV notwendigen Daten, insbeson-

465 IDW PH 9.314.1, Tz. 1.

466 Vgl. ADS (1995), § 246 HGB, Tz. 53; Ellrott/Roscher in: Beck Bil-Komm. (2012), § 247 HGB, Tz. 77; WP Handbuch (2012), N 832.

467 Vgl. Küper (2010), S. 30; Hermann/Wallmann (2011), S. 205.

468 Vgl. Bundesnetzagentur (2011), S. 2.

469 Es kann daher auch davon ausgegangen werden, dass diese Daten im Zusammenhang mit der Aufstellung des Jahresabschlusses ermittelt werden.

dere die in dem Bericht nach § 28 i.V.m. § 16 Abs. 2 GasNEV bzw. § 28 i.V.m. § 20 Abs. 2 StromNEV enthaltenen Daten, mitzuteilen. Außerdem ist der Netzbetreiber gem. § 5 Abs. 3 ARegV verpflichtet, seine Netzentgelte nach Maßgabe des § 17 ARegV anzupassen, wenn die tatsächlich erzielten Erlöse die nach § 4 ARegV zulässigen Erlöse des letzten abgeschlossenen Kalenderjahres um mehr als 5 % übersteigen. Daneben wird der Netzbetreiber aber auch im Eigeninteresse und aus Kontrollgründen während der gesamten Regulierungsperiode den Saldo des Regulierungskontos herleiten können – nichts anderes würde gelten, wenn der negative Regulierungskontosaldo für die Passivierung der Rückstellung nachzuweisen wäre. Gerade bei Energieversorgungsunternehmen bzw. Netzbetreibern steht der gesamte Prozess der Umsatzerlösermittlung und -abgrenzung im Fokus des rechnungslegenden Unternehmens und des Abschlussprüfers.[470]

Gegen die Bilanzierung des positiven Regulierungskontosaldos spricht nicht, dass mit der ergebniswirksamen Aktivierung auch Gewinnbestandteile aktiviert werden, da – so auch die Auffassung des IDW – die Leistung des Netzbetreibers in der Vergangenheit erbracht wurde und es sich daher nicht um ein schwebendes Geschäft handelt (vgl. Abschnitt 4.2.2.3.1, S. 135). Dass keine Ausschüttungssperre gem. § 268 Abs. 8 HGB besteht, spricht ebenfalls nicht gegen die Bilanzierung. Die fehlende Ausschüttungssperre dürfte jedoch ein Zeichen dafür sein, dass der Gesetzgeber gefordert ist, durch Implementierung eines geschlossenen Systems der Netzentgeltregulierung sowie der handelsrechtlichen Rechnungslegung und buchhalterischen Entflechtung die originäre und derivative Informationsfunktion des EnWG zu sichern.

4.2.2.3.3 Abschreibung des immateriellen Vermögensgegenstands des Umlaufvermögens auf den niedrigeren beizulegenden Wert

Wie bisher deutlich wurde, steht das Handelsrecht der Aktivierung immaterieller Vermögensgegenstände aufgrund ihrer Unkörperlichkeit sowie der regelmäßig nicht eindeutig zurechenbaren Anschaffungs- oder Herstellungskosten, der Abgrenzungsprobleme zu anderen Bilanzposten, ihrer Nutzungsdauer sowie der Bestimmung ihrer Werthaltigkeit im Zeitablauf eher kritisch gegenüber.[471] Es war daher zu prüfen, ob ein selbstständig bewertbarer immaterieller Vermögensgegenstand gegeben ist (Aktivierung dem Grunde nach) und in welcher Höhe eine Aktivierung ohne Verstoß gegen das Vorsichtsprinzip des § 252 Abs. 1 Nr. 4 HGB möglich ist (Aktivierung der Höhe nach). Zu fragen ist noch, inwieweit die Bewertungsgrundsätze für den niedrigeren beizulegenden Wert des § 253 Abs. 4 HGB zu beachten sind.[472]

470 Vgl. z.B. IDW PH 9.314.1, Tz. 1-3, (in: IDW (2012e)).
471 Vgl. BT-Drs. 16/10067, S. 49-50; Kuhner (2007) in: HdJ, Abt. II/1, Tz. 54.
472 Vgl. ADS (1995), § 248 HGB, Tz. 23.

Die Wertmaßstäbe des § 253 Abs. 4 S. 1 und 2 HGB sind der Wert, der sich aus einem Börsenpreis oder Marktpreis ergibt, oder ersatzweise der Wert, der den Vermögensgegenständen am Abschlussstichtag beizulegen ist. Diese Wertmaßstäbe sind unterschiedlich exakt; sie sind daher nach der handelsrechtlich vorgesehenen Reihenfolge anzuwenden, d.h. besteht ein Börsenpreis, ist stets dieser als Wertmaßstab heranzuziehen, andernfalls ist ein ggf. bestehender Marktpreis anzuwenden. Nur wenn auch ein solcher nicht zu ermitteln ist, ist der Wert nach § 253 Abs. 4 S. 2 HGB, also der beizulegende Wert, zu verwenden.[473]

Der von der Regulierungsbehörde gem. § 5 Abs. 4 ARegV mitgeteilte bzw. der vom Netzbetreiber aufgrund der Vorschriften der ARegV ermittelte Saldo des Regulierungskonto ist zwar i.S.d. § 253 Abs. 4 S. 1 HGB kein Wert, der sich aus einem Börsen- oder Marktpreis am Abschlussstichtag ergeben hat. Er stellt aber eine Differenz zum Marktpreis dar, der nach den Vorschriften der ARegV reguliert wurde. Da der Saldo in dem gesetzlich geregelten Verfahren der ARegV ermittelt bzw. festgestellt wird, kann davon ausgegangen werden, dass keine wesentlichen Ausfallgefahren bestehen. Die künftige Abrechnung der Forderungen ist aufgrund des gesetzlich geregelten Verfahrens ihrer Ermittlung auch nicht als auflösend oder aufschiebend bedingt einzustufen oder mit einer Unsicherheit behaftet.[474] Der Saldo ist in seiner Werthaltigkeit auch nicht dadurch bedroht, dass Netzkunden insolvent werden, da der positive Saldo auf dem Regulierungskonto einen Anspruch des Netzbetreibers auf den Ansatz höherer Netznutzungsentgelte gegenüber allen künftigen Netzkunden darstellt.[475] Fraglich ist daher, ob überhaupt eine Abschreibung auf den niedrigeren beizulegenden Wert in Höhe des allgemeinen Ausfallrisikos vorzunehmen ist, da eine Pauschalwertberichtigung nicht ohne konkrete Gründe für die Annahme eines Forderungsausfalls vorgenommen werden darf.[476]

Im Übrigen ist der für den positiven Regulierungskontosaldo heranzuziehende beizulegende Wert mit Sicherheit durch eine deutlich höhere Qualität bzgl. Nachweis und Werthaltigkeit gekennzeichnet als der für die Herstellungskosten eines selbst geschaffenen immateriellen Vermögensgegenstands des Anlagevermögens (z.B. Entwicklungskosten) gem. § 253 Abs. 3 S. 3 HGB heranzuziehende Vergleichsmaßstab des niedrigeren beizulegenden Wertes (z.B. Reproduktionswert).

---

473 So auch ADS (1995), § 253 HGB, Tz. 482; Kozikowski/Roscher in: Beck Bil-Komm. (2012), § 253 HGB, Tz. 510; Brösel/Olbrich in: HdR (2012), § 253 HGB, Tz. 629.

474 Vgl. ADS (1995), § 246 HGB, Tz. 53; Ellrott/Roscher in: Beck Bil-Komm. (2012), § 247 HGB, Tz. 77; WP Handbuch (2012), N 832.

475 So auch IDW (2009), S. 2.

476 Vgl. Brösel/Olbrich in: HdR (2012), § 253 HGB, Tz. 192; Poullie (2010a) in: HdJ, Abt. II/6, Tz. 151.

4.3 Anhangangaben gem. § 264 Abs. 2 S. 2 HGB

Gemäß § 264 Abs. 2 S. 2 HGB sind im Anhang zusätzliche Angaben erforderlich, wenn der Jahresabschluss aufgrund besonderer Umstände ein den tatsächlichen Verhältnissen entsprechendes Bild der Vermögens-, Finanz- und Ertragslage des Unternehmens nicht vermittelt. Diese Situation ist gegeben, wenn der Jahresabschluss trotz Anwendung der handelsrechtlichen Vorschriften ohne zusätzliche Angaben im Anhang nicht die Aussagekraft eines nach handelsrechtlichen Rechnungslegungsvorschriften aufgestellten Jahresabschlusses eines Vergleichsunternehmens erreichen würde, für das dieselben Rechnungslegungsvorschriften gelten.[477] Die Wirkungsweise des § 264 Abs. 2 S. 2 HGB ist auf ergänzende Informationen im Anhang begrenzt; durch die Vorschrift ergeben sich also keine zahlenmäßigen Auswirkungen auf die Bilanz oder die GuV-Rechnung.[478]

Das Erfordernis der „besonderen Umstände" wird allgemein auf die Diskrepanz zwischen dem Ergebnis der Anwendung der Einzelvorschriften und den tatsächlichen – und nicht nur im Jahresabschluss abgebildeten – Verhältnissen bezogen; diese Diskrepanz muss erheblich sein, was kaum vorstellbar ist, wenn die Einzelvorschriften des HGB gesetzeskonform angewendet wurden. WINKELJOHANN/SCHELLHORN kommen deshalb zu dem Ergebnis, dass bei Erfüllung der in zahlreichen Einzelvorschriften enthaltenen Verpflichtung, im Anhang bestimmte Angaben zu machen, kaum Diskrepanzen zwischen dem Jahresabschluss und den tatsächlichen Verhältnissen bestehen können.[479] Andererseits sind Angaben unerlässlich bei „neuen Bilanzierungsproblemen".[480]

Für den Fall der Nichtaktivierung des positiven Regulierungskontosaldos ginge der Vergleich daher ins Leere, wenn man ein Vergleichsunternehmen zugrunde legen würde, das von der Netzentgeltregulierung der ARegV betroffen wäre und den positiven Regulierungskontosaldo nicht als immateriellen Vermögensgegenstand des Umlaufvermögens ausweist. Die Diskrepanz zwischen dem Jahresabschluss als Abbildungsinstrument und den tatsächlichen Verhältnissen wurde ja gerade durch die Vorschriften der ARegV verursacht – ohne diesen Eingriff wären Forderungen aus Lieferungen und Leistungen und Umsatzerlöse gemäß den handelsrechtlichen Rechnungslegungsvorschriften aktiviert und wäre

---

477 Vgl. ADS (1995), § 264 HGB, Tz. 89; Winkeljohann/Schellhorn in: Beck Bil-Komm. (2012), § 264 HGB, Tz. 48.

478 Vgl. ADS (1995), § 264 HGB, Tz. 90-91; Kupsch (2004) in: HdJ, Abt. IV/4, Tz. 14; Baetge/Commandeur/Hippel in: HdR (2012), § 264 HGB, Tz. 47; Winkeljohann/Schellhorn in: Beck Bil-Komm. (2012), § 264 HGB, Tz. 52.

479 Vgl. ebd., Tz. 49, mit Beispielen relevanter Diskrepanzen; ähnlich ADS (1995), § 264 HGB, Tz. 99; Müller in: Haufe Bil.-Komm. (2012), § 264 HGB, Tz. 67.

480 Winkeljohann/Schellhorn in: Beck Bil-Komm. (2012), § 264 HGB, Tz. 53.

die Vermögens-, Finanz- und Ertragslage des Netzbetreibers korrekt dargestellt worden. Deshalb sind an die Anhangangabe zu den Auswirkungen der Netzentgeltregulierung und deren Einfluss auf die handelsrechtliche Rechnungslegung besonders hohe Anforderungen zu stellen; auch an Wesentlichkeitsaspekte sind strenge Anforderungen zu richten.

Bei der Netzentgeltregulierung der ARegV handelt es sich zweifellos um neue und besondere „Bilanzierungsprobleme". Folgt man der Auffassung des IDW, dass ein positiver Regulierungskontosaldo nicht aktiviert werden darf, sind gem. § 264 Abs. 2 S. 2 HGB alle Informationen im Anhang zu geben, die zur Vermittlung des von § 264 Abs. 2 S. 1 HGB geforderten Bildes notwendig sind. Wünschenswert sind grundsätzliche Ausführungen zur ARegV und zum Saldo des Regulierungskontos – Erläuterungen, die im Rahmen der Angaben gem. § 284 Abs. 2 Nr. 1 HGB kaum erwartet werden können. Die Ausführungen müssen verständlich sein und die Funktionsweise des Regulierungskontos erläutern; dazu gehören Zahlenangaben zur Quantifizierung der verbalen Aussagen. Die Anhänge der in Anlage A8 (S. 176) erwähnten Unternehmen enthalten nur vereinzelte allgemeine Hinweise auf die Netzentgeltregulierung – Hinweise auf das Regulierungskonto fehlen.

Vielleicht kann daher ADS gefolgt werden, dass § 264 Abs. 2 S. 2 HGB vor allem als Generalnorm für den Anhang zu verstehen ist.[481] MÜLLER präferiert vor dem Hintergrund des Gedankengutes des BilMoG und der Verbesserung der Informationsfunktion des Jahresabschlusses „eine deutlich weitere Auslegung für die Korrekturregelungen".[482]

Die Verpflichtung zur Anhangangabe gem. § 264 Abs. 2 S. 2 HGB kann freilich nicht auf den Tätigkeitsabschluss übertragen werden, da er keinen Anhang enthält; die derivative Informationsfunktion wird abermals verletzt.

4.4 Die Rolle des Gesetzgebers

Die bisherigen Ausführungen haben gezeigt, dass der Gesetzgeber im Gesetzgebungsprozess des EnWG und der ARegV nicht mit der gebotenen Sorgfalt zu Werke gegangen ist. Es ist zu vermuten, dass er die derivative Informationsfunktion im Zusammenspiel von Tätigkeitsabschluss, Netzentgeltregulierung und Jahresabschluss nicht erkannt und deswegen versäumt hat, eine klarstellende Aussage zur Aktivierungspflicht eines positiven Regulierungskontosaldos zu formulieren.

481 Vgl. ADS (1995), § 264 HGB, Tz. 104.
482 Müller in: Haufe Bil.-Komm. (2012), § 264 HGB, Tz. 70.

So hat der österreichische Gesetzgeber bei der Umsetzung der Energiebinnenmarktrichtlinien in § 50 Abs. 1 ElWOG 2010 folgende Regelung getroffen: „Bei der Festsetzung der Kosten sind Differenzbeträge zwischen den tatsächlich erzielten und den der Verordnung zu Grunde liegenden Erlösen bei der Feststellung der Kostenbasis für die nächsten Entgeltperioden zu berücksichtigen. Differenzbeträge sind im Rahmen des Jahresabschlusses unter Berücksichtigung geltender Rechnungslegungsvorschriften zu aktivieren bzw. passivieren".

Der Passus „unter Berücksichtigung geltender Rechnungslegungsvorschriften" ist allerdings missverständlich. Es ist zu vermuten, dass mit § 50 Abs. 1 S. 2 ElWOG 2010 keine konstitutive Regelung, sondern nur eine deklaratorische Klarstellung aufgenommen werden sollte, der Differenzbetrag also auch ohne diese Klarstellung hätte aktiviert werden müssen. Dafür spricht, dass auf diese Vorschrift in der Begründung der Regierungsvorlage nicht weiter eingegangen wurde, was aber wohl der Fall gewesen wäre, wäre die Vorschrift konstitutiv gewesen.[483] Auch ist es kaum denkbar, dass außerhalb des UGB[484] eine konstitutive Bilanzierungsvorschrift verankert würde, die dann „unter Berücksichtigung geltender Rechnungslegungsvorschriften" wieder zu relativieren wäre.

Der deutsche Gesetzgeber legte am 24. September 2012 den Entwurf eines Dritten Gesetzes zur Neuregelung energiewirtschaftsrechtlicher Vorschriften vor.[485] In der Gesetzesbegründung findet sich u.a. folgende Passage:

„Die Regelungen sollen die Voraussetzung für die Kostenregulierung schaffen sowie Quersubventionierung und Diskriminierung in vertikal integrierten Energieversorgungsunternehmen verhindern. Mit der Änderung wird klargestellt, dass – entsprechend der Vorschrift des § 6 zu Anwendungsbereich und Ziel der Entflechtung – sich die Vorgaben des § 6b zur buchhalterischen Entflechtung auf vertikal integrierte Energieversorgungsunternehmen und selbstständige Netzbetreiber beziehen. Nur bei diesen Unternehmen muss die Unabhängigkeit von anderen Tätigkeitsbereichen der Energieversorgung sichergestellt werden, um eine diskriminierungsfreie Ausgestaltung und Abwicklung des Netzbetriebs zu gewährleisten. Dies gilt selbstverständlich auch für zum vertikal integrierten Unternehmen gehörige rechtlich selbstständige Netzbetriebsgesellschaften sowie für rechtlich selbstständige Unternehmen, die mit dem vertikal integrierten Unternehmen verbunden sind und unmittelbar oder mittelbar energiespezifische Serviceleistungen erbringen. Hier war eine Klarstellung erforderlich. (...) Für Energieversorgungsunternehmen, die kein Netz betreiben und nicht mit einem vertikal integrierten Unternehmen verbunden sind, soll die Vorschrift hingegen

483 Vgl. ElWOG Regierungsvorlage (2010), S. 20.

484 Vgl. insbesondere die Bewertungsvorschriften in den §§ 201 bis 211 UGB.

485 BT-Drs. 17/10754; den Verbänden wurde lediglich eine Frist von drei Arbeitstagen zur Abgabe ihrer Stellungnahmen zum Referentenentwurf gewährt.

nicht gelten. Damit sollen reine Energielieferanten und Erzeugungsgesellschaften von den Rechnungslegungsvorschriften nach EnWG ausgenommen sein".[486]

Entsprechend wurde der Kreis der von § 6b Abs. 1 S. 1 EnWG 2012 erfassten Unternehmen ausgeweitet – begleitet von heftiger Kritik des VKU und des BDEW.[487] Diese Unternehmen – von größenabhängigen Erleichterungen abgesehen[488] – haben nun auch einen Lagebericht aufzustellen; § 264 Abs. 3 und § 264b HGB sind nicht anwendbar. Dass die Klarstellung zur Angabepflicht von Leistung und Gegenleistung bei den Geschäften größeren Umfangs in § 6b Abs. 2 S. 2 EnWG 2012 ebenfalls auf Kritik des BDEW und des VKU[489] stoßen würde, dürfte indes nicht weiter überraschen. Aber eine unstrittige Verbesserung ist dem Gesetzgeber gelungen – er hat in § 6b Abs. 1 und § 6b Abs. 3 EnWG 2012 den Kreis der verpflichteten Unternehmen einheitlich definiert; die in Abschnitt 2.2.3.2 (S. 21) beschriebenen Abgrenzungsprobleme sind damit obsolet geworden.

Wie schon in den Vorjahren bat das IDW[490] vergeblich um die Klarstellung, dass nur die „Katalog"-Tätigkeiten gem. § 6b Abs. 1 S. 1 Nr. 1 bis 6 und S. 2 EnWG 2012 zur Aufstellung von Tätigkeitsabschlüssen verpflichtet sein sollen.

Das IDW und der BDEW[491] begrüßten zwar, dass die mehrfache Übermittlung der Abschlussunterlagen mit § 6b Abs. 7 S. 1 EnWG 2012 nicht mehr verlangt werden soll, monierten aber zu Recht am Referentenentwurf, dass ausgerechnet der gem. § 323 Abs. 1 HGB zur Verschwiegenheit verpflichtete Abschlussprüfer als Informationslieferant dienen soll, obwohl das geprüfte Unternehmen für die Einhaltung des § 6b EnWG verantwortlich ist und damit auch die Informations- und Vorlagepflichten gegenüber den Regulierungsbehörden zu erfüllen hat.[492]

---

486 Ebd., S. 21.

487 Vgl. VKU (2012), S. 4; BDEW (2012a), S. 12: „Mit einer solchen Regelung würde auch eine Vielzahl von kleinen Unternehmen, die bisher nicht als Energieversorgungsunternehmen zu qualifizieren gewesen sind, zukünftig ausschließlich aufgrund der Zugehörigkeit zu einer Unternehmensgruppe mit Energieversorgungsunternehmen in erhebliche Rechnungslegungsvorschriften einbezogen. Diesem erheblichen Mehraufwand für die Unternehmen würden keine tatsächlichen Erkenntnisgewinne für die Entflechtung gegenüberstehen. Speziell für kleine und mittlere Unternehmen entstünde eine erhebliche personelle und finanzielle Belastung, die nicht mit entsprechenden operativen Erträgen abgefedert werden könnte und gerade kleine Unternehmen stark unter Druck setzen würde. Unabhängig von der Unternehmensgröße führt eine erhebliche Kostenmehrbelastung unweigerlich zu einer Weitergabe der Kosten an die Verbraucher mit einer Erhöhung der Energiepreise".

488 Vgl. IDW ERS ÖFA 2 n.F., Tz. 12, (in: IDW (2012e)).

489 Vgl. VKU (2012), S. 4; BDEW (2012a), S. 13; BDEW (2012b), S. 10-11.

490 Vgl. IDW (2012d), S. 2-3.

491 Vgl. IDW (2012d), S. 3; BDEW (2012a), S. 14; BDEW (2012b), S. 11.

492 Vgl. auch BR-Drs. 520/12, S. 5; der Änderungsvorschlag des Bundesrates wurde im EnWG 2012 umgesetzt.

Der einzige Hinweis der Verbände zum Referentenentwurf, den der Gesetzgeber aufgriff, war eine Definition der „energiespezifischen Dienstleistungen" in der Begründung zu § 6b Abs. 1 S. 1 EnWG 2012.[493] Ansonsten trifft das EnWG 2012 wieder keine Klarstellungen zur Rechnungslegung oder buchhalterischen Entflechtung, weder zur Veröffentlichung von qualitativen Informationen zu den Tätigkeitsabschlüssen (vgl. Abschnitt 2.2.4, S. 68) oder zur Veröffentlichung der „Geschäftsberichte" auf den Internetseiten (vgl. Abschnitt 2.2.6, S. 73) noch zur Bilanzierung des Regulierungskontosaldos (vgl. Abschnitt 4.2.2.3, S. 135). Dafür wurde in § 6b Abs. 7 S. 3 EnWG 2012 die Selbstverständlichkeit aufgenommen, dass der Bestätigungsvermerk oder der Vermerk über die Versagung im Prüfungsbericht wiederzugeben sind; der Gesetzgeber sollte wissen, dass er dies bereits in § 322 Abs. 7 S. 2 HGB geregelt hat. Obwohl § 6b Abs. 7 S. 1 EnWG 2012 sogar den „Prüfungsbericht" des Abschlussprüfers definiert, verweist § 6b Abs. 7 S. 7 EnWG 2012 dann doch auf einen „Prüfbericht".[494]

Angesichts der Unkenntnis seiner eigenen gesetzlichen Vorschriften kann es dann auch nicht weiter verwundern, wenn der Gesetzgeber im Zusammenhang mit diesem Gesetzgebungsvorhaben keinen Anstoß an dem im Vergleich zu Inhalt und Gliederung der Bilanz gem. § 247 i.V.m. § 266 HGB etwas „ungewöhnlichen Erscheinungsbild" der eben nicht gem. § 6b Abs. 3 S. 6 i.V.m. § 6b Abs. 1 S. 1 EnWG „nach den für Kapitalgesellschaften geltenden Vorschriften des Ersten, Dritten und Vierten Unterabschnitts des Zweiten Abschnitts des Dritten Buchs des Handelsgesetzbuchs" im Bundesanzeiger veröffentlichten Tätigkeitsbilanzen nimmt (vgl. Anlage A8, S. 176).

Der BDEW merkte an, dass die Bezeichnung „Konten" in § 6b Abs. 3 S. 5 EnWG 2012 buchhalterisch nicht korrekt sei, vielmehr handele es sich um „Kontierungsobjekte", und bat daher um Klarstellung der Begrifflichkeit.[495] Die Er-

493 BT-Drs. 17/10754, S. 21.

494 In diesem Zusammenhang ist § 117a EnWG zu erwähnen. Nach dieser Vorschrift sind Betreiber von Anlagen i.S.d. § 3 Nr. 1 EEG mit einer elektrischen Leistung von bis zu 500 kW oder von Anlagen i.S.d. § 3 Abs. 2 KWK-G mit einer elektrischen Leistung von bis zu 500 kW, die nur deswegen als Energieversorgungsunternehmen gelten, weil sie Elektrizität nach den Vorschriften des EEG oder des KWK-G in ein Netz einspeisen oder gem. § 33a EEG direkt vermarkten, „hinsichtlich dieser Anlagen von den Bestimmungen des § 10 Abs. 1 ausgenommen". §117a EnWG wurde durch Art. 2 des Gesetzes vom 21. August 2009 (BGBl. I S. 2870) eingefügt (vgl. Anlage A1, S. 161). Der Gesetzgeber versäumte es, mit dem EnWG 2011 den Verweis auf § 10 EnWG 2005 in einen Verweis auf § 6b EnWG zu ändern. Der Entwurf des EnWG 2012 sah zunächst vor, § 117a EnWG aufzuheben (vgl. BT-Drs. 17/10754, S. 16). Im EnWG 2012 wurde jedoch die Beschlussempfehlung des Ausschusses für Wirtschaft und Technologie angenommen, die Aufhebung zurückzunehmen (vgl. BT-Drs. 17/11705, S. 34), damit für Kleinbetreiber deutlich ist, dass sich für sie durch das EnWG 2012 an der bisherigen Rechtslage nichts ändern wird – nicht geändert hat sich damit auch der sinnfreie Verweis auf „§ 10 Abs. 1".

495 Vgl. BDEW (2012a), S. 13; BDEW (2012b), S. 11.

findung eines neuen Begriffes erhöht jedoch nicht die Transparenz der buchhalterischen Entflechtung und sichert nicht die Informationsfunktion der daraus abgeleiteten Tätigkeitsabschlüsse. Aber auch die Änderung von § 6b Abs. 3 S. 5 EnWG 2012 durch den Gesetzgeber, mit der er das Wort „der" durch die Wörter „zu den" ersetzte, trägt nicht zu den theoretischen Grundlagen und zum Verständnis der buchhalterischen Entflechtung bei,[496] sondern dokumentiert zusammen mit den zahlreichen Novellierungen der Vorschriften zur buchhalterischen Entflechtung im EnWG seit 1998[497] vielmehr das gesetzgeberische Unvermögen. Der Änderungswunsch des BDEW belegt aber auch, dass er und die anderen betroffenen Verbände nicht in der Lage waren, ein den handelsrechtlichen Rechnungslegungsvorschriften entsprechendes System von Grundsätzen ordnungsmäßiger Buchführung für Tätigkeitsabschlüsse zu entwickeln.

Das EnWG 2012 (Änderung des EnWG 2011 durch Art. 1 des Dritten Gesetzes zur Neuregelung energiewirtschaftsrechtlicher Vorschriften vom 20. Dezember 2012) wurde am 27. Dezember 2012 im Bundesgesetzblatt veröffentlicht und trat gem. Art. 8 Abs. 1 des Gesetzes am Tag nach der Verkündung in Kraft (vgl. Anlage A1, S. 161, und Anlage A7, S. 173).

4.5 Zwischenergebnis

Die die originäre Informationsfunktion ergänzende **derivative Informationsfunktion** und damit die gesamte Informationsfunktion der Rechnungslegung und buchhalterischen Entflechtung des EnWG werden dadurch verletzt, dass die unternehmensexternen Adressatengruppen keine umfassenden Informationen über die Zusammenhänge von Tätigkeitsabschluss, Netzentgeltregulierung und Jahresabschluss erhalten. Der Gesetzgeber trifft keine Aussagen zur Bilanzierung des Regulierungskontos gem. § 5 ARegV, das mit Hilfe des Tätigkeitsabschlusses ermittelt wird. Lediglich das IDW hat sich zur Bilanzierung dergestalt geäußert, dass ein negativer Saldo passiviert werden muss, ein positiver Saldo aber wegen Verletzung des Realisationsprinzips nicht aktiviert werden darf.

Die Untersuchung der grundsätzlichen Aktivierungsmöglichkeiten kam zu dem Ergebnis, dass es gewichtige Argumente gibt, einen positiven Regulierungskontosaldo als immateriellen Vermögensgegenstand des Umlaufvermögens mit dem vom Netzbetreiber nach den Vorschriften der ARegV ermittelten Wert zu aktivieren.

---

496 Vgl. dazu die umfassendere Analyse der buchhalterischen Begriffe und Zusammenhänge in Abschnitt 2.2.3.5, S. 27.

497 Vgl. Fußnote 10.

Rechtlich nicht zu begründen ist jedenfalls die vom IDW und BDEW vertretene und allgemein akzeptierte Bilanzierungsauffassung, dass bei **Geltung identischer handelsrechtlicher Rechnungslegungsvorschriften** für den Jahresabschluss und den Tätigkeitsabschluss einerseits eine Zuordnungsdifferenz als Ausgleichsposten im Tätigkeitsabschluss bilanziert werden darf und andererseits ein in einem gesetzlich geregelten Verfahren festgestellter Vermögenswert für den positiven Regulierungskontosaldo aufgrund des Realisationsprinzips nicht aktiviert werden darf.

Wenn ein positiver Regulierungskontosaldo nicht aktiviert wird, sind im Anhang zusätzliche Angaben gem. § 264 Abs. 2 S. 2 HGB erforderlich, weil besondere Umstände dazu führen, dass der Jahresabschluss ein den tatsächlichen Verhältnissen entsprechendes Bild nicht vermittelt.

Einmal mehr bestätigt sich die im ersten Kapitel formulierte Hypothese (S. 3), dass der Gesetzgeber seiner ordnungspolitischen Pflicht, einen sicheren Rechtsrahmen für die Umsetzung und Sicherung der Informationsfunktion der Rechnungslegung und buchhalterischen Entflechtung im EnWG i.S.d. Energiebinnenmarktrichtlinien zu schaffen, nicht nachgekommen ist; dies wirkt sich auch auf die fehlerhafte Gesetzesanwendung und -auslegung der betroffenen Unternehmen aus.

5 Gesamtergebnis

5.1 Thesenartige Bestätigung der Hypothese durch die Zwischenergebnisse

Die Europäische Union mit den Energiebinnenmarktrichtlinien und der deutsche Gesetzgeber mit dem EnWG haben für die Rechnungslegung und buchhalterische Entflechtung der im zu regulierenden Energiemarkt tätigen Unternehmen nur rudimentäre theoretische Grundlagen formuliert.

Obwohl § 6b EnWG immerhin auf die handelsrechtlichen Rechnungslegungsvorschriften verweist, waren die betroffenen Unternehmen und die meinungsbildenden Verbände überfordert, eine den ansatzweise erkennbaren Vorstellungen und intendierten Zielen des Richtlinien- und Gesetzgebers entsprechende Rechnungslegung und buchhalterische Entflechtung zu entwickeln.

Als Folge werden Tätigkeitsabschlüsse als **primäre Informationsinstrumente** der buchhalterischen Entflechtung i.d.R. nicht gemäß den handelsrechtlichen Rechnungslegungsvorschriften aufgestellt und testiert, weil sie

- Zuordnungsdifferenzen aufgrund einer falsch verstandenen buchhalterischen Entflechtung als Ausgleichsposten bilanzieren oder
- Zuordnungsdifferenzen mit anderen Bilanzposten als dem Eigenkapital zusammenfassen oder verrechnen oder
- den Eigen- und Fremdkapitalbereich nicht trennen oder
- das Eigenkapital mit einem Festbetrag ansetzen und die Zuordnungsdifferenz mit den Verbindlichkeiten verrechnen.

Nicht den handelsrechtlichen Rechnungslegungsvorschriften entsprechende Tätigkeitsabschlüsse erfüllen die Bedingungen der **Nichtigkeit** des § 256 Abs. 1 AktG.

Die Regulierungsbehörden ersetzen die fehlende originäre Informationsfunktion der Tätigkeitsabschlüsse durch Einforderung redundanter Informationen.

Das Verständnis der handelsrechtlichen Folgen der Netzentgeltregulierung für den Jahresabschluss beruht lediglich auf einem Schreiben des IDW an die Bundesnetzagentur, in dem für den negativen Regulierungskontosaldo die Passivierung einer Rückstellung für ungewisse Verbindlichkeiten gem. § 249 Abs. 1 S. 1 1. Alt. HGB verlangt und mit einer handelsrechtlich angreifbaren Begründung für den positiven Regulierungskontosaldo unter Hinweis auf die Nichterfüllung des Realisationsprinzips eine Aktivierung verneint wird.

Damit können der Jahresabschluss und die Tätigkeitsabschlüsse als **primäre Informationsinstrumente** zusammen mit den Ergebnissen der Netzentgeltregulierung kein geschlossenes Informationssystem im Hinblick auf die **originäre** und **derivative Informationsfunktion** bilden.

Es ist handelsrechtlich nicht begründbar, dass bei **Geltung von identischen handelsrechtlichen Rechnungslegungsvorschriften** für den Jahresabschluss und den Tätigkeitsabschluss einerseits die Aktivierung eines im Rahmen eines gesetzlich geregelten Verfahrens ermittelten **Vermögenswertes** verneint und andererseits die Bilanzierung einer **Zuordnungsdifferenz** als Ausgleichsposten im Tätigkeitsabschluss als gesetz- und ordnungsmäßig bejaht wird.

Die **Nichtaktivierung** eines positiven Regulierungskontosaldo erfordert im Anhang **zusätzliche Angaben** gem. § 264 Abs. 2 S. 2 HGB, weil besondere Umstände dazu führen, dass der Jahresabschluss ein den tatsächlichen Verhältnissen entsprechendes Bild nicht vermittelt.

Auch die **sekundären Informationsinstrumente** des Gesetzgebers zur Verbesserung der **originären Informationsfunktion** – wie die Veröffentlichung der Tätigkeitsabschlüsse und ergänzender Informationen gem. § 6b Abs. 4, Abs. 3 S. 7 EnWG, das „Eingehen" auf die Tätigkeiten i.S.d. § 6b Abs. 3 EnWG im Lagebericht oder die Veröffentlichung von „Geschäftsberichten" für die Tätigkeiten i.S.d. § 6b Abs. 3 S. 1 EnWG auf den Internetseiten – erreichen nicht ihr Ziel, da der Gesetzgeber mit unbestimmten Rechtsbegriffen oder unklaren gesetzlichen Formulierungen arbeitete.

Die im ersten Kapitel aufgestellte Hypothese (S. 3), dass der Gesetzgeber seine ordnungspolitische Pflicht verfehlt hat, einen sicheren Rechtsrahmen für die Rechnungslegung und buchhalterische Entflechtung gemäß EnWG zu schaffen und damit die originäre und derivative Informationsfunktion umzusetzen und zu sichern, konnte somit hermeneutisch anhand der Anwendung und Auslegung der Rechtsvorschriften sowie empirisch durch veröffentlichte Tätigkeitsabschlüsse verifiziert werden.

5.2 Lösungsvorschläge

Aus der thesenartigen Zusammenführung der Zwischenergebnisse leiten sich folgende Lösungsvorschläge für ein den handelsrechtlichen Rechnungslegungsvorschriften entsprechendes Verständnis der buchhalterischen Entflechtung und für ein geschlossenes Informationssystem zwischen Jahresabschluss, Netzentgeltregulierung und Tätigkeitsabschluss ab, die durch eine Novellierung des EnWG oder Empfehlungen der Bundesnetzagentur sowie der einschlägigen Verbände umgesetzt werden können:

- In der Gesetzesbegründung zum EnWG sind im Zusammenhang mit der Fiktion des rechtlich selbstständigen Unternehmens die Grundsätze ordnungsmäßiger Buchführung für Tätigkeitsabschlüsse zu benennen; diese sind um die in dieser Arbeit entwickelten Grundsätze der Spaltung, der Trennung der Zuordnungsmethoden und des residualen Eigenkapitals zu ergänzen.
- Die Aufstellung von nicht den handelsrechtlichen Rechnungslegungsvorschriften entsprechenden Tätigkeitsabschlüssen (vgl. Abschnitt 2.2.3.9, S. 67) macht keine Änderung des EnWG erforderlich, da sie ausschließlich auf einer fehlerhaften Anwendung der bereits bestehenden gesetzlichen Verweisregelung auf die handelsrechtlichen Rechnungslegungsvorschriften in § 6b Abs. 3 S. 6 EnWG i.V.m. § 6b Abs. 1 S.1 EnWG beruht.
- Zwecks Implementierung eines geschlossenen Informationssystems zur Verknüpfung der Netzentgeltregulierung mit der handelsrechtlichen Rechnungslegung und buchhalterischen Entflechtung zur Sicherstellung der originären und derivativen Informationsfunktion empfiehlt sich klarstellend die Aufnahme einer Aussage in die Gesetzesbegründung zum EnWG, dass der jeweils zum Ende des Geschäftsjahres ermittelte Saldo des Regulierungskontos aufgrund der handelsrechtlichen Rechnungslegungsvorschriften in den Jahresabschluss und den Tätigkeitsabschluss zu übernehmen ist; in § 268 Abs. 8 HGB kann eine diesbezügliche Ausschüttungssperre aufgenommen werden.
- Konkretisierung, Bündelung und Veröffentlichung der qualitativen Informationen – insbesondere auch zum Umfang der Leistungsverrechnung – zusammen mit den Tätigkeitsabschlüssen aus Kostengründen und Umweltschutzaspekten ausschließlich im elektronischen Bundesanzeiger oder auf den Internetseiten der Unternehmen,
- Überarbeitung der einschlägigen Empfehlungen der Verbände bezüglich der bilanziellen Behandlung von Ausgleichsposten, insbesondere sprachlogische Überarbeitung der Tz. 47 in IDW ERS ÖFA 2 n.F. mit Streichung der zweiten Alternative und terminologischer Abgrenzung zu Tz. 50 in IDW ERS ÖFA 2 n.F.

Die Lösungsvorschläge können – basierend auf der Fassung von § 6b EnWG 2012 – wie folgt umgesetzt werden:

(1) [1]Vertikal integrierte Energieversorgungsunternehmen im Sinne des § 3 Nummer 38, einschließlich rechtlich selbstständiger Unternehmen, die zu einer Gruppe verbundener Elektrizitäts- oder Gasunternehmen gehören und mittelbar oder unmittelbar energiespezifische Dienstleistungen erbringen, und rechtlich selbstständige Netzbetreiber sowie Betreiber von Speicheranlagen haben ungeachtet ihrer Eigentumsverhältnisse und ihrer Rechtsform einen Jahresabschluss und einen Lagebericht nach den für Kapitalgesellschaften geltenden Vorschriften des Ersten, Dritten und Vierten Unterabschnitts des Zweiten Abschnitts des

Dritten Buchs des Handelsgesetzbuchs aufzustellen, prüfen zu lassen und offen zu legen; § 264 Absatz 3 und § 264b des Handelsgesetzbuchs sind insoweit nicht anzuwenden. [2]~~Handelt es sich bei dem Unternehmen nach Satz 1 um eine Personenhandelsgesellschaft oder das Unternehmen eines Einzelkaufmanns, dürfen das sonstige Vermögen der Gesellschafter oder des Einzelkaufmanns (Privatvermögen) nicht in die Bilanz und die auf das Privatvermögen entfallenden Aufwendungen und Erträge nicht in die Gewinn- und Verlustrechnung aufgenommen werden.~~

(2) [1]Im Anhang ~~zum Jahresabschluss~~ sind die Geschäfte größeren Umfangs mit verbundenen oder assoziierten Unternehmen im Sinne von § 271 Absatz 2 oder § 311 des Handelsgesetzbuchs gesondert auszuweisen; hierbei sind insbesondere Leistung und Gegenleistung anzugeben. [2]Im Lagebericht ist auf die Tätigkeiten nach Absatz 3 Satz 1 und Satz 2 einzugehen.

(3) [1]Unternehmen nach Absatz 1 Satz 1 haben zur Vermeidung von Diskriminierung und Quersubventionierung in ihrer internen Rechnungslegung jeweils getrennte Konten für jede ihrer Tätigkeiten in den nachfolgend aufgeführten Bereichen so zu führen, wie dies erforderlich wäre, wenn diese Tätigkeiten von rechtlich selbstständigen Unternehmen ausgeführt würden:

1. Elektrizitätsübertragung;
2. Elektrizitätsverteilung;
3. Gasfernleitung;
4. Gasverteilung;
5. Gasspeicherung;
6. Betrieb von LNG-Anlagen.

[2]Tätigkeit im Sinne dieser Bestimmung ist auch jede wirtschaftliche Nutzung eines Eigentumsrechts an Elektrizitäts- oder Gasversorgungsnetzen, Gasspeichern oder LNG-Anlagen. [3]Für die anderen Tätigkeiten innerhalb des Elektrizitätssektors und innerhalb des Gassektors sind Konten zu führen, die innerhalb des jeweiligen Sektors zusammengefasst werden können. [4]Für Tätigkeiten außerhalb des Elektrizitäts- und Gassektors sind ebenfalls eigene Konten zu führen, die zusammengefasst werden können. [5]Soweit eine direkte Zuordnung zu den einzelnen Tätigkeiten nicht möglich ist oder mit unvertretbarem Aufwand verbunden wäre, hat die Zuordnung durch Schlüsselung zu den Konten, die sachgerecht und für Dritte nachvollziehbar sein muss, zu erfolgen. [6]Mit der Erstellung des Jahresabschlusses ist für jeden der in Satz 1 und Satz 2 genannten Tätigkeitsbereiche jeweils eine den in Absatz 1 Satz 1 genannten Vorschriften entsprechende Bilanz und Gewinn- und Verlustrechnung (Tätigkeitsabschluss) aufzustellen und dem Abschlussprüfer zusammen mit den Informationen gemäß Absatz 4 Satz 2 zur Prüfung vorzulegen. [7]~~Dabei sind in der Rechnungslegung die Regeln, einschließlich der Abschreibungsmethoden, anzugeben, nach denen die Gegenstände des~~

~~Aktiv- und Passivvermögens sowie die Aufwendungen und Erträge den gemäß Satz 1 bis 4 geführten Konten zugeordnet worden sind.~~

(4) [1]Die gesetzlichen Vertreter haben den Tätigkeitsabschluss unverzüglich, jedoch spätestens vor Ablauf des zwölften Monats des dem Abschlussstichtag nachfolgenden Geschäftsjahres, gemeinsam mit dem nach Absatz 1 Satz 1 in Verbindung mit § 325 des Handelsgesetzbuchs offenzulegenden Jahresabschluss beim Betreiber des elektronischen Bundesanzeigers elektronisch einzureichen [2]~~Er ist unverzüglich im elektronischen Bundesanzeiger~~ und bekannt machen zu lassen. [2]In dieser Bekanntmachung sind auch die Regeln nach denen die Posten der Bilanz und der Gewinn- und Verlustrechnung den getrennten Konten zugeordnet worden sind sowie die Abschreibungsmethoden und die Grundzüge und der Umfang der Leistungsverrechnung zwischen den Tätigkeiten gemäß Absatz 3 Satz 1 bis Satz 4 anzugeben. [3]§ 326 des Handelsgesetzbuchs ist insoweit nicht anzuwenden.

(5) [1]Die Prüfung des Jahresabschlusses gemäß Absatz 1 umfasst auch die Einhaltung der Pflichten zur Rechnungslegung nach Absatz 3. [2]Dabei ist neben dem Vorhandensein getrennter Konten auch zu prüfen, ob die Wertansätze und die Zuordnung der Konten sachgerecht und nachvollziehbar erfolgt sind und der Grundsatz der Stetigkeit beachtet worden ist. [3]Im Bestätigungsvermerk zum Jahresabschuss ist anzugeben, ob die Vorgaben nach Absatz 3 eingehalten worden sind.

(6) [1]Unbeschadet der besonderen Pflichten des Prüfers nach Absatz 5 kann die Regulierungsbehörde zusätzliche Bestimmungen gegenüber dem Unternehmen nach Absatz 1 Satz 1 durch Festlegung nach § 29 Absatz 1 treffen, die vom Prüfer im Rahmen der Jahresabschlussprüfung über die nach Absatz 1 anwendbaren Prüfungsvoraussetzungen hinaus zu berücksichtigen sind. [2]Sie kann insbesondere zusätzliche Schwerpunkte für die Prüfungen festlegen. [3]Eine solche Festlegung muss spätestens sechs Monate vor dem Bilanzstichtag des jeweiligen Kalenderjahres ergehen.

(7) [1]Der Auftraggeber der Prüfung des Jahresabschlusses hat der Regulierungsbehörde unverzüglich nach Feststellung des Jahresabschlusses eine Ausfertigung des ~~Berichts über die Prüfung des Jahresabschlusses~~ Prüfungsberichts nach § 321 des Handelsgesetzbuches ~~(Prüfungsbericht)~~ einschließlich erstatteter Teilberichte zu übersenden. [2]~~Der Prüfungsbericht ist fest mit dem geprüften Jahresabschluss, dem Lagebericht und den erforderlichen Tätigkeitsabschlüssen zu verbinden.~~ [3]~~Der Bestätigungsvermerk oder der Vermerk über die Versagung sind im Prüfungsbericht wiederzugeben.~~ [4]~~Der Lagebericht muss auf die Tätigkeiten nach Absatz 3 Satz 1 eingehen.~~ [25]~~Geschäftsberichte~~ Die Tätigkeitsabschlüsse einschließlich der Informationen gemäß Absatz 4 Satz 2 zu den in Absatz 3 Satz 1 und 2 aufgeführten Tätigkeitsbereichen sind von den Unternehmen auf ihrer

Internetseite zu veröffentlichen. [6]~~Tätigkeitsabschlüsse zu den Tätigkeitsbereichen, die nicht in Absatz 3 Satz 1 aufgeführt sind, hat die Regulierungsbehörde als Geschäftsgeheimnisse zu behandeln.~~ [37]Prüfungsberichte von solchen Unternehmen nach Absatz 1 Satz 1, die mittelbar oder unmittelbar energiespezifische Dienstleistungen erbringen, sind der Regulierungsbehörde zu übersenden, die für das regulierte Unternehmen nach § 54 Absatz 1 zuständig ist.

(8) [1]Unternehmen, die nur deshalb als vertikal integriertes Energieversorgungsunternehmen im Sinne des § 3 Nummer 38 einzuordnen sind, weil sie auch Betreiber eines geschlossenen Verteilernetzes sind, und ihre Abschlussprüfer sind von den Verpflichtungen nach den Absätzen 4 und 7 ausgenommen. [2]Die Befugnisse der Regulierungsbehörde insbesondere nach § 110 Absatz 4 bleiben unberührt.

Anlagen

A1 Entwicklung ausgewählter energiewirtschaftlicher Rechtsvorschriften

Energiewirtschaftsgesetz

Gesetz zur Förderung der Energiewirtschaft (Energiewirtschaftsgesetz) vom 13. Dezember 1935 (RGBl. I S. 1451) **(EnWG 1935)**
geändert durch § 47 Abs. 2 Nr. 1 des Gesetzes vom 28. April 1961 (BGBl. I S. 481)
geändert durch Art. 193 des Gesetzes vom 2. März 1974 (BGBl. I S. 469)
geändert durch Art. 18 des Gesetzes vom 10. März 1975 (BGBl. I S. 685)
geändert durch § 26 des Gesetzes vom 9. Dezember 1976 (BGBl. I S. 3317)
geändert durch Art. 95 Nr. 9 des Gesetzes vom 14. Dezember 1976 (BGBl. I S. 3341)
geändert durch Art. 3 des Gesetzes vom 19. September 1977 (BGBl. I S. 2750)
Gesetz über die Elektrizitäts- und Gasversorgung (Energiewirtschaftsgesetz – EnWG), verkündet als Art. 1 des Gesetzes zur Neuregelung des Energiewirtschaftsrechts vom 24. April 1998 (BGBl. I S. 730) **(EnWG 1998)**
geändert durch Art. 2 Abs. 8 des Gesetzes vom 26. August 1998 (BGBl. I S. 2521)
geändert durch Art. 2 des Gesetzes vom 29. März 2000 (BGBl. I S. 305)
geändert durch Art. 20 des Gesetzes vom 27. Juli 2001 (BGBl. I S. 1950)
geändert durch Art. 153 des Gesetzes vom 29. Oktober 2001 (BGBl. I S. 2785)
geändert durch Art. 29 des Gesetzes vom 10. November 2001 (BGBl. I S. 2992)
geändert durch Art. 1 des Ersten Gesetzes zur Änderung des Gesetzes zur Neuregelung des Energiewirtschaftsrechts vom 20. Mai 2003 (BGBl. I S. 686) **(EnWG 2003)**
geändert durch Art. 126 der Verordnung vom 25. November 2003 (BGBl. I S. 2304)
Gesetz über die Elektrizitäts- und Gasversorgung (Energiewirtschaftsgesetz – EnWG), verkündet als Art. 1 des Zweiten Gesetzes zur Neuregelung des Energiewirtschaftsrechts vom 7. Juli 2005 (BGBl. I S. 1970, ber. S. 3621) **(EnWG 2005)**
geändert durch Art. 7 des Gesetzes vom 9. Dezember 2006 (BGBl. I S. 2833)
geändert durch Art. 7 Abs. 14 des Gesetzes vom 26. März 2007 (BGBl. I S. 358)

geändert durch Art. 2 des Gesetzes vom 18. Dezember 2007 (BGBl. I S. 2966)
geändert durch Art. 1 des Gesetzes vom 29. August 2008 (BGBl. I S. 1790)
geändert durch Art. 2 des Gesetzes vom 25. Oktober 2008 (BGBl. I S. 2101)
geändert durch Art. 10 des Gesetzes vom 29. Juli 2009 (BGBl. I S. 2542)
geändert durch Art. 2 des Gesetzes vom 21. August 2009 (BGBl. I S. 2870)
geändert durch Art. 2 des Gesetzes vom 4. November 2010 (BGBl. I S. 1483)
geändert durch Art. 4 des Gesetzes vom 7. März 2011 (BGBl. I S. 338)
geändert durch Art. 1 des Gesetzes zur Neuregelung energiewirtschaftsrechtlicher Vorschriften vom 26. Juli 2011 (BGBl. I S. 1554) **(EnWG 2011)**
geändert durch Art. 2 des Gesetzes vom 28. Juli 2011 (BGBl. I S. 1698)
geändert durch Art. 22 des Gesetzes vom 24. November 2011 (BGBl. I S. 2302)
geändert durch Art. 1 des Gesetzes vom 22. Dezember 2011 (BGBl. I S. 3034)
geändert durch Art. 3 des Gesetzes vom 16. Juli 2012 (BGBl. I S. 74)
geändert durch Art. 2 des Gesetzes vom 5. Dezember 2012 (BGBl. I S. 2403)
geändert durch Art. 1 des Dritten Gesetzes zur Neuregelung energiewirtschaftsrechtlicher Vorschriften vom 20. Dezember 2012 (BGBl. I S. 2730) **(EnWG 2012)**

Anreizregulierungsverordnung

Verordnung über die Anreizregulierung der Energieversorgungsnetze (Anreizregulierungsverordnung – ARegV), verkündet als Art. 1 der Verordnung zum Erlass und zur Änderung von Rechtsvorschriften auf dem Gebiet der Energieregulierung (EVARegV) vom 29. Oktober 2007 (BGBl. I S. 2529).
geändert durch Art. 3 der Verordnung vom 8. April 2008 (BGBl. I S. 693)
geändert durch Art. 2 Abs. 8 der Verordnung vom 17. Oktober 2008 (BGBl. I S. 2006)
geändert durch Art. 4 des Gesetzes vom 21. August 2009 (BGBl. I S. 2870)
geändert durch Art. 7 der Verordnung vom 3. September 2010 (BGBl. I S. 1261)
geändert durch Art. 5 des Gesetzes vom 28. Juli 2011 (BGBl. I S. 1690)
geändert durch Art. 2 des Gesetzes vom 22. Dezember 2011 (BGBl. I S. 3034)
geändert durch Art. 1 der Verordnung vom 14. März 2012 (BGBl. I S. 489)
geändert durch Art. 2 der Verordnung vom 20. Juli 2012 (BGBl. I S. 1635)
geändert durch Art. 7 des Gesetzes vom 20. Dezember 2012 (BGBl. I S. 2730)

Stromnetzentgeltverordnung

Verordnung über die Entgelte für den Zugang zu Elektrizitätsversorgungsnetzen (Stromnetzentgeltverordnung – StromNEV) vom 25. Juli 2005 (BGBl. I S. 2225)
geändert durch Art. 3 der Verordnung vom 1. November 2006 (BGBl. I S. 2477)
geändert durch Art. 2 des Gesetzes vom 7. November 2006 (BGBl. I S. 2550)
geändert durch Art. 2 der Verordnung vom 29. Oktober 2007 (BGBl. I S. 2529)
geändert durch Art. 3a der Verordnung vom 8. April 2008 (BGBl. I S. 693)
geändert durch Art. 2 der Verordnung vom 17. Oktober 2008 (BGBl. I S. 2006)
geändert durch Art. 4 des Gesetzes vom 25. Oktober 2008 (BGBl. I S. 2074)
geändert durch Art. 6 des Gesetzes vom 21. August 2009 (BGBl. I S. 2870)
geändert durch Art. 6 der Verordnung vom 3. September 2010 (BGBl. I S. 1261)
geändert durch Art. 7 des Gesetzes vom 26. Juli 2011 (BGBl. I S. 1554)
geändert durch Art. 4 des Gesetzes vom 28. Juli 2011 (BGBl. I S. 1690)

Gasnetzentgeltverordnung

Verordnung über die Entgelte für den Zugang zu Gasversorgungsnetzen (Gasnetzentgeltverordnung – GasNEV) vom 25. Juli 2005 (BGBl. I S 2197)
geändert durch Art. 3 der Verordnung vom 29. Oktober 2007 (BGBl. I S. 2529)
geändert durch Art. 2 der Verordnung vom 8. April 2008 (BGBl. I S. 693)
geändert durch Art. 2 Abs. 4 der Verordnung vom 17. Oktober 2008 (BGBl. I S. 2006)
geändert durch Art. 5 der Verordnung vom 3. September 2010 (BGBl. I S. 1261)

A2 § 9 Rechnungslegung der Elektrizitätsversorgungsunternehmen (EnWG 1998)

(1) [1]Elektrizitätsversorgungsunternehmen der allgemeinen Versorgung haben, auch wenn sie nicht in der Rechtsform einer Kapitalgesellschaft betrieben werden, einen Jahresabschluß nach den für Kapitalgesellschaften geltenden Vorschriften des Ersten und Dritten Unterabschnitts des Zweiten Abschnitts des Dritten Buchs des Handelsgesetzbuchs aufzustellen und prüfen zu lassen. [2]Soweit eine Verpflichtung zur Offenlegung nach den §§ 325 bis 329 des Handelsgesetzbuchs nicht besteht, ist eine Ausfertigung des Jahresabschlusses in der Hauptverwaltung zur Einsicht bereitzuhalten.

(2) [1]Elektrizitätsversorgungsunternehmen der allgemeinen Versorgung haben in ihrer Buchführung getrennte Konten für die Bereiche Erzeugung, Übertragung und Verteilung sowie für Aktivitäten außerhalb des Elektrizitätsbereichs zu führen. [2]Sie haben für jede Aktivität und die zusammengefaßten Aktivitäten außerhalb des Elektrizitätsbereichs eine Bilanz sowie eine Gewinn- und Verlustrechnung in den Anhang ihres Jahresabschlusses aufzunehmen. [3]Soweit dabei eine direkte Zuordnung zu den einzelnen Aktivitäten nicht möglich ist oder mit unvertretbarem Aufwand verbunden wäre, hat die Zuordnung durch Schlüsselung der Konten, die sachgerecht und für Dritte nachvollziehbar sein muß, zu erfolgen.

(3) [1]Im Anhang zum Jahresabschluß sind die Regeln anzugeben, nach denen die Gegenstände des Aktiv- und Passivvermögens sowie die ausgewiesenen Aufwendungen und Erträge den Konten nach Absatz 2 zugewiesen werden. [2]Änderungen dieser Regeln in Ausnahmefällen sind zu erläutern und zu begründen.

(4) Im Anhang zum Jahresabschluß sind die Geschäfte größeren Umfangs, die mit verbundenen oder assoziierten Unternehmen oder mit Unternehmen derselben Aktionäre getätigt worden sind, gesondert darzustellen.

A3 § 9a Rechnungslegung der Gasversorgungsunternehmen (EnWG 2003)

(1) [1]Gasversorgungsunternehmen haben, auch wenn sie nicht in der Rechtsform einer Kapitalgesellschaft betrieben werden, einen Jahresabschluss nach den für Kapitalgesellschaften geltenden Vorschriften des Ersten und Dritten Unterabschnitts des Zweiten Abschnitts des Dritten Buches des Handelsgesetzbuchs aufzustellen und prüfen zu lassen. [2]Soweit eine Verpflichtung zur Offenlegung nach den §§ 325 bis 329 des Handelsgesetzbuchs nicht besteht, ist eine Ausfertigung des Jahresabschlusses in der Hauptverwaltung zur Einsicht bereitzuhalten.

(2) [1]Integrierte Gasversorgungsunternehmen haben in ihrer internen Buchführung jeweils ein von den Gashandels- und -vertriebsaktivitäten getrenntes Konto für die Bereiche Fernleitung, Verteilung, Speicherung sowie gegebenenfalls ein konsolidiertes Konto für Aktivitäten außerhalb des Erdgassektors zu führen. [2]Sie haben intern für jeden Bereich und für die zusammengefassten Aktivitäten außerhalb des Erdgassektors eine Bilanz sowie eine Gewinn- und Verlustrechnung aufzustellen. [3]Soweit dabei eine direkte Zuordnung zu den einzelnen Bereichen und Aktivitäten nicht möglich ist oder mit unvertretbarem Aufwand verbunden wäre, hat die Zuordnung durch Schlüsselung der Konten zu erfolgen, die sachgerecht und für Dritte nachvollziehbar sein muss.

(3) [1]Zu der internen Buchführung gehören die Regeln, einschließlich der Abschreibungsregeln, nach denen die Aktiva und Passiva sowie die ausgewiesenen Aufwendungen und Erträge den gemäß Absatz 2 separat geführten Konten zugewiesen werden. [2]Änderungen dieser Regeln sind nur in Ausnahmefällen zulässig und zu begründen.

(4) Im Anhang zum Jahresabschluss sind die Geschäfte größeren Umfangs, die mit den gemäß § 271 Abs. 2 oder § 311 des Handelsgesetzbuchs verbundenen oder assoziierten Unternehmen getätigt worden sind, gesondert aufzuführen.

A4 § 10 Rechnungslegung und interne Buchführung (EnWG 2005)

(1) Energieversorgungsunternehmen haben ungeachtet ihrer Eigentumsverhältnisse und ihrer Rechtsform einen Jahresabschluss nach den für Kapitalgesellschaften geltenden Vorschriften des Handelsgesetzbuchs aufzustellen, prüfen zu lassen und offen zu legen.

(2) Im Anhang zum Jahresabschluss sind die Geschäfte größeren Umfangs mit verbundenen oder assoziierten Unternehmen im Sinne von § 271 Abs. 2 oder § 311 des Handelsgesetzbuchs gesondert auszuweisen.

(3) [1]Unternehmen, die im Sinne von § 3 Nr. 38 zu einem vertikal integrierten Energieversorgungsunternehmen verbunden sind, haben zur Vermeidung von Diskriminierung und Quersubventionierung in ihrer internen Rechnungslegung jeweils getrennte Konten für jede ihrer Tätigkeiten in den nachfolgend aufgeführten Bereichen so zu führen, wie dies erforderlich wäre, wenn diese Tätigkeiten von rechtlich selbstständigen Unternehmen ausgeführt würden:

1. Elektrizitätsübertragung;
2. Elektrizitätsverteilung;
3. Gasfernleitung;
4. Gasverteilung;
5. Gasspeicherung;
6. Betrieb von LNG-Anlagen.

[2]Tätigkeit im Sinne dieser Bestimmung ist auch jede wirtschaftliche Nutzung eines Eigentumsrechts an Elektrizitäts- oder Gasversorgungsnetzen, Gasspeichern oder LNG-Anlagen. [3]Für die anderen Tätigkeiten innerhalb des Elektrizitätssektors und innerhalb des Gassektors sind Konten zu führen, die innerhalb des jeweiligen Sektors zusammengefasst werden können. [4]Für Tätigkeiten außerhalb des Elektrizitäts- und Gassektors sind ebenfalls eigene Konten zu führen, die zusammengefasst werden können. [5]Soweit eine direkte Zuordnung zu den einzelnen Tätigkeiten nicht möglich ist oder mit unvertretbarem Aufwand verbunden wäre, hat die Zuordnung durch Schlüsselung der Konten, die sachgerecht und für Dritte nachvollziehbar sein muss, zu erfolgen. [6]Mit der Erstellung des Jahresabschlusses ist für jeden der genannten Tätigkeitsbereiche intern jeweils eine den in Absatz 1 genannten Vorschriften entsprechende Bilanz und Gewinn- und Verlustrechnung aufzustellen. [7]Dabei sind in der internen Rechnungslegung die Regeln einschließlich der Abschreibungsmethoden anzugeben, nach denen die Gegenstände des Aktiv- und Passivvermögens sowie die Aufwendungen und Erträge den gemäß den Sätzen 1 bis 4 geführten Konten zugeordnet worden sind.

(4) [1]Die Prüfung des Jahresabschlusses gemäß Absatz 1 umfasst auch die Einhaltung der Pflichten zur internen Rechnungslegung nach Absatz 3. [2]Dabei ist

neben dem Vorhandensein getrennter Konten auch zu prüfen, ob die Wertansätze und die Zuordnung der Konten sachgerecht und nachvollziehbar erfolgt sind und der Grundsatz der Stetigkeit beachtet worden ist. [3]Im Bestätigungsvermerk zum Jahresabschluss ist anzugeben, ob die Vorgaben nach Absatz 3 eingehalten worden sind.

(5) [1]Der Auftraggeber der Prüfung des Jahresabschlusses hat der Regulierungsbehörde unverzüglich eine Ausfertigung des geprüften Jahresabschlusses einschließlich des Bestätigungsvermerks oder des Vermerks über seine Versagung zu übersenden. [2]Die Bilanzen und Gewinn- und Verlustrechnungen für die einzelnen Tätigkeitsbereiche sind beizufügen. [3]Unternehmen, die keine Tätigkeiten nach Absatz 3 ausüben, sind von der Verpflichtung nach Satz 1 freigestellt; die Befugnisse der Regulierungsbehörde bleiben unberührt. [4]Geschäftsberichte zu den Tätigkeitsbereichen, die nicht in Absatz 3 Satz 1 aufgeführt sind, hat die Regulierungsbehörde als Geschäftsgeheimnisse zu behandeln.

A5 § 6b Rechnungslegung und Buchführung (EnWG 2011)

(1) [1]Energieversorgungsunternehmen haben ungeachtet ihrer Eigentumsverhältnisse und ihrer Rechtsform einen Jahresabschluss nach den für Kapitalgesellschaften geltenden Vorschriften des Ersten, Dritten und Vierten Unterabschnitts des Zweiten Abschnitts des Dritten Buchs des Handelsgesetzbuchs aufzustellen, prüfen zu lassen und offen zu legen. [2]Handelt es sich bei dem Energieversorgungsunternehmen um eine Personenhandelsgesellschaft oder das Unternehmen eines Einzelkaufmanns, dürfen das sonstige Vermögen der Gesellschafter oder des Einzelkaufmanns (Privatvermögen) nicht in die Bilanz und die auf das Privatvermögen entfallenden Aufwendungen und Erträge nicht in die Gewinn- und Verlustrechnung aufgenommen werden.

(2) Im Anhang zum Jahresabschluss sind die Geschäfte größeren Umfangs mit verbundenen oder assoziierten Unternehmen im Sinne von § 271 Absatz 2 oder § 311 des Handelsgesetzbuchs gesondert auszuweisen.

(3) [1]Unternehmen, die im Sinne von § 3 Nummer 38 zu einem vertikal integrierten Energieversorgungsunternehmen verbunden sind, haben zur Vermeidung von Diskriminierung und Quersubventionierung in ihrer internen Rechnungslegung jeweils getrennte Konten für jede ihrer Tätigkeiten in den nachfolgend aufgeführten Bereichen so zu führen, wie dies erforderlich wäre, wenn diese Tätigkeiten von rechtlich selbstständigen Unternehmen ausgeführt würden:

1. Elektrizitätsübertragung;
2. Elektrizitätsverteilung;
3. Gasfernleitung;
4. Gasverteilung;
5. Gasspeicherung;
6. Betrieb von LNG-Anlagen.

[2]Tätigkeit im Sinne dieser Bestimmung ist auch jede wirtschaftliche Nutzung eines Eigentumsrechts an Elektrizitäts- oder Gasversorgungsnetzen, Gasspeichern oder LNG-Anlagen. [3]Für die anderen Tätigkeiten innerhalb des Elektrizitätssektors und innerhalb des Gassektors sind Konten zu führen, die innerhalb des jeweiligen Sektors zusammengefasst werden können. [4]Für Tätigkeiten außerhalb des Elektrizitäts- und Gassektors sind ebenfalls eigene Konten zu führen, die zusammengefasst werden können. [5]Soweit eine direkte Zuordnung zu den einzelnen Tätigkeiten nicht möglich ist oder mit unvertretbarem Aufwand verbunden wäre, hat die Zuordnung durch Schlüsselung der Konten, die sachgerecht und für Dritte nachvollziehbar sein muss, zu erfolgen. [6]Mit der Erstellung des Jahresabschlusses ist für jeden der genannten Tätigkeitsbereiche jeweils eine den in Absatz 1 Satz 1 genannten Vorschriften entsprechende Bilanz und Ge-

winn- und Verlustrechnung (Tätigkeitsabschluss) aufzustellen. [7]Dabei sind in der Rechnungslegung die Regeln, einschließlich der Abschreibungsmethoden, anzugeben, nach denen die Gegenstände des Aktiv- und Passivvermögens sowie die Aufwendungen und Erträge den gemäß Satz 1 bis 4 geführten Konten zugeordnet worden sind.

(4) [1]Die gesetzlichen Vertreter haben den Tätigkeitsabschluss unverzüglich, jedoch spätestens vor Ablauf des zwölften Monats des dem Abschlussstichtag nachfolgenden Geschäftsjahres, gemeinsam mit dem nach Absatz 1 Satz 1 in Verbindung mit § 325 des Handelsgesetzbuchs offenzulegenden Jahresabschluss beim Betreiber des elektronischen Bundesanzeigers elektronisch einzureichen. [2]Er ist unverzüglich im elektronischen Bundesanzeiger bekannt machen zu lassen. [3]§ 326 des Handelsgesetzbuchs ist insoweit nicht anzuwenden.

(5) [1]Die Prüfung des Jahresabschlusses gemäß Absatz 1 umfasst auch die Einhaltung der Pflichten zur Rechnungslegung nach Absatz 3. [2]Dabei ist neben dem Vorhandensein getrennter Konten auch zu prüfen, ob die Wertansätze und die Zuordnung der Konten sachgerecht und nachvollziehbar erfolgt sind und der Grundsatz der Stetigkeit beachtet worden ist. [3]Im Bestätigungsvermerk zum Jahresabschuss ist anzugeben, ob die Vorgaben nach Absatz 3 eingehalten worden sind.

(6) [1]Unbeschadet der besonderen Pflichten des Prüfers nach Absatz 4 kann die Regulierungsbehörde zusätzliche Bestimmungen treffen, die vom Prüfer im Rahmen der Jahresabschlussprüfung über die nach Absatz 1 anwendbaren Prüfungsvoraussetzungen hinaus zu berücksichtigen sind. [2]Sie kann insbesondere zusätzliche Schwerpunkte für die Prüfungen festlegen.

(7) [1]Der Auftraggeber der Prüfung des Jahresabschlusses hat der Regulierungsbehörde unverzüglich eine Ausfertigung des geprüften Jahresabschlusses einschließlich des Anhangs sowie des Lageberichts zu übersenden. [2]Der Jahresabschluss muss mit dem Bestätigungsvermerk oder einem Vermerk über die Versagung versehen sein. [3]Die Bilanzen und Gewinn- und Verlustrechnungen für die einzelnen Tätigkeitsbereiche sind beizufügen und mit dem Jahresabschluss fest zu verbinden. [4]Der Lagebericht muss auf die Tätigkeiten nach Absatz 3 eingehen. [5]Der Abschlussprüfer hat den Bericht über die Prüfung des Jahresabschlusses (Prüfbericht) nebst Ergänzungsbänden unverzüglich nach Beendigung der Prüfung bei der Regulierungsbehörde einzureichen. [6]Geschäftsberichte zu den in Absatz 3 Satz 1 aufgeführten Tätigkeitsbereichen sind von den Unternehmen auf ihren Internetseiten zu veröffentlichen. [7]Die Verpflichtungen nach Satz 1 bis 5 gelten nicht für Unternehmen, die keine Tätigkeiten nach Absatz 3 ausüben; die Befugnisse der Regulierungsbehörde bleiben unberührt. [8]Geschäftsberichte zu den Tätigkeitsbereichen, die nicht in Absatz 3 Satz 1 aufgeführt sind, hat die Regulierungsbehörde als Geschäftsgeheimnisse zu behandeln.

A6 § 10 EnWG 2005 und § 6b EnWG 2011 als integrierte Synopse

(1) [1]Energieversorgungsunternehmen haben ungeachtet ihrer Eigentumsverhältnisse und ihrer Rechtsform einen Jahresabschluss nach den für Kapitalgesellschaften geltenden Vorschriften des Ersten, Dritten und Vierten Unterabschnitts des Zweiten Abschnitts des Dritten Buchs des Handelsgesetzbuchs aufzustellen, prüfen zu lassen und offenzulegen. [2]Handelt es sich bei dem Energieversorgungsunternehmen um eine Personenhandelsgesellschaft oder das Unternehmen eines Einzelkaufmanns, dürfen das sonstige Vermögen der Gesellschafter oder des Einzelkaufmanns (Privatvermögen) nicht in die Bilanz und die auf das Privatvermögen entfallenden Aufwendungen und Erträge nicht in die Gewinn- und Verlustrechnung aufgenommen werden.

(2) Im Anhang zum Jahresabschluss sind die Geschäfte größeren Umfangs mit verbundenen oder assoziierten Unternehmen im Sinne von § 271 Absatz 2 oder § 311 des Handelsgesetzbuches gesondert auszuweisen.

(3) [1]Unternehmen, die im Sinne von § 3 Nummer 38 zu einem vertikal integrierten Energieversorgungsunternehmen verbunden sind, haben zur Vermeidung von Diskriminierung und Quersubventionierung in ihrer internen Rechnungslegung jeweils getrennte Konten für jede ihrer Tätigkeiten in den nachfolgend aufgeführten Bereichen so zu führen, wie dies erforderlich wäre, wenn diese Tätigkeiten von rechtlich selbstständigen Unternehmen ausgeführt würden:

1. Elektrizitätsübertragung;
2. Elektrizitätsverteilung;
3. Gasfernleitung;
4. Gasverteilung;
5. Gasspeicherung;
6. Betrieb von LNG-Anlagen.

[2]Tätigkeit im Sinne dieser Bestimmung ist auch jede wirtschaftliche Nutzung eines Eigentumsrechts an Elektrizitäts- oder Gasversorgungsnetzen, Gasspeichern oder LNG-Anlagen. [3]Für die anderen Tätigkeiten innerhalb des Elektrizitätssektors und innerhalb des Gassektors sind Konten zu führen, die innerhalb des jeweiligen Sektors zusammengefasst werden können. [4]Für Tätigkeiten außerhalb des Elektrizitäts-und Gassektors sind ebenfalls eigene Konten zu führen, die zusammengefasst werden können. [5]Soweit eine direkte Zuordnung zu den einzelnen Tätigkeiten nicht möglich ist oder mit unvertretbarem Aufwand verbunden wäre, hat die Zuordnung durch Schlüsselung der Konten, die sachgerecht und für Dritte nachvollziehbar sein muss, zu erfolgen. [6]Mit der Erstellung des Jahresabschlusses ist für jeden der genannten Tätigkeitsbereiche ~~intern~~ jeweils eine den in Absatz 1 Satz 1 genannten Vorschriften entsprechende Bilanz und

Gewinn- und Verlustrechnung (Tätigkeitsabschluss) aufzustellen. [7]Dabei sind in der ~~internen~~ Rechnungslegung die Regeln einschließlich der Abschreibungsmethoden anzugeben, nach denen die Gegenstände des Aktiv- und Passivvermögens sowie die Aufwendungen und Erträge den gemäß Satz 1 bis 4 geführten Konten zugeordnet worden sind.

(4) [1]Die gesetzlichen Vertreter haben den Tätigkeitsabschluss unverzüglich, jedoch spätestens vor Ablauf des zwölften Monats des dem Abschlussstichtag nachfolgenden Geschäftsjahres, gemeinsam mit dem nach Absatz 1 Satz 1 in Verbindung mit § 325 des Handelsgesetzbuchs offen zu legenden Jahresabschluss beim Betreiber des elektronischen Bundesanzeigers elektronisch einzureichen. [2]Er ist unverzüglich im elektronischen Bundesanzeiger bekannt machen zu lassen. [3]§ 326 des Handelsgesetzbuchs ist insoweit nicht anzuwenden.

(5) [1]Die Prüfung des Jahresabschlusses gemäß Absatz 1 umfasst auch die Einhaltung der Pflichten zur ~~internen~~ Rechnungslegung nach Absatz 3. [2]Dabei ist neben dem Vorhandensein getrennter Konten auch zu prüfen, ob die Wertansätze und die Zuordnung der Konten sachgerecht und nachvollziehbar erfolgt sind und der Grundsatz der Stetigkeit beachtet worden ist. [3]Im Bestätigungsvermerk zum Jahresabschluss ist anzugeben, ob die Vorgaben nach Absatz 3 eingehalten worden sind.

(6) [1]Unbeschadet der besonderen Pflichten des Prüfers nach Absatz 4 kann die Regulierungsbehörde zusätzliche Bestimmungen treffen, die vom Prüfer im Rahmen der Jahresabschlussprüfung über die nach Absatz 1 anwendbaren Prüfungsvoraussetzungen hinaus zu berücksichtigen sind. [2]Sie kann insbesondere zusätzliche Schwerpunkte für die Prüfungen festlegen.

(7) [1]Der Auftraggeber der Prüfung des Jahresabschlusses hat der Regulierungsbehörde unverzüglich eine Ausfertigung des geprüften Jahresabschlusses einschließlich des ~~Bestätigungsvermerks oder des Vermerks über seine Versagung~~ Anhangs sowie des Lageberichts zu übersenden. [2]Der Jahresabschluss muss mit dem Bestätigungsvermerk oder einem Vermerk über die Versagung versehen sein. [3]Die Bilanzen und Gewinn- und Verlustrechnungen für die einzelnen Tätigkeitsbereiche sind beizufügen und mit dem Jahresabschluss fest zu verbinden. [4]Der Lagebericht muss auf die Tätigkeiten nach Absatz 3 eingehen. [5]Der Abschlussprüfer hat den Bericht über die Prüfung des Jahresabschlusses (Prüfbericht) nebst Ergänzungsbänden unverzüglich nach Beendigung der Prüfung bei der Regulierungsbehörde einzureichen. [6]Geschäftsberichte zu den in Absatz 3 Satz 1 aufgeführten Tätigkeitsbereichen sind von den Unternehmen auf ihren Internetseiten zu veröffentlichen. [7]Die Verpflichtungen nach Satz 1 bis 5 gelten nicht für Unternehmen, die keine Tätigkeiten nach Absatz 3 ausüben~~, sind von der Verpflichtung nach Satz 1 freigestellt~~; die Befugnisse der Regulierungsbehörde bleiben unberührt. [8]Geschäftsberichte zu den Tätigkeitsbereichen, die nicht

in Absatz 3 Satz 1 aufgeführt sind, hat die Regulierungsbehörde als Geschäftsgeheimnisse zu behandeln.

A7 § 6b EnWG 2011 und § 6b EnWG 2012 als integrierte Synopse

(1) [1]~~Energieversorgungsunternehmen~~ Vertikal integrierte Energieversorgungsunternehmen im Sinne des § 3 Nummer 38, einschließlich rechtlich selbstständiger Unternehmen, die zu einer Gruppe verbundener Elektrizitäts- oder Gasunternehmen gehören und mittelbar oder unmittelbar energiespezifische Dienstleistungen erbringen, und rechtlich selbstständige Netzbetreiber sowie Betreiber von Speicheranlagen haben ungeachtet ihrer Eigentumsverhältnisse und ihrer Rechtsform einen Jahresabschluss und Lagebericht nach den für Kapitalgesellschaften geltenden Vorschriften des Ersten, Dritten und Vierten Unterabschnitts des Zweiten Abschnitts des Dritten Buchs des Handelsgesetzbuchs aufzustellen, prüfen zu lassen und offen zu legen; § 264 Absatz 3 und § 264b des Handelsgesetzbuchs sind insoweit nicht anzuwenden. [2]Handelt es sich bei dem ~~Energieversorgungsunternehmen~~ Unternehmen nach Satz 1 um eine Personenhandelsgesellschaft oder das Unternehmen eines Einzelkaufmanns, dürfen das sonstige Vermögen der Gesellschafter oder des Einzelkaufmanns (Privatvermögen) nicht in die Bilanz und die auf das Privatvermögen entfallenden Aufwendungen und Erträge nicht in die Gewinn- und Verlustrechnung aufgenommen werden.

(2) [1]Im Anhang zum Jahresabschluss sind die Geschäfte größeren Umfangs mit verbundenen oder assoziierten Unternehmen im Sinne von § 271 Absatz 2 oder § 311 des Handelsgesetzbuchs gesondert auszuweisen. [2]Hierbei sind insbesondere Leistung und Gegenleistung anzugeben.

(3) [1]Unternehmen ~~, die im Sinne von § 3 Nummer 38 zu einem vertikal integrierten Energieversorgungsunternehmen verbunden sind,~~ nach Absatz 1 Satz 1 haben zur Vermeidung von Diskriminierung und Quersubventionierung in ihrer internen Rechnungslegung jeweils getrennte Konten für jede ihrer Tätigkeiten in den nachfolgend aufgeführten Bereichen so zu führen, wie dies erforderlich wäre, wenn diese Tätigkeiten von rechtlich selbstständigen Unternehmen ausgeführt würden:

1. Elektrizitätsübertragung;
2. Elektrizitätsverteilung;
3. Gasfernleitung;
4. Gasverteilung;
5. Gasspeicherung;
6. Betrieb von LNG-Anlagen.

[2]Tätigkeit im Sinne dieser Bestimmung ist auch jede wirtschaftliche Nutzung eines Eigentumsrechts an Elektrizitäts- oder Gasversorgungsnetzen, Gasspeichern oder LNG-Anlagen. [3]Für die anderen Tätigkeiten innerhalb des Elektrizi-

tätssektors und innerhalb des Gassektors sind Konten zu führen, die innerhalb des jeweiligen Sektors zusammengefasst werden können. [4]Für Tätigkeiten außerhalb des Elektrizitäts- und Gassektors sind ebenfalls eigene Konten zu führen, die zusammengefasst werden können. [5]Soweit eine direkte Zuordnung zu den einzelnen Tätigkeiten nicht möglich ist oder mit unvertretbarem Aufwand verbunden wäre, hat die Zuordnung durch Schlüsselung ~~der~~ zu den Konten, die sachgerecht und für Dritte nachvollziehbar sein muss, zu erfolgen. [6]Mit der Erstellung des Jahresabschlusses ist für jeden der genannten Tätigkeitsbereiche jeweils eine den in Absatz 1 Satz 1 genannten Vorschriften entsprechende Bilanz und Gewinn- und Verlustrechnung (Tätigkeitsabschluss) aufzustellen und dem Abschlussprüfer zur Prüfung vorzulegen. [7]Dabei sind in der Rechnungslegung die Regeln, einschließlich der Abschreibungsmethoden, anzugeben, nach denen die Gegenstände des Aktiv- und Passivvermögens sowie die Aufwendungen und Erträge den gemäß Satz 1 bis 4 geführten Konten zugeordnet worden sind.

(4) [1]Die gesetzlichen Vertreter haben den Tätigkeitsabschluss unverzüglich, jedoch spätestens vor Ablauf des zwölften Monats des dem Abschlussstichtag nachfolgenden Geschäftsjahres, gemeinsam mit dem nach Absatz 1 Satz 1 in Verbindung mit § 325 des Handelsgesetzbuchs offenzulegenden Jahresabschluss beim Betreiber des elektronischen Bundesanzeigers elektronisch einzureichen. [2]Er ist unverzüglich im elektronischen Bundesanzeiger bekannt machen zu lassen. [3]§ 326 des Handelsgesetzbuchs ist insoweit nicht anzuwenden.

(5) [1]Die Prüfung des Jahresabschlusses gemäß Absatz 1 umfasst auch die Einhaltung der Pflichten zur Rechnungslegung nach Absatz 3. [2]Dabei ist neben dem Vorhandensein getrennter Konten auch zu prüfen, ob die Wertansätze und die Zuordnung der Konten sachgerecht und nachvollziehbar erfolgt sind und der Grundsatz der Stetigkeit beachtet worden ist. [3]Im Bestätigungsvermerk zum Jahresabschuss ist anzugeben, ob die Vorgaben nach Absatz 3 eingehalten worden sind.

(6) [1]Unbeschadet der besonderen Pflichten des Prüfers nach ~~Absatz 4~~ Absatz 5 kann die Regulierungsbehörde zusätzliche Bestimmungen gegenüber dem Unternehmen nach Absatz 1 Satz 1 durch Festlegung nach § 29 Absatz 1 treffen, die vom Prüfer im Rahmen der Jahresabschlussprüfung über die nach Absatz 1 anwendbaren Prüfungsvoraussetzungen hinaus zu berücksichtigen sind. [2]Sie kann insbesondere zusätzliche Schwerpunkte für die Prüfungen festlegen. [3]Eine solche Festlegung muss spätestens sechs Monate vor dem Bilanzstichtag des jeweiligen Kalenderjahres ergehen.

(7) [1]Der Auftraggeber der Prüfung des Jahresabschlusses hat der Regulierungsbehörde unverzüglich nach Feststellung des Jahresabschlusses eine Ausfertigung des ~~geprüften Jahresabschlusses einschließlich des Anhangs sowie des Lageberichts~~ Berichts über die Prüfung des Jahresabschlusses nach § 321 des

Handelsgesetzbuches (Prüfungsbericht) einschließlich erstatteter Teilberichte zu übersenden. [2]Der Prüfungsbericht ist fest mit dem geprüften Jahresabschluss, dem Lagebericht und den erforderlichen Tätigkeitsabschlüssen zu verbinden. [32]Der ~~Jahresabschluss muss mit dem~~ Bestätigungsvermerk oder ~~einem~~ der Vermerk über die Versagung ~~versehen sein~~ sind im Prüfungsbericht wiederzugeben. [3]~~Die Bilanzen und Gewinn- und Verlustrechnungen für die einzelnen Tätigkeitsbereiche sind beizufügen und mit dem Jahresabschluss fest zu verbinden.~~ [4]Der Lagebericht muss auf die Tätigkeiten nach Absatz 3 Satz 1 eingehen. [5]~~Der Abschlussprüfer hat den Bericht über die Prüfung des Jahresabschlusses (Prüfbericht) nebst Ergänzungsbänden unverzüglich nach Beendigung der Prüfung bei der Regulierungsbehörde einzureichen.~~ Geschäftsberichte zu den in Absatz 3 Satz 1 und 2 aufgeführten Tätigkeitsbereichen sind von den Unternehmen auf ihren Internetseiten zu veröffentlichen. [7]~~Die Verpflichtungen nach Satz 1 bis 5 gelten nicht für Unternehmen, die keine Tätigkeiten nach Absatz 3 ausüben; die Befugnisse der Regulierungsbehörde bleiben unberührt.~~ [68]~~Geschäftsberichte~~ Tätigkeitsabschlüsse zu den Tätigkeitsbereichen, die nicht in Absatz 3 Satz 1 aufgeführt sind, hat die Regulierungsbehörde als Geschäftsgeheimnisse zu behandeln. [7]Prüfberichte von solchen Unternehmen nach Absatz 1 Satz 1, die mittelbar oder unmittelbar energiespezifische Dienstleistungen erbringen, sind der Regulierungsbehörde zu übersenden, die für das regulierte Unternehmen nach § 54 Absatz 1 zuständig ist.

(8) [1]Unternehmen, die nur deshalb als vertikal integriertes Energieversorgungsunternehmen im Sinne des § 3 Nummer 38 einzuordnen sind, weil sie auch Betreiber eines geschlossenen Verteilernetzes sind, und ihre Abschlussprüfer sind von den Verpflichtungen nach den Absätzen 4 und 7 ausgenommen. [2]Die Befugnisse der Regulierungsbehörde insbesondere nach § 110 Absatz 4 bleiben unberührt.

A8 Empirische Erfahrungen mit Tätigkeitsabschlüssen gemäß EnWG 2011

19. Januar 2012:	24/7 Netze GmbH, Mannheim
1. Februar 2012:	Thyssengas GmbH, Dortmund
19. März 2012:	Stadtwerke Kamp-Lintfort GmbH
26. März 2012:	RWE Deutschland AG, Essen
4. April 2012:	Stadtwerke Warburg GmbH
12. April 2012:	Stadtwerke Hannover AG
19. April 2012:	Lechwerke AG, Augsburg
23. April 2012:	RWE Dea AG, Hamburg
24. April 2012:	AVU Netz GmbH, Gevelsberg
10. Mai 2012:	Mainova AG, Frankfurt am Main
29. Mai 2012:	AVU AG für Versorgungs-Unternehmen, Gevelsberg
29. Mai 2012:	E.ON Thüringer Energie AG, Erfurt
29. Mai 2012:	EMB Energie Mark Brandenburg GmbH, Potsdam
29. Mai 2012:	Stadtwerke Düren GmbH
30. Mai 2012:	TEN Thüringer Energienetze GmbH, Erfurt
30. Mai 2012:	Open Grid Europe GmbH, Essen
30. Mai 2012:	Stadtwerke Kiel AG
31. Mai 2012:	SpreeGas Gesellschaft für Gasversorgung und Energiedienstleistung mbH, Cottbus
4. Juni 2012:	Gasversorgung im Landkreis Gifhorn GmbH, Gifhorn
5. Juni 2012:	Erdgas Münster GmbH
6. Juni 2012:	LSW Netz GmbH, Wolfsburg
6. Juni 2012:	Stadtwerke Bad Langensalza NETZ GmbH
8. Juni 2012:	LandE GmbH, Wolfsburg-Fallersleben
11. Juni 2012:	LSW LandE-Stadtwerke Wolfsburg GmbH & Co. KG

- **Allgemeine Feststellungen**

Der Bestätigungsvermerk für den Übertragungsnetzbetreiber 50Hertz Transmission GmbH, Berlin, (VED: 24. August 2012) sowie für die Vattenfall Europe Generation AG, Cottbus, (VED: 8. Mai 2012) und die E.ON Trading SE, Düsseldorf, (VED: 31. Mai 2012) bestätigt nur die getrennte Kontenführung, nicht aber die Aufstellung von Tätigkeitsabschlüssen; Jahresabschluss und Tätigkeitsabschluss sind damit identisch.

Der Bestätigungsvermerk für den Übertragungsnetzbetreiber Amprion GmbH, Dortmund, (VED: 7. Mai 2012) sowie für die E.ON Gas Grid GmbH, Essen, (VED: 20. April 2012) die Havelländische Stadtwerke GmbH, Werder (Havel), (VED: 24. April 2012) und die Stadtwerke Steinfurt Netz GmbH (VED: 8. Juni 2012) bestätigt die Aufstellung von Tätigkeitsabschlüssen, ohne dass diese im Bundesanzeiger veröffentlicht werden.

Der Bestätigungsvermerk des Übertragungsnetzbetreibers Tennet TSO GmbH, Bayreuth, (VED: 27. Juli 2012) wurde nicht i.S.v. IDW EPS 610[498] erweitert. Der Anhang enthält dazu folgende Aussage: „Die Gesellschaft ist kein vertikal integriertes Energieversorgungsunternehmen im Sinne des § 3 Nr. 38 EnWG, insoweit entfallen die Verpflichtungen nach § 6b Abs. 3 ff. EnWG".

Der Bestätigungsvermerk des Übertragungsnetzbetreibers TransnetBW GmbH, Stuttgart, wurde i.S.v. IDW EPS 610[499] erweitert, obwohl der Anhang folgende Aussage enthält: „Die Geschäftstätigkeit der TNG umfasst ausschließlich die Elektrizitätsübertragung". Obwohl § 6b Abs. 4 EnWG eine unverzügliche Bekanntmachung verlangt, wurde der am 13. Januar 2012 testierte und am 19. März 2012 festgestellte Jahresabschluss erst am 22. November 2012 veröffentlicht.

Die Tätigkeitsabschlüsse der VSW Netz GmbH, Crimmitschau (VED: 20. März 2012) und der EBY Eigenbetrieb GmbH, Regensburg, (VED: 24. Mai 2012 und 5. Juni 2012) enthalten keine Aussagen zu Differenzen bei der Kapitalzuordnung.

- **24/7 Netze GmbH, Mannheim**

In der **Elektrizitätsverteilung Offenbach** werden bei einer Bilanzsumme von 21.302.505,28 € „Forderungen gegen andere Tätigkeitsbereiche" von 696.944,21 € ausgewiesen.

In den **Tätigkeiten außerhalb der Elektrizitäts- und Gasverteilung** werden bei einer Bilanzsumme von 9.272.329,40 € „Verbindlichkeiten gegen andere Tätigkeitsbereiche" von 696.944,21 € ausgewiesen.

Die **Interne Aufrechnung** weist eine Bilanzsumme von 696.944,21 € aus.

Es findet sich folgende Aussage: „Die Forderungen und Verbindlichkeiten gegen andere Unternehmensbereiche sowie die kurzfristigen Kredite von verbundenen Unternehmen dienen jeweils als Residualgrößen zum Ausgleich der Bilanzen".

- **Thyssengas GmbH, Dortmund**

In der **Gasfernleitung** werden bei einer Bilanzsumme von 327.835.176,90 € „Forderungen gegenüber anderen Unternehmensbereichen" von 7.018.422,94 € ausgewiesen.

---

498 Vgl. IDW EPS 610 n.F., Tz. 16, (in: IDW (2012e)).
499 Vgl. ebd.

In der **Gasverteilung** werden bei einer Bilanzsumme von 197.361,13 € „Verbindlichkeiten gegenüber anderen Unternehmensbereichen" von 32.916,83 € ausgewiesen.

In den **Sonstigen Tätigkeiten** werden bei einer Bilanzsumme von 15.212.684,16 € „Verbindlichkeiten gegenüber anderen Unternehmensbereichen" von 6.985.506,11 € ausgewiesen.

Die **Interne Aufrechnung** weist eine **negative** Bilanzsumme von 7.018.422,94 € aus.

Es findet sich folgende Aussage: „Die im Wege der direkten und indirekten Zuordnung entstehenden Forderungen und Verbindlichkeiten zwischen den einzelnen Unternehmenstätigkeiten werden als solche in der Bilanz ausgewiesen und über die „Interne Aufrechnung" konsolidiert".

- **Stadtwerke Kamp-Lintfort GmbH**

In der **Elektrizitätsverteilung** werden bei einer Bilanzsumme von 6.885.965,09 € im Eigenkapital „Verrechnungen gegenüber anderen Tätigkeiten" von 3.116.290,84 € ausgewiesen.

In der **Gasverteilung** werden bei einer Bilanzsumme von 9.059.035,11 € im Eigenkapital „Verrechnungen gegenüber anderen Tätigkeiten" von 1.115.909,40 € ausgewiesen.

Es findet sich folgende Aussage: „Die ausgewiesene Residualgröße aus der Zuordnung der Aktiva und Passiva wird direkt im Eigenkapital gezeigt".

Die Gesellschaft stellt Tätigkeitsabschlüsse nur für die „Katalog"-Tätigkeiten gem. § 6b Abs. 3 S. 1 Nr. 1 bis 6 und S. 2 EnWG auf.

- **RWE Deutschland AG, Essen**

In der **Elektrizitätsverteilung** werden bei einer Bilanzsumme von 2.230.999.410,14 € zwischen den Verbindlichkeiten und den Rechnungsabgrenzungsposten „Verbindlichkeiten gegenüber anderen Tätigkeiten" von 25.232.252,10 € ausgewiesen.

In der **Gasverteilung** werden bei einer Bilanzsumme von 286.305.157,46 € zwischen den Verbindlichkeiten und den Rechnungsabgrenzungsposten „Verbindlichkeiten gegenüber anderen Tätigkeiten" von 25.279.396,10 € ausgewiesen.

Es findet sich folgende Aussage: „Die im Wege der direkten und indirekten Zuordnung entstehenden Forderungen und Verbindlichkeiten zwischen den einzelnen Unternehmenstätigkeiten werden als solche in der Bilanz ausgewiesen und über die „Interne Aufrechnung" konsolidiert. Die hieraus resultierenden Zinsaufwendungen und -erträge werden in der Gewinn- und Verlustrechnung unter „Zinsen aus Forderungen/Verbindlichkeiten gegenüber anderen Unternehmenstätigkeiten" ausgewiesen".

Die Gesellschaft stellt Tätigkeitsabschlüsse nur für die „Katalog"-Tätigkeiten gem. § 6b Abs. 3 S. 1 Nr. 1 bis 6 und S. 2 EnWG auf.

- **Stadtwerke Warburg GmbH**

In der **Elektrizitätsverteilung** wird bei einer Bilanzsumme von 9.480.414,82 € nach dem Eigenkapital ein **negativer** „Kapitalausgleichsposten" von 7.905.525,84 € ausgewiesen.

Die Gesellschaft stellt einen Tätigkeitsabschluss nur für die „Katalog"-Tätigkeit gem. § 6b Abs. 3 S. 1 Nr. 1 bis 6 und S. 2 EnWG auf.

- **Stadtwerke Hannover AG**

In **Strom Verteilung** werden bei einer Bilanzsumme von 190.602 T€ „Forderungen gegen andere Tätigkeitsbereiche" von 30.933 T€ ausgewiesen.

In **Strom Andere Aktivitäten** werden bei einer Bilanzsumme von 766.288 T€ „Forderungen gegen andere Tätigkeitsbereiche" von 189.378 T€ und „Verbindlichkeiten gegen andere Tätigkeitsbereiche" von 1.858 T€ ausgewiesen.

In **Gas Verteilung** werden bei einer Bilanzsumme von 161.497 T€ „Forderungen gegen andere Tätigkeitsbereiche" von 40.012 T€ ausgewiesen.

In **Gas Speicherung** werden bei einer Bilanzsumme von 25.585 T€ „Verbindlichkeiten gegen andere Tätigkeitsbereiche" von 26.043 T€ und **negative** „Verbindlichkeiten gegenüber verbundenen Unternehmen" von 2.456 T€ ausgewiesen.

In **Gas Andere Aktivitäten** werden bei einer Bilanzsumme von 122.758 T€ „Forderungen gegen andere Tätigkeitsbereiche" von 1.174 T€ und „Verbindlichkeiten gegen andere Tätigkeitsbereiche" von 175.490 T€ sowie **negative** „Verbindlichkeiten gegenüber verbundenen Unternehmen" von 33.064 T€ und **negative** „Sonstige Verbindlichkeiten" von 91.015 T€ ausgewiesen.

In **Sonstige Aktivitäten** werden bei einer Bilanzsumme von 924.921 T€ „Forderungen gegen andere Tätigkeitsbereiche" von 82.861 T€ sowie **negative** „Forderungen gegen verbundene Unternehmen" von 7.723 T€ und „Verbindlichkeiten gegen andere Tätigkeitsbereiche" von 140.967 T€ ausgewiesen.

Es findet sich folgende Aussage: „Die Forderungen gegen andere Tätigkeitsbereiche und Verbindlichkeiten gegenüber anderen Tätigkeitsbereichen sind Residualgrößen und gleichen als Verrechnungsposten die Bilanzsummen der Aktiv- und Passivseite aus. Der Ausweis der Residualgrößen in den Tätigkeitsbereichen erfolgt unsaldiert entsprechend der Vorzeichen des Saldos als Aktiv- oder Passivposten".

- **Lechwerke AG, Augsburg**

In der **Elektrizitätsübertragung** wird bei einer Bilanzsumme von 20.915 T€ im Anlagevermögen ein „Ausgleichsposten" von 4.035 T€ ausgewiesen.

In der **Elektrizitätsverteilung** wird bei einer Bilanzsumme von 682.527 T€ im Anlagevermögen ein **negativer** „Ausgleichsposten“ von 212.028 T€ ausgewiesen.

Die Gesellschaft stellt Tätigkeitsabschlüsse nur für die „Katalog“-Tätigkeiten gem. § 6b Abs. 3 S. 1 Nr. 1 bis 6 und S. 2 EnWG auf.

- **RWE Dea AG, Hamburg**

Der Passivposten A. für den **Gasspeicher** (Bilanzsumme: 73.988.474,78 €) sieht wie folgt aus:

A.	Verrechnungsposten gegenüber übrigen Tätigkeitsbereichen	
I.	Stand Anfang	-6.094.016,16 €
II.	Ergebnis Gasspeicher	12.703.727,29 €
III.	Veränderung des Verrechnungsposten	-6.669.282,08 €
IV.	Übertragung auf übrige Aktivitäten	-12.703.727,29 €
		-12.763.298,24 €

Der Passivposten A. für die **Übrigen Gasaktivitäten** (Bilanzsumme: 235.577.508,96 €) sieht wie folgt aus:

A.	Verrechnungsposten gegenüber übrigen Tätigkeitsbereichen	
I.	Stand Anfang	107.952.774,76 €
II.	Ergebnis Übrige Gasaktivitäten	157.371.432,42 €
III.	Veränderung des Verrechnungsposten	5.482.219,54 €
IV.	Übertragung auf übrige Aktivitäten	-157.371.432,42 €
		113.434.994,30 €

Der Passivposten A. für die **Übrigen Aktivitäten** (Bilanzsumme: 1.962.625.242,67 €) sieht wie folgt aus:

A.	Eigenkapital und Verrechnungsposten gegenüber anderen Tätigkeitsbereichen	
I.	Gezeichnetes Kapital	344.064.000,00 €
II.	Kapitalrücklage	979.841.253,63 €
III.	Gewinnrücklage (BilMoG)	83.473.407,14 €
IV.	Verrechnungsposten Gasspeicher	12.763.298,24 €
V.	Verrechnungsposten übrige Gasaktivitäten	-113.434.994,30 €
		1.306.706.964,71 €

Es finden sich folgende Aussagen: „Das Eigenkapital, die Finanzanlagen, liquide Mittel und Umsatz- bzw. Ertragssteuersachverhalte werden grundsätzlich dem Tätigkeitsbereich Übrige Aktivitäten zugeordnet“. Und „Die im Wege der direkten und indirekten Zuordnung entstehenden Forderungen und Verbindlichkeiten zwischen den einzelnen Tätigkeitsbereichen werden als solche in den Bilanzen unter den Posten „A. Verrechnungsposten gegenüber übrigen Tätigkeitsbereichen“ bzw. „A. Eigenkapital und Verrechnungsposten gegenüber übrigen Tätigkeitsbereichen“ ausgewiesen“.

- **AVU Netz GmbH, Gevelsberg**

In der **Elektrizitätsverteilung** wird bei einer Bilanzsumme von 65.269.304,98 € ein „Zugeordnetes Eigenkapital“ von 20.236.819,06 € ausgewiesen.

In der **Gasverteilung** wird bei einer Bilanzsumme von 29.746.595,62 € ein „Zugeordnetes Eigenkapital“ von 8.090.002,38 € ausgewiesen.

In den **Sonstigen Tätigkeiten außerhalb der Elektrizitäts- und Gasverteilung** wird bei einer Bilanzsumme von 34.705.079,48 € ein „Zugeordnetes Eigenkapital“ von 8.990.092,05 € ausgewiesen.

Es findet sich folgende Aussage: „Die Zuordnung des Eigenkapitals zu den einzelnen Tätigkeiten erfolgt als Residualgröße der zugeordneten Vermögensgegenstände und Schulden“.[500]

- **Mainova AG, Frankfurt am Main**

In der **Stromverteilung** werden bei einer Bilanzsumme von 208.227.159,39 € „Verbindlichkeiten gegen andere Unternehmensbereiche“ von 55.270.887,86 € ausgewiesen.

In **Strom Sonstiges** werden bei einer Bilanzsumme von 144.611.986,74 € „Verbindlichkeiten gegen andere Unternehmensbereiche“ von 151.258,45 € ausgewiesen.

In der **Gasverteilung** werden bei einer Bilanzsumme von 161.087.725,85 € „Forderungen gegen andere Unternehmensbereiche“ von 102.332.303,62 € ausgewiesen.

In **Gas Sonstiges** werden bei einer Bilanzsumme von 294.160.130,92 € „Forderungen gegen andere Unternehmensbereiche“ von 168.960.806,69 € ausgewiesen.

In **Sonstige Tätigkeiten** werden bei einer Bilanzsumme von 886.035.855,52 € „Forderungen gegen andere Unternehmensbereiche“ von 110.978.030,80 € und „Verbindlichkeiten gegen andere Unternehmensbereiche“ von 326.848.994,80 € ausgewiesen.

Die **interne Aufrechnung** weist eine Bilanzsumme von 382.271.141,11 € aus.

---

500 Die Erläuterungen der AVU Netz GmbH fallen aus dem Rahmen: die Tätigkeitsabschlüsse und deren Erläuterungen machen mehr als zwei Drittel ihres im Bundesanzeiger veröffentlichten Jahresabschlusses aus.

- **AVU AG für Versorgungs-Unternehmen, Gevelsberg**

In der **Elektrizitätsverteilung**: Nicht verwertbar, da Veröffentlichungsfehler.

In der **Gasverteilung** wird bei einer Bilanzsumme von 146.264,35 € ein „Zugeordnetes Eigenkapital" von 129.503,12 € ausgewiesen.

In den **Sonstigen Tätigkeiten außerhalb der Elektrizitäts- und Gasverteilung** wird bei einer Bilanzsumme von 257.248.991,09 € ein „Zugeordnetes Eigenkapital" von 101.490.611,03 € ausgewiesen.

Es findet sich folgende Aussage: „Das Eigenkapital ergibt sich als Residualgröße aus Aktiva und Passiva".

- **E.ON Thüringer Energie AG, Erfurt**

In der **Elektrizitätsverteilung** werden bei einer Bilanzsumme von 656.407.381,28 € ein „Zugeordnetes Eigenkapital" von 187.977.212,67 € und **negative** „Verbindlichkeiten gegenüber anderen Tätigkeiten" von 55.433.325,18 € ausgewiesen.

In der **Gasverteilung** werden bei einer Bilanzsumme von 128.552.190,14 € ein „Zugeordnetes Eigenkapital" von 37.402.315,26 € und **negative** „Verbindlichkeiten gegenüber anderen Tätigkeiten" von 2.363.203,20 € ausgewiesen.

In der **Gasspeicherung** werden bei einer Bilanzsumme von 17.335.920,17 € ein „Zugeordnetes Eigenkapital" von 5.150.060,62 € und „Verbindlichkeiten gegenüber anderen Tätigkeiten" von 1.826.425,63 € ausgewiesen.

Es findet sich folgende Aussage: „Das – nach IDW ERS ÖFA 2 n.F. Tz 46 zusammengefasste – zugeordnete Eigenkapital wird nach dem Gesamtanlageschlüssel auf die Tätigkeiten verteilt".

- **EMB Energie Mark Brandenburg GmbH, Potsdam**

In der **Gasverteilung** werden bei einer Bilanzsumme von 221.179 T€ ein „Gezeichnetes Kapital – zugeordnet" von 47.997 T€ und „Verbindlichkeiten gegenüber anderen Unternehmensaktivitäten" von 10.141 T€ ausgewiesen.

Es findet sich folgende Aussage: „Die Verteilung des Eigenkapitals erfolgt basierend auf dem Anlagevermögen, welches den Unbundlingsegmenten zugeordnet ist".

Die Gesellschaft stellt Tätigkeitsabschlüsse nur für die „Katalog"-Tätigkeiten gem. § 6b Abs. 3 S. 1 Nr. 1 bis 6 und S. 2 EnWG auf.

- **Stadtwerke Düren GmbH**

In der **Elektrizitätsverteilung** wird bei einer Bilanzsumme von 15.894.083,61 € ein „Zugeordnetes Eigenkapital" von 10.030.336,01 € ausgewiesen.

In der **Gasverteilung** wird bei einer Bilanzsumme von 11.433.796,04 € ein „Zugeordnetes Eigenkapital" von 8.560.000,31 € ausgewiesen.

Es findet sich folgende Aussage: „Die Residualgröße aus der Verrechnung von Forderungen und Verbindlichkeiten gegenüber anderen Tätigkeitsbereichen aus der Zuordnung von Aktiva und Passiva wird im Eigenkapital gezeigt".

Die Gesellschaft stellt Tätigkeitsabschlüsse nur für die „Katalog"-Tätigkeiten gem. § 6b Abs. 3 S. 1 Nr. 1 bis 6 und S. 2 EnWG auf.

- **TEN Thüringer Energienetze GmbH, Erfurt**

In der **Elektrizitätsverteilung** werden bei einer Bilanzsumme von 123.046.820,47 € „Verbindlichkeiten gegenüber anderen Tätigkeiten" von 2.696.938,21 € ausgewiesen.

In der **Gasverteilung** werden bei einer Bilanzsumme von 19.369.215,15 € **negative** „Verbindlichkeiten gegenüber anderen Tätigkeiten" von 2.696.938,21 € ausgewiesen.

- **Open Grid Europe GmbH, Essen**

In der **Gasfernleitung** wird bei einer Bilanzsumme von 1.370.898.645 € ein aktiver „Kapitalverrechnungsposten" von 257.620.169 € ausgewiesen.

In den **Tätigkeiten innerhalb der Elektrizitäts- und Gasverteilung** wird bei einer Bilanzsumme von 11.804.512 € ein passiver „Kapitalverrechnungsposten" von 1.250.453 € ausgewiesen.

In den **Tätigkeiten außerhalb der Elektrizitäts- und Gasverteilung** wird bei einer Bilanzsumme von 763.175.042 € ein passiver „Kapitalverrechnungsposten" von 256.369.716 € ausgewiesen.

Die **Konsolidierungsspalte** weist eine **negative** Bilanzsumme von 270.831.842 € aus und berührt neben den Kapitalverrechnungsposten noch diverse andere Bilanzposten.

- **Stadtwerke Kiel AG**

In der **Elektrizitätsverteilung** werden bei einer Bilanzsumme von 115.851 T€ „Forderungen gegen andere Unternehmenstätigkeiten" von 19.079 T€ ausgewiesen.

In der **Gasverteilung** werden bei einer Bilanzsumme von 97.199 T€ „Verbindlichkeiten gegenüber anderen Unternehmenstätigkeiten" von 8.374 T€ ausgewiesen.

In der **Gasspeicherung** werden bei einer Bilanzsumme von 33.510 T€ „Verbindlichkeiten gegenüber anderen Unternehmenstätigkeiten" von 20.626 T€ ausgewiesen.

Die Gesellschaft stellt Tätigkeitsabschlüsse nur für die „Katalog"-Tätigkeiten gem. § 6b Abs. 3 S. 1 Nr. 1 bis 6 und S. 2 EnWG auf.

- **SpreeGas Gesellschaft für Gasversorgung und Energiedienstleistung mbH, Cottbus**

In der **Gasverteilung** werden bei einer Bilanzsumme von 56.456.567,35 € „Forderungen aus innerbetrieblicher Leistungsverrechnung" von 938.025,59 € und nach dem Eigenkapital ein **negativer** „Kapitalausgleichsposten" von 95.728,11 € ausgewiesen.

Es findet sich folgende Aussage: „Die Verteilung des Eigenkapitals erfolgt im Wesentlichen nach dem Anlagevermögen".

Die Gesellschaft stellt Tätigkeitsabschlüsse nur für die „Katalog"-Tätigkeiten gem. § 6b Abs. 3 S. 1 Nr. 1 bis 6 und S. 2 EnWG auf.

- **Gasversorgung im Landkreis Gifhorn GmbH, Gifhorn**

In der **Gasverteilung** werden bei einer Bilanzsumme von 19.150.070 € nach dem aktiven Rechnungsabgrenzungsposten „Forderungen gegen andere Unternehmensbereiche" von 1.025.363 € ausgewiesen.

Es findet sich folgende Aussage: „Die im Wege der Zuordnung entstehenden Forderungen gegen andere Unternehmensbereiche werden als solche im Tätigkeitsabschluss ausgewiesen. Die hieraus resultierenden Zinserträge sind in der Gewinn- und Verlustrechnung der Tätigkeit unter der Position Zinsen aus Forderungen gegenüber anderen Unternehmensbereichen ausgewiesen".

Die Gesellschaft stellt Tätigkeitsabschlüsse nur für die „Katalog"-Tätigkeiten gem. § 6b Abs. 3 S. 1 Nr. 1 bis 6 und S. 2 EnWG auf.

- **Erdgas Münster GmbH**

In **Transport Downstream** werden bei einer Bilanzsumme von 12.301.785 T€ „Verbindlichkeiten gegenüber anderen Unternehmensbereichen" von 9.619.841 T€ ausgewiesen.

In den **Sonstigen Aktivitäten** werden bei einer Bilanzsumme von 264.455.154 T€ **negative** „Verbindlichkeiten gegenüber anderen Unternehmensbereichen" von 9.619.841 T€ ausgewiesen.

Es findet sich folgende Aussage: „Verbindlichkeiten gegenüber anderen Unternehmensbereichen – Ausgleichsposten aus der Innenfinanzierung".

- **LSW Netz GmbH, Wolfsburg**

In der **Stromverteilung** werden bei einer Bilanzsumme von 10.863.140 T€ nach dem Rechnungsabgrenzungsposten „Verbindlichkeiten gegenüber anderen Unternehmensbereichen" von 1.521.704 T€ ausgewiesen.

In der **Gasverteilung** werden bei einer Bilanzsumme von 4.836.050 T€ nach dem Rechnungsabgrenzungsposten „Verbindlichkeiten gegenüber anderen Unternehmensbereichen" von 1.567.642 T€ ausgewiesen.

Es findet sich folgende Aussage: „Die im Wege der Zuordnung entstehenden Forderungen gegen andere Unternehmensbereiche werden als solche im Tätigkeitsabschluss ausgewiesen".

Die Gesellschaft stellt Tätigkeitsabschlüsse nur für die „Katalog"-Tätigkeiten gem. § 6b Abs. 3 S. 1 Nr. 1 bis 6 und S. 2 EnWG auf.

- **Stadtwerke Bad Langensalza NETZ GmbH**

In der **Elektrizitätsverteilung** wird bei einer Bilanzsumme von 1.700.865,55 € nach dem Eigenkapital ein **negativer** „Ausgleichsposten aus Aktivitätenabgrenzung" von 425.660,70 € ausgewiesen.

In der **Gasverteilung** wird bei einer Bilanzsumme von 1.762.533,32 € nach dem Eigenkapital ein „Ausgleichsposten aus Aktivitätenabgrenzung" von 289.306,31 € ausgewiesen.

- **LandE GmbH, Wolfsburg-Fallersleben**

In der **Elektrizitätsverteilung** werden bei einer Bilanzsumme von 51.405.810 T€ „Verbindlichkeiten gegenüber anderen Unternehmensbereichen" von 11.789.610 T€ ausgewiesen.

In der **Gasverteilung** werden bei einer Bilanzsumme von 19.432.954 T€ „Verbindlichkeiten gegenüber anderen Unternehmensbereichen" von 3.376.509 T€ ausgewiesen.

Es findet sich folgende Aussage: „Die im Wege der Zuordnung entstehenden Verbindlichkeiten gegenüber anderen Unternehmensbereichen werden als solche im Tätigkeitsabschluss ausgewiesen".

Die Gesellschaft stellt Tätigkeitsabschlüsse nur für die „Katalog"-Tätigkeiten gem. § 6b Abs. 3 S. 1 Nr. 1 bis 6 und S. 2 EnWG auf.

- **LSW LandE-Stadtwerke Wolfsburg GmbH & Co. KG**

In der **Elektrizitätsverteilung** werden bei einer Bilanzsumme von 26.156.378 € „Verbindlichkeiten gegenüber anderen Unternehmensbereichen" von 3.118.629 € ausgewiesen.

In der **Gasverteilung** werden bei einer Bilanzsumme von 5.476.402 € „Forderungen gegen andere Unternehmensbereiche" von 1.472.758 € ausgewiesen.

Es findet sich folgende Aussage: „Die im Wege der Zuordnung entstehenden Forderungen gegen andere Unternehmensbereiche werden als solche im Tätigkeitsabschluss ausgewiesen. Die hieraus resultierenden Zinserträge der Tätigkeit sind in der Gewinn- und Verlustrechnung unter der Position Zinsen aus Forderungen gegenüber anderen Unternehmensbereichen enthalten". Sowie „Die im Wege der Zuordnung entstehenden Verbindlichkeiten gegenüber anderen Unternehmensbereichen werden als solche im Tätigkeitsabschluss ausgewiesen. Die hieraus resultierenden Zinsaufwendungen der jeweiligen Tätigkeit sind in der Gewinn- und Verlustrechnung unter der Position Zinsen aus Verbindlichkeiten gegenüber anderen Unternehmensbereichen enthalten".

Die Gesellschaft stellt Tätigkeitsabschlüsse nur für die „Katalog"-Tätigkeiten gem. § 6b Abs. 3 S. 1 Nr. 1 bis 6 und S. 2 EnWG auf.

Literaturverzeichnis

ADS (1968/1971): Adler/Düring/Schmaltz, Rechnungslegung und Prüfung der Aktiengesellschaft, Handkommentar, Band 1, 4. Auflage, Stuttgart.

ADS (1995): Adler/Düring/Schmaltz, Rechnungslegung und Prüfung der Unternehmen, Kommentar zum HGB, AktG, GmbHG, PublG nach den Vorschriften des Bilanzrichtlinien-Gesetzes, 6. Auflage, Stuttgart.

Anlage K1 Gas (2011): Anforderungen an Struktur und Inhalt des nach § 6 Abs. 1 S. 2 ARegV i.V.m. § 28 GasNEV vorzulegenden Berichts samt Anhang, Anlage K1 zur Festlegung der Vorgaben zur Durchführung der Kostenprüfung zur Bestimmung des Ausgangsniveaus der Betreiber von Gasversorgungsnetzen i.S.d. § 3 Nr. 6 EnWG für die zweite Regulierungsperiode nach § 6 Abs. 1 ARegV vom 13. April 2011.

Anlage K1 Strom (2012): Anforderungen an Struktur und Inhalt des nach § 6 Abs. 1 S. 2 ARegV i.V.m. § 28 StromNEV vorzulegenden Berichts samt Anhang, Anlage K1 zur Festlegung der Vorgaben zur Durchführung der Kostenprüfung zur Bestimmung des Ausgangsniveaus der Betreiber von Elektrizitätsversorgungsnetzen i.S.d. § 3 Nr. 2 EnWG für die zweite Regulierungsperiode nach § 6 Abs. 1 ARegV vom 14. Mai 2012.

Arbeitskreis (2008): Arbeitskreis „Immaterielle Werte im Rechnungswesen" der Schmalenbach-Gesellschaft für Betriebswirtschaft e.V., Leitlinien zur Bilanzierung selbstgeschaffener Vermögensgegenstände des Anlagevermögens nach dem Regierungsentwurf des BilMoG, in: Der Betrieb, S. 1813 – 1821.

Baetge, Jörg / Zülch, Henning (2010): Rechnungslegungsgrundsätze nach HGB und IFRS, in: Handbuch des Jahresabschlusses, Rechnungslegung nach HGB und internationalen Standards, Klaus von Wysocki, Joachim Schulze-Osterloh, Joachim Hennrichs, Christoph Kuhner (Hrsg.), Köln, Abt. I/2.

BAFA (2012): Merkblatt für Unternehmen des produzierenden Gewerbes, Darlegung der gesetzlichen Regelungen nach §§ 40 ff. Erneuerbare-Energien-Gesetz 2012 für Unternehmen des produzierenden Gewerbes, Eschborn., Link: http://www.bafa.de/bafa/de/energie/besondere_ausgleichsregelung_eeg/merkblaetter/merkblatt_ii_a.pdf

Ballwieser / Wolfgang (2009): Grundsätze ordnungsmäßiger Buchführung, in: Beck´sches Handbuch der Rechnungslegung – HGB und IFRS – Band I, Hans-Joachim Böcking, Edgar Castan, Gerd Heymann, Norbert Pfitzer, Eberhard Scheffler (Hrsg.), 37. Auflage, München, B 105, S. 1-34.

BDEW (2008): Rechnungslegung der Elektrizitäts- und Gasversorgungsunternehmen nach § 10 Energiewirtschaftsgesetz, BDEW (Hrsg.), 2008, Berlin.
BDEW (2011a): BDEW direkt 3/2011 vom 2. März 2011, BDEW (Hrsg.), Berlin.
BDEW (2011b): Stellungnahme zum Entwurf des Gesetzes zur Änderung des Energiewirtschaftsgesetzes (EnWGÄndG) vom 3. Mai 2011, Berlin, 17. Mai 2011.
BDEW (2011c): Rechnungslegung der Elektrizitäts- und Gasversorgungsunternehmen nach § 6b Energiewirtschaftsgesetz (EnWG), BDEW (Hrsg.), Berlin.
BDEW (2012a): Stellungnahme zum Entwurf eines Dritten Gesetzes zur Neuregelung energiewirtschaftsrechtlicher Vorschriften, Berlin, 20. August 2012.
BDEW (2012b): Stellungnahme zum Kabinettsentwurf vom 29. August 2012 eines Dritten Gesetzes zur Neuregelung energiewirtschaftsrechtlicher Vorschriften, Berlin, 13. September 2012.
Beck Bil-Komm. (2006): Beck'scher Bilanzkommentar, Helmut Ellrott, Gerhart Förschle, Martin Hoyos, Norbert Winkeljohann (Hrsg.), 6. Auflage, München.
Beck Bil-Komm. (2012): Beck'scher Bilanzkommentar, Helmut Ellrott, Gerhart Förschle, Bernd Grottel, Michael Kozikowski, Stefan Schmidt, Norbert Winkeljohann (Hrsg.), 8. Auflage, München.
Beisheim, Carsten E. / Edelmann, Helmut (2006): Unbundling, Handlungsspielräume und Optionen für die Entflechtung von EVU, Carsten E. Beisheim, Helmut Edelmann (Hrsg.), Frankfurt u.a.
BerlKommEnR (2010): Berliner Kommentar zum Energierecht, Franz Jürgen Säcker (Hrsg.), 2. Auflage, Frankfurt am Main.
BGW (2003): Unbundling – Trennung der Rechnungslegung bei Gasversorgungsunternehmen nach § 9a EnWG, Schriftenreihe Nr. 61, Berlin.
BGW (2005): Rechnungslegung der Elektrizitäts- und Gasversorgungsunternehmen nach § 10 Energiewirtschaftsgesetz (EnWG), Praxisinformation P 2005/3 Gashandel, BGW (Hrsg.), Berlin.
BGW (2007): Ausgewählte Aspekte der Gründung einer Netzgesellschaft und Auswirkungen auf die Rechnungslegung, Praxisinformation P 2007/9 Gashandel, BGW (Hrsg.), Berlin.
BK4-08-068 (2008): Beschluss der Beschlusskammer 4 der Bundesnetzagentur hinsichtlich der Festlegung von Eigenkapitalzinssätzen für Alt- und Neuanlagen für Betreiber von Elektrizitätsversorgungsnetzen und Betreibern von Gasversorgungsnetzen für die zweite Regulierungsperiode in der Anreizregulierung vom 7. Juli 2008.
BK4-11-304 (2011): Beschluss der Beschlusskammer 4 der Bundesnetzagentur hinsichtlich der Festlegung von Eigenkapitalzinssätzen für Alt- und Neuanlagen für Betreiber von Elektrizitäts- und Gasversorgungsnetzen für die zweite Regulierungsperiode in der Anreizregulierung vom 31. Oktober 2011.

BK8 (2011): Leitfaden für Stromverteilernetzbetreiber „Große Netzgesellschaft“ vom 15. Dezember 2011.

BK8-12-001 (2012): Beschluss der Beschlusskammer 8 der Bundesnetzagentur wegen der Vorgaben zur Durchführung der Datenerhebung für die Kostenprüfung zur Bestimmung des Ausgangsniveaus der Betreiber von Elektrizitätsversorgungsnetzen i.S.d. § 3 Nr. 2 EnWG für die zweite Regulierungsperiode nach § 6 Abs. 1 ARegV vom 14. Mai 2012.

BK9-11/605-1 (2011): Beschluss der Beschlusskammer 9 der Bundesnetzagentur wegen der Vorgaben zur Durchführung der Kostenprüfung zur Bestimmung des Ausgangsniveaus der Betreiber von Gasversorgungsnetzen i.S.d. § 3 Nr. 6 EnWG für die zweite Regulierungsperiode nach § 6 Abs. 1 ARegV vom 13. April 2011.

Bolsenkötter, Heinz / Poullie, Michael (2003): Rechnerisches Unbundling in der Strom- und Gasversorgung, 3. Auflage, Frankfurt am Main.

Bolsenkötter, Heinz / Poullie, Michael (2004): Auswirkungen der Änderung der EU-Transparenzrichtlinie auf das Rechnungswesen, in: Zeitschrift für öffentliche und gemeinwirtschaftliche Unternehmen, Band 24, Heft 2, S. 204-222.

Bolsenkötter, Heinz / Dau, Horst / Zuschlag, Eckhart (2004): Gemeindliche Eigenbetriebe und Anstalten, Länderübergreifende Darstellung, 5. Auflage, Stuttgart.

BR-Drs. 312/10: Deutscher Bundesrat, Drucksache vom 9. Juli 2010, Beschluss zur Verordnung zur Neufassung und Änderung von Vorschriften auf dem Gebiet des Energiewirtschaftsrechts sowie des Bergrechts.

BR-Drs. 520/12: Deutscher Bundesrat, Drucksache vom 12. Oktober 2012, Beschluss zum Entwurf eines Dritten Gesetzes zur Neuregelung energiewirtschaftsrechtlicher Vorschriften.

Brebeck, Frank / Herrmann, Michél (2007): Überlegungen zur handelsbilanziellen Behandlung von Lizenzen für die Nutzung immaterieller Vermögensgegenstände, in: Rechnungslegung und Wirtschaftsprüfung, Festschrift zum 70. Geburtstag von Jörg Baetge, Hans-Jürgen Kirsch, Stefan Thiele (Hrsg.), Düsseldorf.

Britz, Gabriele (2006): Behördliche Befugnisse und Handlungsformen für die Netzentgeltverordnung nach neuem EnWG, in: Recht der Energiewirtschaft, Jahrgang 15, Heft 1, S. 1-9.

BT-Drs. 13/7274: Deutscher Bundestag, Drucksache vom 23. März 1997, Entwurf eines Gesetzes zur Neuregelung des Energiewirtschaftsrechts.

BT-Drs. 13/9211: Deutscher Bundestag, Drucksache vom 25. November 1997, Beschlussempfehlung und Bericht des Ausschusses für Wirtschaft (9. Ausschuss) zum Entwurf eines Gesetzes zur Neuregelung des Energiewirtschaftsrechts – Drucksache 13/7274).

BT-Drs. 15/197: Deutscher Bundestag, Drucksache vom 17. Dezember 2002, Entwurf eines Ersten Gesetzes zur Änderung des Gesetzes zur Neuregelung des Energiewirtschaftsrechts.
BT-Drs. 15/3917: Deutscher Bundestag, Drucksache vom 14. Oktober 2004, Entwurf eines Zweiten Gesetzes zur Neuregelung des Energiewirtschaftsrechts.
BT-Drs. 16/10067: Deutscher Bundestag, Drucksache vom 30. Juli 2008, Entwurf eines Gesetzes zur Modernisierung des Bilanzrechts (Bilanzrechtsmodernisierungsgesetz – BilMoG).
BT-Drs. 16/12407: Deutscher Bundestag, Drucksache vom 24. März 2009, Beschlussempfehlung und Bericht des Rechtsausschusses (6. Ausschuss) zum Entwurf eines Gesetzes zur Modernisierung des Bilanzrechts (Bilanzrechtsmodernisierungsgesetz – BilMoG) – Drucksache 16/10067.
BT-Drs. 17/6072: Deutscher Bundestag, Drucksache vom 6. Juni 2011, Entwurf eines Gesetzes zur Neuregelung energiewirtschaftsrechtlicher Vorschriften.
BT-Drs. 17/10754: Deutscher Bundestag, Drucksache vom 24. September 2012, Entwurf eines Dritten Gesetzes zur Neuregelung energiewirtschaftsrechtlicher Vorschriften.
BT-Drs. 17/11705: Deutscher Bundestag, Drucksache vom 28. November 2012, Beschlussempfehlung und Bericht des Ausschusses für Wirtschaft und Technologie (9. Ausschuss) zu dem Gesetzentwurf der Bundesregierung – Drucksachen 17/10754, 17/11269 (elektronische Vorab-Fassung).
Büdenbender, Ulrich / Rosin, Peter (2005): Energierechtsreform 2005, Einführung, Normentexte, Materialien, Essen.
Bundesnetzagentur (2006a): Gemeinsame Auslegungsgrundsätze der Regulierungsbehörden des Bundes und der Länder zu den Entflechtungsbestimmungen in den §§ 6-10 EnWG, vom 1. März 2006.
Bundesnetzagentur (2006b): Bericht der Bundesnetzagentur nach § 112a EnWG zur Einführung der Anreizregulierung nach § 21a EnWG, vom 30. Juni 2006.
Bundesnetzagentur (2008): Konkretisierung der gemeinsamen Auslegungsgrundsätze der Regulierungsbehörden des Bundes und der Länder zu den Entflechtungsbestimmungen in den §§ 6-10 EnWG, vom 21. Oktober 2008.
Bundesnetzagentur (2011): Erläuterungen der Regulierungsbehörden zur Bestimmung des Regulierungskontosaldos, vom 24. Mai 2011.
Dannischewski, Johannes (2002): Unbundling im Energierecht, Konzept und Funktion von Entflechtungsmaßnahmen, Diss., Universität Berlin.
Dawo, Sascha (2003): Immaterielle Güter in der Rechnungslegung nach HGB, IAS/IFRS und US-GAAP, Aktuelle Rechtslage und neue Wege der Bilanzierung und Berichterstattung, Diss., Universität Saarbrücken.
Di Gaudio, Claudio / Hünger, Franklin (2011): Negatives Eigenkapital in der Anreizregulierung – wie wird es behandelt?, in: Versorgungs Wirtschaft, Jahrgang 63, Heft 8, S. 287-290.

DIN EN ISO 9000 (2005): Qualitätsmanagementsysteme – Grundlagen und Begriff (ISO 9000:2005).
Döllerer, Georg (1959): Grundsätze ordnungsmäßiger Bilanzierung, deren Entstehung und Ermittlung, in: Der Betriebs-Berater, Jahrgang 14, Heft , S. 1217-1221.
Dorprigter, Ulrich (2001): Energiewirtschaft: Die Zuordnung von Eigen- und Fremdkapital sowie von Finanzmitteln in einer Unbundlingrechnung, in: Controller-Magazin, Jahrgang 26, Heft 2, S. 166-175.
Dorprigter, Ulrich (2005): Mit Finanzfonds transparent gestalten, in: Energie & Management, 15. April 2005, S. 11.
Dorß, Werner / Germer, Christoph / Huse, Jörg / Rosenkötter, Annette (2007): Instrumente zur Sicherstellung von Wettbewerb, in: Energierecht – Handbuch, Christoph Germer, Helmut Loibl (Hrsg.), 2. Auflage, Berlin.
DRS 12 (2002): Deutscher Rechnungslegungs Standard Nr. 12: Immaterielle Vermögenswerte des Anlagevermögens.
DRS 13 (2002): Deutscher Rechnungslegungs Standard Nr. 13: Grundsatz der Stetigkeit und Berichtigung von Fehlern.
Ebeling, Ralf Michael / Schmidt, Jens / Drüppel, Thomas (2001): Möglichkeiten der Kontentrennung für die Rechnungslegung nach §§ 9, 9a Energiewirtschaftsgesetz, in: Versorgungs Wirtschaft, Jahrgang 53, Heft 4, S. 77-81.
Eisele, Wolfgang / Knobloch, Alois Paul (2011): Technik des betrieblichen Rechnungswesens – Buchführung und Bilanzierung, Kosten- und Leistungsrechnung, Sonderbilanzen, 8. Auflage, München.
ElWOG Regierungsvorlage (2010): 994 der Beilagen XXIV. GP – Regierungsvorlage –Vorblatt und Erläuterungen, Link:
http://www.parlament.gv.at/PAKT/VHG/XXIV/I/I_00994/fname_199118.pdf
Ellerich, Marian (2006): Unbundling: Die IDW Verlautbarungen zur Rechnungslegung und Prüfung von Energieversorgungsunternehmen (IDW RS ÖFA 2 und IDW PS 610), in: Die Wirtschaftsprüfung, Jahrgang 59, Heft 13, S. 836-840.
Elspas, Maximilian / Rosin, Peter / Burmeister, Thomas (2007): Netzentgelte zwischen Kostenorientierung und Anreizregulierung; in: Recht der Energiewirtschaft, Jahrgang 16, Heft 12, S. 329-337.
Energierecht (2006): Energierecht, Kommentar, Wolfgang Danner (Hrsg.), München.
EU-Kommission (1998): Empfehlung der Kommission vom 8. April 1998 zur Zusammenschaltung in einem liberalisierten Telekommunikationsmarkt (Teil 2 D Getrennte Buchführung und Kostenrechnung) (Text von Bedeutung für den EWR) (98/322/EG), (ABl. L 141/6).
EU-Kommission (2005): Empfehlung der EU-Kommission vom 19. September 2005 über die getrennte Buchführung und Kostenrechnungssysteme entspre-

chend dem Rechtsrahmen für die elektronische Kommunikation (Text von Bedeutung für den EWR) (2005/698/EG), (ABl. L 266/6).

EU-Kommission (2012): Energiebinnenmarkt: In 8 Mitgliedsstaaten stimmen die Rechtsvorschriften immer noch nicht mit dem EU-Recht überein, vom 27. Februar 2012, S. 1-2.

Festlegungen der LRegB Baden-Württemberg (2012): Festlegungen der Landesregulierungsbehörde Baden-Württemberg, Az. 6-4455.7/34, nebst Anlage „Anforderungen an Struktur und Inhalt der Dokumentation der Kostenschlüsselung“ vom 29. Februar 2012.

Fink, Christian / Ulbrich, Philipp R. (2007): Verabschiedung des IFRS 8 – Neuregelung der Segmentberichterstattung nach dem Vorbild der US-GAAP, in: Zeitschrift für kapitalmarktorientierte Rechnungslegung, Jahrgang 7, Heft 1, S. 1-6.

Flatt, Markus (2010): Segmentberichterstattung von Stromverteilnetzbetreibern – unter besonderer Berücksichtigung des buchhalterischen Unbundling im Rahmen der Schweizer Strommarktliberalisierung, Diss., Universität St. Gallen/Schweiz.

Franz, Klaus-Peter (1993): Kostenverursachung und Kostenzurechnung, in: Handwörterbuch der Betriebswirtschaft, Teilband 2, I-Q, Waldemar Wittmann, Werner Kern, Richard Köhler, Hans-Ulrich Küpper, Klaus von Wysocki (Hrsg.), 5. Auflage, Stuttgart.

Gelhausen, Hans Friedrich / Fey, Gerd / Kämpfer, Georg (2009): Rechnungslegung und Prüfung nach dem Bilanzrechtsmodernisierungsgesetz, Kommentar, Düsseldorf.

Germer, Christoph / Dorß, Werner / Huse, Jörg / Koopmann, Hans-Martin (2007): Entwicklung und Rechtsquellen des privaten Energierechts, in: Energierecht – Handbuch, Christoph Germer, Helmut Loibl (Hrsg.), 2. Auflage, Berlin.

Haller, Axel / Park, Peter (1994): Grundsätze ordnungsmäßiger Segmentberichterstattung, in: Zeitschrift für betriebswirtschaftliche Forschung, Jahrgang 46, Heft 6, S. 499-524.

Handelsgesetzbuch (2008): Handelsgesetzbuch, Band 1 §§ 1-342e, Detlev Joost, Lutz Strohn (Hrsg.), 2. Auflage, München.

Handelsgesetzbuch (2011): Handelsgesetzbuch – Kommentar, Ingo Koller, Wulf-Henning Roth, Winfried Morck, 7. Auflage, München.

Handelsgesetzbuch (2012): Handelsgesetzbuch, Beck´sche Kurzkommentare Band 9, 35. Auflage, München.

Haufe Bil.-Komm. (2012): Haufe HGB Bilanz Kommentar, §§ 238-342e HGB, Klaus Bertram, Ralph Brinkmann, Harald Kessler, Stefan Müller (Hrsg.), 3. Auflage, Freiburg im Breisgau.

HdR (2012): Handbuch der Rechnungslegung, Einzelabschluss[501], Kommentar zur Bilanzierung und Prüfung, Karlheinz Küting, Norbert Pfitzer, Claus-Peter Weber (Hrsg.), 5. Auflage, Stuttgart.

Heinhold, Michael (1993): Bilanzpolitik, in: Handwörterbuch der Betriebswirtschaft, Teilband 1, A-H, Waldemar Wittmann, Werner Kern, Richard Köhler, Hans-Ulrich Küpper, Klaus von Wysocki (Hrsg.), 5. Auflage, Stuttgart.

Hennrichs, Joachim / Pöschke, Moritz (2009): Das Eigenkapital des Einzelkaufmanns, der offenen Handelsgesellschaft und der Kommanditgesellschaft, in: Handbuch des Jahresabschlusses, Rechnungslegung nach HGB und internationalen Standards, Klaus von Wysocki, Joachim Schulze-Osterloh, Joachim Hennrichs, Christoph Kuhner (Hrsg.), Köln, Abt. III/1.

Hennrichs, Joachim (2011): GoB im Spannungsfeld von BilMoG und IFRS, in: Die Wirtschaftsprüfung, Jahrgang 64, Heft 18, S. 861-871.

Hermann, Linda / Wallmann, Udo (2011): Auswirkungen des § 5 der Anreizregulierungsverordnung (ARegV) auf die Führung des Regulierungskontos, in: Versorgungs Wirtschaft, Jahrgang 63, Heft 8, S. 204-207.

Herrmann, Bodo (2009): Anreizregulierung in den Energienetzen – gegenwärtiger Stand und Perspektiven, in: Beiträge zur öffentlichen Wirtschaft, Heft 29, BVÖD (Hrsg.), Berlin.

IDW (2004): IDW zum Referentenentwurf eines Gesetzes zur Neufassung des Energiewirtschaftsrechts, Schreiben an das Bundesministerium für Wirtschaft und Arbeit vom 12. März 2004, in: IDW-Fachnachrichten 2004, S. 203-207.

IDW (2006): Ergebnisbericht über die gemeinsame Sitzung der Arbeitskreise „Rechnungslegung und Prüfung von Energieversorgungsunternehmen" und „Prüfung nach KWK-G und EEG" am 21. November 2006, in: IDW-Fachnachrichten 2007, S. 111-112 (Hinweis auf den im Mitgliederbereich des IDW veröffentlichten Bericht).

IDW (2009): Bilanzielle Behandlung des Regulierungskontos nach § 5 ARegV, Schreiben an die Bundesnetzagentur vom 22. Dezember 2009, in: IDW-Fachnachrichten 2010, S. 2 (Hinweis auf das im Mitgliederbereich des IDW veröffentlichte Schreiben), Link:
http://www.idw.de/idw/download/Regulierungskonto.pdf?id=594838&property=Inhalt

IDW (2011): IDW zur Novelle des Energiewirtschaftsgesetzes, nichtveröffentlichtes Schreiben an das Bundesministerium für Wirtschaft und Technologie vom 21. April 2011.

501 Hier irren die Herausgeber, da sie und die anderen Autoren mit Ausnahme der Kommentierung zu § 325 Abs. 2a HGB ausschließlich den Jahresabschluss und nicht den Einzelabschluss kommentieren.

IDW (2012a): Anhörung zur beabsichtigten Festlegung für den „Prüfungsschwerpunkt Schlüsselung von Gemeinkosten (Strom)", Schreiben an das Ministerium für Umwelt, Klima und Energiewirtschaft des Landes Baden-Württemberg vom 17. Februar 2012, Link: http://www.idw.de/idw/download/Pruefung__von__Energieversorgungsunternehmen.pdf?id=615930&property=Inhalt

IDW (2012b): Übersicht über den Anwendungsbereich von § 6b EnWG anhand von Fallkonstellationen, Beiheft zu FN-IDW 3/2012.

IDW (2012c): BAFA Merkblatt für Unternehmen des produzierenden Gewerbes vom 9. März 2012, Schreiben an das BAFA vom 19. Juni 2012, Link: http://www.bafa.de/bafa/de/energie/besondere_ausgleichsregelung_eeg/publikationen/offener_brief_IDW_19062012.pdf

IDW (2012d): IDW zum Referentenentwurf eines Dritten Gesetzes zur Neuregelung energiewirtschaftsrechtlichen Vorschriften, Schreiben an das Bundesministerium für Wirtschaft und Technologie vom 20. August 2012, in: IDW-Fachnachrichten 2012, S. 477-479.

IDW (2012e): IDW Prüfungsstandards, IDW Stellungnahmen zur Rechnungslegung, IDW (Hrsg.), Düsseldorf:

IDW PS 200: IDW Prüfungsstandard: Ziele und allgemeine Grundsätze der Durchführung von Abschlussprüfungen,

IDW PS 201: IDW Prüfungsstandard: Rechnungslegungs- und Prüfungsgrundsätze für die Abschlussprüfung,

IDW PS 400: IDW Prüfungsstandard: Grundsätze für die ordnungsmäßige Erteilung von Bestätigungsvermerken bei Abschlussprüfungen,

IDW PS 450: IDW Prüfungsstandard: Grundsätze ordnungsmäßiger Berichterstattung bei Abschlussprüfungen,

IDW PS 460 n.F.: Neufassung IDW Prüfungsstandard: Arbeitspapiere des Abschlussprüfers,

IDW EPS 610 n.F.: Entwurf einer Neufassung des IDW Prüfungsstandards: Prüfung von Energieversorgungsunternehmen,

IDW PS 970: IDW Prüfungsstandard: Prüfungen nach dem Erneuerbare-Energien-Gesetz,

IDW PH 9.314.1: IDW Prüfungshinweis: Prüfung der Jahresverbrauchsabgrenzung bei rollierender Jahresverbrauchsablesung bei Versorgungsunternehmen,

IDW RS HFA 4: IDW Stellungnahme zur Rechnungslegung: Zweifelsfragen zum Ansatz und zur Bewertung von Drohverlustrückstellungen,

IDW RS HFA 6: IDW Stellungnahme zur Rechnungslegung: Änderung von Jahres- und Konzernabschlüssen,

IDW RS HFA 38: IDW Stellungnahme zur Rechnungslegung: Ansatz- und Bewertungsstetigkeit im handelsrechtlichen Jahresabschluss,

IDW RS HFA 43: IDW Stellungnahme zur Rechnungslegung: Auswirkungen einer Spaltung auf den handelsrechtlichen Jahresabschluss,

IDW RS ÖFA 2: IDW Stellungnahme zur Rechnungslegung: Rechnungslegung von Energieversorgungsunternehmen nach dem Energiewirtschaftsgesetz,

IDW ERS ÖFA 2 n.F. vom 14. November 2011 und 19. November 2012: Entwurf einer Neufassung der IDW Stellungnahme zur Rechnungslegung: Rechnungslegung von Energieversorgungsunternehmen nach dem Energiewirtschaftsgesetz,

SABI 3/1986: Zur Darstellung der Finanzlage i.S.v. § 264 Absatz 2 HGB.

Independent Regulators Group (2002): Principles of implementation and best practice regarding accounting separation and cost accounting as decided by the Independent Regulators Group, S. 1-11.

Köhle, Ivan (2006): Segmentberichterstattung – Eine theoretische, regulatorische und empirische Analyse zur Erstellung einer ausgewogenen Segmentberichterstattung in der Schweiz, Diss., Universität Zürich/Schweiz.

Koenig, Christian / Schreiber, Kristina / Schellberg, Margret (2007): Externe Berichtspflichten für Energieversorger, in: Energiewirtschaftliche Tagesfragen, Jahrgang 57, Heft 8, S. 32-36.

Koss (2010): ABC der Buchführung, Bilanzierung und Bewertung, in: Jahres- und Konzernabschluss nach Handels- und Steuerrecht, Jürgen Pelka, Walter Niemann (Hrsg.), München.

Kriete, Thomas / Werner, Thomas (2004): Die Berichterstattung in der Energieversorgungswirtschaft nach dem Unbundling und dessen Analyse, in: Die Betriebswirtschaft, Jahrgang 64, Heft 2, S. 174-194.

Küper, Michael H. (2010): Eine rechtliche Bewertung der ersten Runde der Anreizregulierung für Netzentgelte 2008/2009, in: Veröffentlichungen des Instituts für Energierecht an der Universität zu Köln, Band 153.

Küting, Karlheinz / Lauer, Peter (2011): Die Jahresabschlusszwecke nach HGB und IFRS – Polarität oder Konvergenz? – Zugleich eine Würdigung von Wolfgang Stützel –, in: Der Betrieb, Jahrgang 64, Heft 36, S. 1985-1991.

Kuhner, Christoph (2007): Die immateriellen Vermögensgegenstände und -werte des Anlagevermögens, in: Handbuch des Jahresabschlusses, Rechnungslegung nach HGB und internationalen Standards, Klaus von Wysocki, Joachim Schulze-Osterloh, Joachim Hennrichs, Christoph Kuhner (Hrsg.), Köln, Abt. II/1.

Kupsch, Peter (2004): Der Anhang, in: Handbuch des Jahresabschlusses, Rechnungslegung nach HGB und internationalen Standards, Klaus von Wysocki, Joachim Schulze-Osterloh, Joachim Hennrichs, Christoph Kuhner (Hrsg.), Köln, Abt. IV/4.

Leffson, Ulrich (1987): Die Grundsätze ordnungsmäßiger Buchführung, 7. Auflage, Düsseldorf.

Lexikon der Rechnungslegung und Abschlußprüfung (1998): Wolfgang Lück (Hrsg.), 4. Auflage, München, Wien.

Loos, Jan Henning (2004): Die Entflechtung der Rechnungslegung als Instrument zur Durchsetzung des Netzzugangs in der Energiewirtschaft, Diss., Universität Gießen.

Lutz, Günter / Schlag, Angelika (2010): Der Gegenstand der Aktivierung und Passivierung und seine Zurechnung im Handelsrecht, Steuerrecht und nach IFRS, in: Handbuch des Jahresabschlusses, Rechnungslegung nach HGB und internationalen Standards, Klaus von Wysocki, Joachim Schulze-Osterloh, Joachim Hennrichs, Christoph Kuhner (Hrsg.), Köln, Abt. I/4.

Maqua, Norbert / Kühn, André (2011): Behandlung des Regulierungskontos nach § 5 Anreizregulierungsverordnung (ARegV) bei der Kostenprüfung für die zweite Regulierungsperiode, in: Versorgungs Wirtschaft, Jahrgang 63, Heft 9, S. 231-233.

Moxter, Adolf (1987): Selbstständige Bewertbarkeit als Aktivierungsvoraussetzung, in: Betriebs-Berater, Jahrgang 42, Heft 27, S. 1846-1851.

MünchKomm AktG (2003): Münchener Kommentar zum Aktiengesetz, Band 5/1, §§ 148-151, 161-178 AktG, §§ 238-264c, 342, 342a HGB, Bruno Kropff, Johannes Semler (Hrsg.), 2. Auflage, München.

MünchKomm AktG (2011): Münchener Kommentar zum Aktiengesetz, Band 4, §§ 179-277 AktG, Wulf Goette, Mathias Habersack (Hrsg.), 3. Auflage, München.

MünchKomm HGB (2008): Münchener Kommentar zum Handelsgesetzbuch, Band 4, Drittes Buch, Handelsbücher §§ 238-342e HGB, 2. Auflage, München.

Naumann, Klaus-Peter (1989): Die Bewertung von Rückstellungen in der Einzelbilanz nach Handels- und Steuerrecht, Diss., Universität Münster.

Naumann, Klaus-Peter / Breker, Norbert (2003): Bewertungsprinzipien für die Rechnungslegung nach HGB, Bilanzsteuerrecht und IAS/IFRS, in: Handbuch des Jahresabschlusses, Rechnungslegung nach HGB und internationalen Standards, Klaus von Wysocki, Joachim Schulze-Osterloh, Joachim Hennrichs, Christoph Kuhner (Hrsg.), Köln, Abt. I/7.

NordREG (2011): Economic regulation of electricity grids in Nordic countries, Nord-REG – Nordic Energy Regulators (Hrsg.), Kopenhagen/Dänemark.

Padberg, Thomas / Gubelt, Carsten / Padberg, Carsten (2001): Zur Aussagekraft der Segmentinformationen von Elektrizitätsversorgungsunternehmen nach § 9 EnWG, in: Versorgungs Wirtschaft, Jahrgang 53, Heft 4, S. 81-83.

Perridon, Louis / Steiner, Manfred / Rathgeber, Andreas W. (2009): Finanzwirtschaft der Unternehmung, 15. Auflage, München.

Pielow, Johann-Christian (2009): Energienetze und Anreizregulierung, in: Beiträge zur öffentlichen Wirtschaft, Heft 29, BVÖD (Hrsg.), Berlin.

Poullie, Michael (2006): Rechtliche Rahmenbedingungen des neuen Energiewirtschaftsgesetzes zur Entflechtung und Verfahren der buchhalterischen Entflechtung, in: Zeitschrift für öffentliche und gemeinwirtschaftliche Unternehmen, Jahrgang 29, Heft 2, S. 165-193.

Poullie, Michael (2010a): Die kurzfristigen Forderungen, in: Handbuch des Jahresabschlusses, Rechnungslegung nach HGB und internationalen Standards, Klaus von Wysocki, Joachim Schulze-Osterloh, Joachim Hennrichs, Christoph Kuhner (Hrsg.), Köln, Abt. II/6.

Poullie, Michael (2010b): Besonderheiten bei den Anhangangaben zu Geschäften mit nahe stehenden Unternehmen und Personen bei Unternehmen der öffentlichen Hand, in: Die Wirtschaftsprüfung, Jahrgang 63, Heft 21, S. 1058-1065.

PwC (2008): Entflechtung und Regulierung in der deutschen Energiewirtschaft, Praxishandbuch zum Energiewirtschaftsgesetz, PricewaterhouseCoopers AG WPG (Hrsg.), 2. Auflage, Freiburg, Berlin, München.

PwC (2012): Entflechtung und Regulierung in der deutschen Energiewirtschaft, Praxishandbuch zum Energiewirtschaftsgesetz, PricewaterhouseCoopers AG WPG (Hrsg.), 3. Auflage, Freiburg, München.

Reinke, Ingo (2011): Bilanzierungspflichten für Energieversorgungsunternehmen nach § 10 Abs. 1 EnWG – Ein Beitrag zu Rechtsnatur und Reichweite der Verweisung, in: Deutsches Steuerrecht, Jahrgang 49, Heft 27, S. 1286-1290.

Rimmelspacher, Dirk / Fey, Gerd (2010): Anhangangaben zu nahe stehenden Unternehmen und Personen nach dem BilMoG, in: Die Wirtschaftsprüfung; Jahrgang 63, Heft 4, S. 180-192.

Salje, Peter (2006): Energiewirtschaftsgesetz, Kommentar, Hannover.

Schmidbauer, Rainer (2003): Die Bilanzierung und Bewertung immaterieller Vermögensgegenstände bzw. Vermögenswerte in der deutschen Rechnungslegung sowie nach IAS – Vergleichende Darstellung unter Berücksichtigung von DRS 12 und ED IAS 36/38, in: Deutsches Steuerrecht, Jahrgang 41, Heft 47, S. 2035-2042.

Scholz, Uwe (2003): Die Aktivierung einseitiger Forderungen in der Handels- und Steuerbilanz, Diss., Universität Osnabrück.

Sonderbilanzen (2008): Sonderbilanzen, Von der Gründungsbilanz bis zur Liquidationsbilanz, Wolfgang Dieter Budde, Gerhart Förschle, Norbert Winkeljohann (Hrsg.), 4. Auflage, München.

Stieler, Thorsten (1999): Die Abgrenzung materieller und immaterieller Wirtschaftsgüter, Diss., Universität Münster.

Ulbrich, Philipp R. (2006): Segmentberichterstattung nach IAS 14 – Ein normativer Ansatz zur Neugestaltung auf der Grundlage des Beteiligungscontrollings, Hamburg.

VfEW (2012): Stellungnahme zum Entwurf der LRegB Baden-Württemberg zur Festlegung eines Prüfungsschwerpunktes bei Elektrizitätsverteilernetzbetreibern, Stuttgart.
VKU (2011): Stellungnahme zum Entwurf des EnWG-Änderungsgesetzes vom 6. Juni 2011, Berlin, 22. Juni 2011.
VKU (2012): Stellungnahme zum Entwurf eines Dritten Gesetzes zur Neuregelung energiewirtschaftlicher Vorschriften des Bundesministeriums für Wirtschaft und Technologie vom 15. August 2012, Berlin, 20. August 2012.
Wohlgemuth, Michael (2011): Die Anschaffungskosten in der Handels- und Steuerbilanz, in: Handbuch des Jahresabschlusses, Rechnungslegung nach HGB und internationalen Standards, Klaus von Wysocki, Joachim Schulze-Osterloh, Joachim Hennrichs, Christoph Kuhner (Hrsg.), Köln, Abt. I/9.
WP Handbuch (2012): Wirtschaftsprüfung, Rechnungslegung, Beratung, Band I, IDW (Hrsg.), 14. Auflage, Düsseldorf.

Kommunalwirtschaftliche Forschung und Praxis

Herausgegeben von Prof. Dr. Wolf Gottschalk

Band 1 Ulf Klostermann: Controlling zur Unterstützung von Least-Cost Planning im Elektrizitätsunternehmen. 1998.

Band 2 Heinz Bolsenkötter / Michael Poullie: Rechnerisches Unbundling in der Strom- und Gasversorgung. Rechnungslegung nach dem neuen Energiewirtschaftsgesetz. 3., neubearbeitete Auflage. Die 1. und 2. Auflage sind im Jahre 2000 unter dem Titel *Rechnungslegung nach der Elektrizitätsbinnenmarkt-Richtlinie und nach § 9 EnWG* erschienen. 2003.

Band 3 Klaus Traube / Wolfgang Schulz: Aktuelle Bewertung der Kraft-Wärme-Kopplung. Ökologische und ökonomische Wirkung eines mittelfristigen Ausbaus der Kraft-Wärme-Kopplung zur Nah- / Fernwärmeversorgung in Deutschland. 2001.

Band 4 Axel Thomas: Unternehmensinternes Kostenmanagement in Energieversorgungsunternehmen. Grundlagen effektiver Kostenrechnungsverfahren auf der Basis der SAP-Software. 2001.

Band 5 Georg Raffetseder: Erfolgs- und Mißerfolgsfaktoren der Verwaltungsmodernisierung. Zur Steuerung von Reformprozessen. 2001.

Band 6 Andreas Schmidt: Stadtwerke auf neuen Märkten. Gemeinderechtliche Chancen umweltschonender Energiedienstleistungen. 2002.

Band 7 Hannes Rehm / Sigrid Matern-Rehm: Kommunale Finanzwirtschaft. 2003.

Band 8 Alexander Meckies: Die persönliche Haftung von Geschäftsleitern in Kapitalgesellschaften der öffentlichen Hand. 2003.

Band 9 Nicole Weiß: Liberalisierung der Wasserversorgung. Gestaltungsspielräume und Grenzen einer Reform der Wasserversorgung unter besonderer Berücksichtigung der Rechtslage in Bayern. 2004.

Band 10 Matthias Ganske: Corporate Governance im öffentlichen Unternehmen. 2005.

Band 11 Bohdan Kalwarowskyj: Kommunale Dauerverlustbetriebe und verdeckte Gewinnausschüttung. 2006.

Band 12 Michael Schöneich (Hrsg.): Stadt-Werke. Festschrift für Gerhard Widder. 2007.

Band 13 Stefan Thomas: Aktivitäten der Energiewirtschaft zur Förderung der Energieeffizienz auf der Nachfrageseite in liberalisierten Strom- und Gasmärkten europäischer Staaten: Kriteriengestützter Vergleich der politischen Rahmenbedingungen. 2007.

Band 14 Ulrich Büdenbender / Peter Rosin / Carola Reichold: Berücksichtigung des für ein Netz vor der Energierechtsreform 2005 gezahlten Kaufpreises bei der Kalkulation und Regulierung der Netzentgelte. 2008.

Band 15 Arnt Baer: Abnahmepflichten und Vergütungspflichten in der Energiewirtschaft. Gemeinschaftsrechtliche und verfassungsrechtliche Problemstellungen. 2008.

Band 16 Nikolaus Richter / Stefan Thomas: Perspektiven dezentraler Infrastrukturen im Spannungsfeld von Wettbewerb, Klimaschutz und Qualität. Endbericht der Forschungspartnerschaft INFRAFUTUR. 2009.

Band 17 Joachim Wieland: Rechtsprobleme der Gasnetzbewertung nach der Gasnetzentgeltverordnung. 2009.

Band 18 Jürgen Weigt: Die Förderung der Stromerzeugung aus erneuerbaren Energien in der Europäischen Union. Probleme und Herausforderungen im Spannungsfeld zwischen Binnenmarkt und Umweltschutz. 2009.

Band 19 Sebastian Bolay: Einführung von Energiemanagement und erneuerbaren Energien. Eine Untersuchung von Erfolgsfaktoren in deutschen Kommunen. 2009.

Band 20 Oliver Rottmann: Herausforderungen für die Innensteuerung von Stadtwerken aus der Interdependenz der Außensteuerungspostulate. 2011.

Band 21 Britta Ammermüller: Assessing Cost Recovery. A New Comparative Framework in Line with WFD Article 9. 2011.

Band 22 Sonja Witte: Einflussgrad der deutschen kommunalen Ebene auf die Politikgestaltung der EU. 2013.

Band 23 Jan Schilling: Planerische Steuerung von unterirdischen Raum- und Grundstücksnutzungen. 2013.

Band 24 Michael Poullie: Informationsfunktion der Rechnungslegung und buchhalterischen Entflechtung gemäß § 6b Energiewirtschaftsgesetz. 2013.

www.peterlang.de

www.ingramcontent.com/pod-product-compliance
Ingram Content Group UK Ltd.
Pitfield, Milton Keynes, MK11 3LW, UK
UKHW021851290926
8980IPUK00005B/766

9 783631 647813